本书为中国社会科学院"'一带一路'法律风险防范与法律机制构建"大型调研项目最终成果

法治"一带一路"文库编委会

编委会总顾问

谢伏瞻

文库主编

莫纪宏

编委会成员
（以姓氏拼音为序）

崔建民　戴瑞君　韩　晗　何晶晶　蒋小红　李　华　李庆明
李　霞　李　正　廖　凡　刘洪岩　刘敬东　刘晓红　刘小妹
柳华文　罗欢欣　毛晓飞　马金星　梅向荣　莫纪宏　任宏达
沈四宝　孙南翔　孙壮志　吴　用　夏小雄　谢增毅　杨　琳
姚枝仲　张初霞　朱伟东

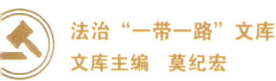
法治"一带一路"文库
文库主编 莫纪宏

国内法如何符合国际条约
——以秘鲁为例

How Domestic Laws Comply with International Treaties—The Case of Peru

【秘鲁】塞萨尔·兰达 著
韩晗 路畅 赵倩 译

中国社会科学出版社

图字：01-2023-6198 号

图书在版编目（CIP）数据

国内法如何符合国际条约：以秘鲁为例／（秘）塞萨尔·兰达著；韩晗，路畅，赵倩译 . —北京：中国社会科学出版社，2023.12

（法治"一带一路"文库）

书名原文：Constitucionalización del derecho peruano

ISBN 978-7-5227-2879-7

Ⅰ. ①国… Ⅱ. ①塞…②韩…③路…④赵… Ⅲ. ①人权—法律保护—研究—秘鲁 Ⅳ. ①D977.827

中国国家版本馆 CIP 数据核字（2023）第 238825 号

出 版 人	赵剑英
策划编辑	郭曼曼
责任编辑	黄 丹
责任校对	曲 迪
责任印制	王 超

出　　版	中国社会科学出版社
社　　址	北京鼓楼西大街甲 158 号
邮　　编	100720
网　　址	http://www.csspw.cn
发 行 部	010-84083685
门 市 部	010-84029450
经　　销	新华书店及其他书店
印　　刷	北京明恒达印务有限公司
装　　订	廊坊市广阳区广增装订厂
版　　次	2023 年 12 月第 1 版
印　　次	2023 年 12 月第 1 次印刷
开　　本	710×1000　1/16
印　　张	15.5
字　　数	239 千字
定　　价	85.00 元

凡购买中国社会科学出版社图书，如有质量问题请与本社营销中心联系调换
电话：010-84083683
版权所有　侵权必究

法治"一带一路"文库总序

莫纪宏[*]

2013年9月和10月，国家主席习近平分别提出建设"新丝绸之路经济带"和"21世纪海上丝绸之路"的合作倡议。2015年3月28日，国家发展和改革委员会、外交部、商务部联合发布了《推动共建丝绸之路经济带和21世纪海上丝绸之路的愿景与行动》。"一带一路"倡议旨在借用古代丝绸之路的历史符号，高举和平发展的旗帜，积极发展与沿线国家的经济合作伙伴关系，共同打造政治互信、经济融合、文化包容的利益共同体、命运共同体和责任共同体。

"一带一路"倡议是在党的十八大以来实行全面推进依法治国战略的历史背景下提出的，因此，作为治国理政的基本方式，在国家战略层面，法治始终与"一带一路"倡议的实施行动并肩前行，起到了很好的保驾护航的作用。习近平总书记高度重视法治在共建"一带一路"中的重要作用。在2019年11月10日给中国法治国际论坛的贺信中，习近平总书记指出，推动共建"一带一路"，需要法治进行保障，中国愿同各国一道，营造良好法治环境，构建公正、合理、透明的国际经贸规则体系，推动共建"一带一路"高质量发展，更好造福各国人民。

但也要看到，"一带一路"倡议实施以来，由于缺乏对境外法治环

---

[*] 莫纪宏，中国社会科学院法学研究所所长、研究员，中国社会科学院大学法学院院长、教授。

境状况的充分了解，中国企业和公民走出国门后面临诸多不可预测的法律风险，不仅出境后的资产面临合法性的挑战，资本正常运行的制度保障也受到各种非法因素的干扰，中国企业和公民在境外的合法权益尚未得到法治原则的有效保护，造成了一些非预期的财产损失，甚至人身权益也受到了威胁。种种迹象表明，中国企业和公民要走出国门，要保证人身权益和财产权益的安全性，必须要寻求法治的庇护。一方面，我们自己的企业和公民应有合规意识，要懂得尊重驻在国的法律制度，要学会运用驻在国法律乃至国际法来保护自己的合法权益；另一方面，对于走出国门的中国企业和公民可能面临的潜在的法律风险，必须要提早作出预判，并且要有相应的法律服务机制加以防范。对此，除了在"一带一路"倡议具体的实施行动中采取各种有针对性的法律防范措施之外，还需要从宏观层面整体把握"一带一路"倡议实施中可能遇到的法律风险，在全面和详细了解中国企业和公民走出国门后实际遇到的各种法律风险和法律问题基础上作出正确的判断、提出有效的应对之策。

为了加强对法治"一带一路"问题的系统性研究，2018年年底，时任中国社会科学院院长谢伏瞻学部委员牵头设立了中国社会科学院大型海外调研项目"'一带一路'法律风险防范与法律机制构建"（课题编号：2019YJBWT003），具体实施工作由我负责，中国社会科学院法学所、国际法所、西亚非所、世经政所、拉美所等所的相关科研人员参加。课题的主要工作就是到"一带一路"国家去调研，了解中国企业和公民走出去之后所面临的各种法律风险，研究这些法律风险形成的原因，提出解决法律风险的对策和建议。2019年课题组到近20个国家进行了深入的"海外"基层调研，走访了大量中国企业、机构、组织，掌握了大量的第一手材料，撰写了近50篇内部研究报告，很多要报反映的情况和提出的建议引起了有关领导和部门的高度重视。2020年初突发的新冠疫情使得课题原计划继续实施的海外调研工作不得不中止。但课题组对"一带一路"法律风险问题的研究并没有止步。在过去的三年中，课题组加强了对法治"一带一路"的基础理论问题研究，收集和整理了"一带一路"沿线国家和相关国家的法律制度方面的资料，进行分类研究，全面和系统地梳理了"一带一路"倡议实施行动中所面临的各种具体法律制度和法治环境的特点以及可能存在的法律风险点，既有法理上的介绍和阐释，又有法律服务和应用上的具体指导，形成了这套可以充分了解和有效防范"一带一路"法律风险的知识体系和实用性指南性质的法治"一带一路"文库。

法治"一带一路"文库作为中国社会科学院大型海外调研项目"'一带一路'法律风险防范与法律机制构建"的重要学术成果，得到了谢伏瞻院长、中国社会科学院科研局和国际合作局领导的大力支持，同时也得到了法学所、国际法所、西亚非所、世经政所、拉美所等社科院同事的倾力相助，特别是中国社会科学出版社王茵副总编、喻苗副主任对文库的面世作出了最无私的奉献，在文库出版之际，一并表示衷心感谢。正是因为各方的齐心合力，法治"一带一路"文库才能为中国企业和公民走出国门提供最有力的指导和帮助，贡献课题组的微薄之力。

2023年4月于北京海淀紫竹公寓

目　录

前　言 …………………………………………………………（1）
中文版前言 ……………………………………………………（1）
第一章　美洲人权体系与机制中的决议在秘鲁宪法
　　　　秩序下的实施 ……………………………………（1）
第二章　宪法管辖权与国际管辖权：合作、冲突与紧张关系 …（17）
第三章　独裁统治时期至巩固宪政民主时期合约性审查对秘鲁
　　　　法律秩序的影响 …………………………………（39）
第四章　宪法司法权与国际管辖权之间的对话？介于国际人权法
　　　　标准在秘鲁法律制度中的引入和管理之间 ………（67）
第五章　合约性审查在国家司法管辖中的适用：秘鲁案例 …（95）
第六章　美洲人权法院的判例标准 ……………………………（115）
第七章　美洲人权法院判决的执行机制 ………………………（132）
附件一　秘鲁《宪法》 …………………………………………（156）
附件二　秘鲁《宪法》最终和过渡性条款 ……………………（199）
附件三　《美洲人权公约》 ……………………………………（202）
案例索引 ………………………………………………………（225）
译后记 …………………………………………………………（229）

前　　言

在悠长的历史进程中，从国际层面来看，当代法律的全球化始于第二次世界大战后期；从秘鲁的国家层面来看，则始于20世纪70年代军政府统治没落时期。时至彼时，秘鲁国家建立了法制和现有法律原则，却并未遵循接受或是保护公民权利和自由的内涵。这主要由于司法权力机关对条文的狭义理解及其形式性的司法行为，在司法程序中没有把对法官独立性的保护视为其对法律基本原则的效忠。因此，法官大都效忠于当权的政治势力。

法律从本源来说基于法律实证主义。然而，法律危机是一种法律实证主义中存在的更为深刻的危机表现形式。因此，将司法直接视为根本价值观的自然法主义复兴，复兴的不是抽象的自然法主义，而是把对人权和人的尊严的保护作为一个全新社会和民主国家的特有目标。

在这样的背景下，法律规定的两项传统权利实现了转型与发展：一项是法律的宪法化进程（宪政主义）的开始；另一项是随之出现的法律的合约（国际条约[①]）化进程。两个进程皆基于面对国家和对人权在特殊情况下的保障。然而，两者的运行模式并非平行的，而是在国际人权法体系下，从维护合约化的目的出发，为司法机构和（或）宪法法院所在的国家司法提供补充。

多层人权保护，在国际或者国家层面，并非进步或胜利的进程，却可以对社会和国家民主化进程的国际发展和地区发展有所裨益。这一功

[①] 译者注。

能尚不稳定，它有赖于宪法国际化现象的开始以及国际人权法的宪法化步伐。

两种法律渊源的相互作用非常有助于人权保护的改善，它不仅确立了传统公民权利范围、延伸出了政治权利，而且聚焦于对弱势群体的保护，甚至首次对经济和社会权内涵进行了确定。这都助推了美洲人权法院的发展。在美洲人权法院建立以来的前20年，其主要职能从一个对公约条款的实证主义再造者的配角，发展为处理案件的机构；再到21世纪，进一步发展为参与条约解释和对人权保护的推动方。

在此基础上，秘鲁的相关进程始于军政府统治结束时，国家慢慢开启了法理学和人权国际理念的认知。尽管存在曲折，如秘鲁在对藤森政府时期体制性地侵犯人权、拒绝美洲人权法院的诉讼强制管辖进行反思时，这一进程也随着民主化过渡的开始而再次兴起。对权利和自由的保护再次确立，由于宪法法院释放了对司法的明确信号，它不仅阻止了滥用职权对人权的侵犯，还参与了反腐和贩毒的斗争。

但是，在宪法法院司法活动中，更具标志性的，是解释性地承认：一方面是人权在宪法中的位阶；另一方面是美洲人权法院做出的解释与国家法院有关联性。很明确的一点是，人权国际标准不总是与国内法律规定呈现统一的关联性特征，但是这在美洲人权法院和（美洲国家①）宪法法院以及其他国家司法部门之间，开启了一种司法对话。

这种对话，促进了对包括宪法和法律在内的国内法如何符合国际条约的合约性审查。对于受害者的权利而言，国内司法判决不再是最终性判决。秘鲁政府有权利推动法律的合约化进程中的冲突解决，这是一种遵循对人及其尊严的尊重和保护的方式，也是国家和社会的终极目标。

对此，美洲人权法院也应考虑合约性审查的合法化，不仅应建立在《美洲人权公约》及其序言中对国家主权的部分让渡性转移的规定基础上，还应基于合法化在终审时的丧失或加强。这应该在新的程序和论证机制上发展而来，运用从一般辅助性原则中产生的尊重和自由裁量的具体原则。至少在欧洲人权体系中，人权保护已取得制度性的一致化发展。

---

① 译者注。

因此，在这部著作中，我将论述近几十年来秘鲁宪法化的发展，感谢娜塔莉亚·托雷和胡安·卡洛斯·迪亚斯，对保护人权的司法体系问题的探讨，从来不存在唯一的和排斥性的结论，在一些辅助性案件和另一些允许保护人权的补充性案件中，保护人权的司法体系实际上是两个体系。

塞萨尔·兰达

2016 年 8 月 14 日于利马

中文版前言

18世纪末，欧洲和美国解放思想的政治和经济价值观影响席卷全球，秘鲁在此潮流下摆脱了西班牙殖民统治获得独立。在保卫者何塞·德·圣·马丁（José de San Martín）和解放者西蒙·玻利瓦尔（Simón Bolívar）的带领下，南美大陆南部爆发的独立运动大潮波及整片大陆。1824年，南美洲的胡宁（Junín）战役和阿亚库乔（Ayacucho）战役及秘鲁共和国的成立标志着秘鲁人民终结了西班牙君主制的暴政。

秘鲁自1821年获得独立以来，在秘鲁宪政主义之父思想的影响下，建立了以国家自由、平等、人民主权、人权和权力监督为核心的宪政观念。宪政主义之父何塞·福斯蒂诺·桑切斯·卡里翁（José Faustino Sánchez Carrión）在玻利瓦尔的委派下，于1824年在巴拿马召集了首届美洲近邻同盟议会，计划实现区域统一。然而，限于当时的内部环境，南美洲不具备实现建立与北美的美利坚合众国一样的南美洲合众国的条件。

然而，这一切并未阻止拉丁美洲和秘鲁在国家层面加强法治建设，也为秘鲁开展同其他地区和遥远的东方国家建立并增进双边关系带来了契机。同时，秘鲁共和国建国以来，也呈现出同中国增进贸易关系的前景。1821年9月28日，圣·马丁在秘鲁颁布了一项贸易法规，旨在：

> 捍卫祖国，抗击（西班牙）敌人的妄想，他们在愤怒中想将这座英勇的城市夷为平地，未能阻止尊贵的保卫者阁下继续为城市繁荣提供基础性工作。它的（卡亚俄）港口与亚洲（中国）沟通的便利性，同欧洲（各国）联系的优势，都有助于其取得更为瞩目的成

果，助力其成为南美商业中心。实现这一伟大目标的前提是需要建立一定基础，使我国商业得以与全球其他网点相连。

但是，由于反抗西班牙的独立战争、共和国体制的建设、内战和世界范围的战争以及秘鲁共和国成立之初的军事革命等因素，这些与亚洲国家建立及加强港口贸易的投入，直到19世纪中叶，才得以在秘鲁的欧洲和亚洲移民潮推动下，发挥实质性作用。有些移民的数量式微且非常有限，如秘鲁政府为了在亚马逊中部雨林进行垦殖，引入了3000个德国家庭。另一些来自中国的移民则是大规模的，主要为了弥补因废除印第安人劳役以及非洲裔秘鲁人的奴隶制度所造成的劳动力短缺。

因此，1849—1874年，第一波华人移民潮共计约十万名"苦力"（Culíes）华工乘坐"中国劳工船"（Barcos chineros），从中国澳门和中国香港抵达卡亚俄（Callao）港。他们到达了秘鲁海岸旁富饶的山谷庄园，参与了开发鸟粪岛的工作，在穿越安第斯高原、海拔将近5000米的利马和拉奥罗亚（La Oroya）之间修建了当时世界上海拔最高的铁路等。

华工仅凭"中国劳工契约"来到秘鲁，合同分别由中文和西班牙文撰写，但实际的合同执行却如"诱饵"。庄园主以"苦力"应支付从中国到秘鲁旅行产生的食宿等费用为由，要求他们以工资偿还。但是，这些华工却永远也无法清偿债务。自此，华工因"欠"雇主的债务失去了自由。雇主通过一系列滥用和虐待行为，唯利是图地剥削"苦力"，这些信息传到了当时的"天朝帝国"，中国向秘鲁的移民遂中止。

秘鲁政府于是提议就暂停开放移民活动进行谈判。1874年6月26日（同治十三年五月十三日），秘鲁和当时（在清朝统治下的）封建中国签订了《中国—秘鲁友好通商条约》和一份有关移民的协议，两国同意互设外交代表办公室。条约中第19条规定：

> 秘鲁共和国和中华帝国都清楚地认识到人人皆有不可剥夺且固有的完整权利，即使另居他国。因此，两国公民和臣民相应地完全享有因旅行、商务、工作等原因从一国前往另一国并定居于此之权利。缔约双方同意，两国公民和臣民以自由和自愿为前提做出移民

决定；双方共同谴责上述并非因完全自愿的原因往来的其他类别的移民行为，反对在澳门和中国其他港口进行任何运用暴力或欺骗开展的中国臣民招募行为。缔约双方一致同意将依法严惩相关公民和臣民违反上述条约规定的行为。此外，对参与此类非法项目的涉事船只也将纳入相关司法程序，并根据相关国家法律规定对其行为处以相应罚款。

基于该条约，"天朝帝国"特派遣由特命全权大使率领的委员会，同秘鲁国家政府一同前往华工工作的山谷庄园，共同拟定一封联合报告。这使中国和秘鲁的关系及在移民条约方面得到了一系列改善，并且改善了中国工人的待遇，将其从土地所有者手中解放出来。他们或返回祖国或融入秘鲁社会，不仅开展了农业或制造业活动，还开展了其他领域的活动，例如商业、烘焙业、酿酒、养殖与屠宰、木工和家庭服务等。

然而，1883—1930年的第二波中国赴秘鲁移民潮规模大幅缩小，主要原因是进入秘鲁的外国人大都需符合入境配额规定。虽然中国移民以经济活动为导向，专注于中国商品供应领域，但中国文化仍然对利马和其他重要（秘鲁）城市的社会生活产生了影响，尤其是在沿海地区。同时，随着利马的"中国城"的建立，中国文化在学术和文化舞台的影响与日俱增。在20世纪初，尽管中国和秘鲁进行了社会改革和政治革命，但中国移民及其后代仍延续着他们在秘鲁的生活，这主要得益于秘鲁人民对"（可爱的）中国人"所持的普遍开放和团结态度——这在称谓中得以充分体现。

但是，由于第二次世界大战爆发以及美国与苏联之间的意识形态冲突，世界上形成了冷战格局，秘鲁直到1971年11月2日，才在维拉斯科·阿尔瓦拉多（Velasco Alvarado）军政府时期与台湾当局"断交"后，同中华人民共和国正式建立了外交关系。这发生在中国台湾的代表离开联合国之后。在秘鲁代表支持票帮助下，中华人民共和国恢复了在联合国的一切合法权利，成为代表中国和中国人民的唯一合法代表。

从那时起，在国际法和两国签署的双边条约下，双边政治、经济、商业和文化关系长足发展。尤为值得一提的是，自1978年中国改革开放以来，社会主义市场经济确立，至2009年4月28日，中国与秘鲁正式签署《中国—秘鲁自由贸易协定》，双方在贸易和移民，尤其是矿业、渔业、亚马逊林业等领域的投资合作成果斐然，在基础设施建设方面，如钱凯（Chancay）港口项目将成为南美洲连接亚洲的大规模贸易枢纽，因为它将成为南太平洋海岸唯一有能力为巴拿马型集装箱船提供靠泊和开航服务的港口。

从历史上看，秘鲁共和国自成立以来，一直与亚洲遥相呼应。但只是在最近几十年，才迈出了洲际步伐。亚洲太平洋经济合作组织（Asia-Pacific Economic Cooperation，APEC）的亚洲—太平洋经济论坛及领导人峰会两度在利马召开，该地区21个经济体和领导人出席了会议。2008年和2016年，时任中国国家主席的胡锦涛和习近平分别访问秘鲁。2024年亚洲—太平洋经济论坛将第三次在利马召开，秘鲁将再次邀请习近平主席出席。

中国和秘鲁之间双边贸易和投资的可持续发展是以和平、安全、平等和两国人民福祉的共同价值观为基础的。在法治的框架下，政府应遵从法律体制和国际条约规定，但并非以绝对的方式执行。主权国家还应参与上述国际条约的起草和通过过程。

因此，国际法被认为是基于国家的国际责任的一部融合法律。故根据国家的国际责任，如果出现与国际层面义务的冲突，各方将不再规定自动废除国内法规，也不再对这些国内法的条款予以否认。面对上述情况，国家应同国际法院一道进行协同努力，扮演灵活解决差异的角色。

在秘鲁，基于开放条款承认国际条约在国内法的直接适用。秘鲁宪法对适用的规定明确国际条约是国家法律的渊源。根据秘鲁《宪法》第55条的规定，国家和签署生效的条约是国家法律的一部分。

从这个意义上讲，国际法的开放不仅为了关联到国家，更是为了关联到所有人。因此，根据秘鲁《宪法》第205条的规定，当个人遇到在穷尽国家管辖权仍无法获得国家层面的权利保护时，可以适用国际保护体系。除此之外，秘鲁的权利和自由根据《世界人权宣言》、秘鲁作为缔约国的其他条约规定以及《宪法》最终和过渡性条款第4条内容进行解释。

最后应明确的是，自1989年柏林墙倒塌以来，秘鲁像其他拉丁美洲国家一样，进入了法律全球化的加速进程。这是经济、政治和技术转型的结果。这些转型让国内法律遵循旧例，以国家主权概念为基础。有时候，国内法迫于北半球国家国际政治和经济领域压力，在国家行为方面受到限制，有观点认为，其中还包括本国国家的存在理由。

这一新的世界秩序以西方价值观为特征，已扩展成为基于华盛顿共识的全球性普遍秩序：一方面，是自由市场经济；另一方面，是民主与人权，均成为国家的普遍价值。在这种情况下，基于新的国际秩序的需要，为保障法律安全，法律体系把加强法治和保护人权直接加入其中；同时，应保障秘鲁人民的福祉，即思想家何塞·卡洛斯·马里亚特吉所阐释的精神：所有较大的转型，都不应是追随或照搬的，而应该是英雄般的创建。

尽管对上述国际政治和法律秩序新的基本概念的理解和应用并未带来和平，甚至一些不利的因素还侵犯着人权，但尊重和保障人权毫无疑问是国家法治的目标和价值追求。但现在并非讨论全球化如何对宪法民主做出了贡献，或是夺取了国家法律生活决策能力的时候，更值得讨论的是把国际人权条约和公约纳入秘鲁法律制度的价值。据此，公法和私法的法律执行者，将应确定把国际规范和人权判决纳入国家法律秩序当中。

如果国家机构通过现有法律机制不能解决当前全球的一切新旧挑战，上述进程在当前便更为紧迫。像最近的新冠疫情以及大规模的移民潮、环境污染、国际战争的影响（如俄乌冲突），加之历史上的不平等和歧视现象，这些问题都让社会经济和法律政治基础受到威胁，无论是发达国家还是发展中国家。上述情况无不需要我们反思全球宪法化框架下的基本权利，在宪法和条约法治下保护弱势和处于不利情况群体福祉的职责。

因此，国家机构性转型中对权利和弱势群体的包容性尤为重要。因为传统国家将经典的国家主权概念作为基础，在向全球法治发展进程中，对国际条约的开放性意味着对国际组织和地区性司法机构让渡部分主权。由此，形成承认国家和国际人权条约差异的宪法多元主义。当前，由于秘鲁是全球具有较高不平等和歧视指数的国家，仍存在着短期和长期的不利因素，特别是以集体形式对弱势群体的基本权利的侵害现象。

所以，促进"变革性的合约化主义"十分重要，在秘鲁有必要基于国际人权条约，推动对其进行研究和分析，此进程伴随着秘鲁政府历史上较为民主时期和缺乏民主的不同时期的进步和倒退。国际法对国内法的实施永远不是一个和平的线性发展过程，而需要国际和国内法律制度开展广泛的合作以处理紧张和冲突，破除国内独裁主义阶段对人权的威胁。

宪法国际化的过程也是国际法宪法化的过程，这需要法律和司法进行对话。任何过程都需要有最终话语权的人。因此，国际法治通过国际层面的人权法院，在地区内美洲人权法院通过判决认定人权保护的履行情况。这一进程发展了人权在美洲地区的解释标准，尤其是对弱势和处于不利条件下的群体来说，国际和国内诉讼机制的发展，有助于为他们提供更为完善和有效的人权保障。

但是，这些保护人权的国际机制和体系应该在更大的框架中施行，如在一部由南半球国家阐发的《全球宪法》中，从国际的横向而非纵向出发，对国际和民族困境予以更好的回应，这是变革性的合约化主义的提议。这并不是基于要重建唯一的国际进程，而是寻求在世界和国家间建立具有完整性和补充性的协调关系。

最后，我要感谢中国社会科学院法学所所长莫纪宏教授。十多年前，我们在国际宪法学协会共同分享了学术研究内容。此次有幸参与法治"一带一路"文库项目，并出版本人中文专著《国内法如何符合国际条约——以秘鲁为例》。希望由此书继续延绵中国和秘鲁学术界的法学对话。最后，我还要感谢为本书提供出色翻译工作的韩晗博士、路畅和赵倩女士。感谢她们为秘鲁与中国的百年友好做出的贡献。

塞萨尔·兰达

2023 年 3 月 26 日于巴黎

第一章

美洲人权体系与机制中的决议在秘鲁宪法秩序下的实施[*]

一 简介

自柏林墙倒塌以来,拉丁美洲国家也步入了法律国际化的进步性进程。国际化是发端于经济、政治和技术领域的变革,由于民族国家基本原则等因素,致使原本基于国家主权观念的国内法实施,也受到诸多政治、经济压力的影响。

国际新秩序的特点发端于西方价值观并逐渐演变成世界性共识,即自由市场经济、民主和人权。在这一背景下,法律体系直接接纳了确立国家法治和个人权利的准则,并将国际市场对法律安全所需的保障纳入其中。

尽管对国际经济、政治和法律这些新职能的理解存在偏差,其执行过程也并非一帆风顺。但这些变革的平行进程,是以民族法治国家为最终目标和约束边界的。然而,本章并非讨论全球化进程是否具有决定国家司法生活的能力,而是分析国际条约和判决在国内司法体系中所处位阶,力求为法律执行者指明如何将国际条约和判决纳入国内法律秩序。

---

[*] 本章选自司法与国际法中心(CEJIL)《美洲人权体系与机制中决议的实施:司法,规则和国家经验》,非政府人权组织,华盛顿,2016。

二　法律渊源中的人权条约位阶

秘鲁1993年《宪法》并未系统涵盖法律渊源问题，仅在一些松散的条文中涉及了条约相关内容，指明了它对宪法的审查职能；在法律秩序中，具有对渊源的解释性特征。宪法立法者的如上不足带来了法理和司法的双重挑战，尤其是体现在国内法和国际法一体化进程的理论与实践中。

基于此，当前尤为重要的是，如何确立国际条约无论是在宪法体系中抑或是在国际法体系中的法律地位。在秘鲁法律中，不仅包含最高法律渊源（即国际条约）的内容，而且在条款中提到了国际条约具有可被直接执行的强制力和具有司法特性的规定。然而，对于国际条约在宪法体系中的位阶及其与一般法的关系问题，仍未形成统一的看法，反而是充满争论的。这主要是由于1993年《宪法》取消了1979年《宪法》条款中有关《美洲人权公约》具有优先权、人权条约具有宪法位阶的内容。

由此，1993年《宪法》重新提出了条约是否对法律具有优先权的老问题，尤其是当两者出现冲突时，《美洲人权公约》是否具有宪法属性。

面对一元主义和二元主义论文中诸多教条和实践的不便，在"调和性理论的论文"中，混合型观点重新定义了条约的宪法性位阶。该观点认为：国际法的特征之一是以国家的国际责任为基础，它是区域一体化在法学领域的发展。这样，基于上述责任理论，在国内法范围内与责任有冲突时，国际条约不再需要自动请求位阶，而是根据新自然法主义提出的整合观点，二者需要调和。[①]

这样已无须继续论证国际法和国内宪法之间存在互斥性或分裂性。

[①] Rousseau, Charles, *Droit International Public*, Tomo I. París: editions Pedone, 1970, p. 48; Monaco, Riccardo, *L'Ordinamento Internazionale in Rapporto all'Ordinamentio Staduale*, Torino: L'Istituto Giuridico della R. Università, 1932, pp. 23-27; asimismo, Brownlie, Ian, *Principles of public international law*…, op. cit., p. 35.

毫无疑问，国家内部的国内法已发生了巨大变革，它反作用于国际范围。① 最新的现实情况是，在此基础上形成了新一轮对国家内部进程和宪法秩序的变革，同时开启了人权保护的国际化进程。这些变革对宪法教义产生了双重作用。

一方面，国家法律至上受制于国际条约最高效力至上，尽管国际条约的订立与通过是在国家完全自愿参与的前提下。② 因此，在现行国际人权条约的规范位阶这一经典问题中，其位阶新地位得以加强。

另一方面，秘鲁政府认可的人权条约，属于国内法律秩序（《宪法》第55条），是有效并具有实效性的，因而可以直接在国家内部予以施行。

但有必要对被秘鲁国内法接受的人权条约或人权条约规定加以区分和特别研究。

（一）作为宪法性条约的人权条约

自1993年《宪法》颁布实施以来，秘鲁1979年《宪法》第105条内容作废。但后者规定"人权条约相关规则，具有宪法性位阶……"，故而，一部分学术观点认为，人权相关条约不再享有与《宪法》等同的位阶。

然而，另一部分学术观点指出，对条约的宪法性保护依旧存在，其依据是1993年《宪法》第3条所包含的隐含性权利，在该项条款中规定"本节列举的上述各项权利并不排斥宪法所保障的其他权利，也不排斥具有类似性质，或基于人的尊严、人民主权、法律的民主原则和政府的共和形式而派生出的其他权利"。

因此，人权相关条约，如《美洲人权公约》《公民权利和政治权利国际公约》以及《世界人权宣言》等规定具有宪法位阶，与1993年《宪法》第一章（"人和社会"）第一节（"人的基本权利"）中所明确规定的

---

① Cançado Trindade, Antônio, *International Law for the 21st Century*, T. M. C. Asser Press, 2001, pp. 270 – 271.
② Cassese, Antonio, *Human Rights in a changing world*, Polity Press, 1990, pp. 11 ss., 24 ss. y 153 ss.; asimismo, Travieso, Juan Antonio, *Derechos Humanos y Derecho Internacional*, Buenos Aires: Editorial Heliasta, 1990, pp. 1 – 40.

基本内容属同一范畴，具有超法律位阶，也就是说，具有宪法特征和地位。

那么，在条约与宪法或部门法内容出现冲突时，首先，根据条约位阶适用原则，宪法具有最高法律地位，其法律依据为《宪法》第51条。其次，《美洲人权公约》在保护基本权利领域适用于具体法律，国会通过的法律或一项司法判决涉及的所有内容，都应遵循条约所鼓励和支持的内容，并符合条约限制和禁止的消极保护内容。[①] 最后，国际条约经通过和批准成为国内法律的一部分——例如根据1993年《宪法》第55条，对于一个条约或一部法律的实施，首先应经合宪性审查程序确认是否合宪，从内涵到形式，是否是符合《宪法》和具有宪法位阶的条约。

关于这些争论，宪法法院曾在安娜·埃莱娜·汤森迭斯·坎塞科（Ana Elena Townsend Díez Canseco）等人的案例（文件编号1277-99-AC/TC）中明确：我们的国家宪法在第55条规定，国家缔结且有效的条约是法律的一部分。在不同的法律位阶中，条约不加区分，应然具有无可争议的同等规范价值，因此完全适用于秘鲁法官和法院。

显然，当时的宪法法院选择了条约的法律位阶理论，宪法给出的法律解释是有限的，仅在《宪法》第200条第4款中做出了单一法律解释。面对其他尽管是单一的学说抑或学理，已承认条约优于法律的地位。

最重要的是，1993年《宪法》中，虽然条约的宪法地位不能免于采用一元论或二元论的混合型选择，但是这也恰恰体现了基于国际责任的国际法具有一体化法律的特点。因此，需指出的是，《宪法》不仅关心国际义务内容相冲突的情况下的内部规则自动废除情况，而且强调基于新自然主义协调功能的整合性。

这与当时的环境是相关的，也体现了合理性，也就是说，为了更好地保护人权和尊严，在某些情境下，国际规则优先于国内规则。而在另一种情境下，国内规则优先于国际规则。这符合人权最大保护原则（In-

---

[①] O'Donell, Daniel, *Protección internacional de los Derechos Humanos*. Lima, CAJ, 1988, pp. 18 -27; asimismo, Karel Vasak (editor). , *Ensayos sobre Derechos Humanos, las dimensiones internaicon ales de los Derechos Humanos*, Vol. I. Lima: CAJ, 1990, pp. 25 -36.

dubio Pro Homine）或自由优先原则（Favor Libertatis）的民主原则。1993年《宪法》第1条规定："保护个人并维护其尊严是社会和国家的最高目标。"美洲人权法院相关原则公布于1985年《关于记者责任专业协会》的协商意见中。①

（二）人权条约相关性特征

1993年《宪法》概述了基本权利管辖权的两重保护制度：一种是国家层面的宪法管辖权，通过宪法法院和司法机构实现；另一种是通过美洲人权制度（美洲人权委员会和美洲人权法院）的超国家管辖权，是保护和发展个人权利的条约性和管辖性的进步力量。因此，对任何侵犯人权的行为，均有诉诸法律正当程序的基本权利。1993年《宪法》第139条第3款对正当程序和司法保护予以承认。此外，《宪法》第205条规定："一旦国内司法机关提供的所有司法途径已被使用或拒绝，若当事人认为其宪法承认的权利受到损害，可向依照秘鲁所参加的国际条约所组成的国际法庭或国际机构起诉。"

基于如上机制，对权利的合宪性审查和国内或国际基本权利的司法保护逐渐形成，尽管公权力机关仍对国内司法权力机构有实质性限制作用，但受害者基本可寻求美洲人权制度保护其受侵犯的基本权利。

在这方面，宪法法院在安娜·埃莱娜·汤森迭斯·坎塞科等人的案例（文件编号1277-99-AC/TC）中，对遭受恐怖主义的无辜囚犯补偿，认定了《公民权利和政治权利国际公约》的有效性并直接适用，而不需要有管辖权的机构通过并给出解决办法或解决建议，由此开启了关于国际条约约束力性质及条约强制力的思考。

《宪法》承认的权利和自由，应与《世界人权宣言》及相关国际条约和协定等秘鲁法律渊源内容相符（即1993年《宪法》最终和过渡性条款第4条以及《宪法诉讼法》前言第5条）。但是，需要明确的是《宪法》赋予国际人权条约的位阶应遵循《西班牙宪法》第10条第2款，作为基

---

① 美洲人权法院，《记者的强制性成员资格》，（《美洲人权公约》第13条和第29条），1985年11月13日OC-5/85号咨询意见，C系列5号，第52段。

本权利解释的渊源之一,这意味着承认上述条约具有强制执行规则的地位。或者,它们仅仅是作为法律或习惯法的一般原则,在宪法或法律条约执行或解释存有空白或疑问时,予以补充执行。

在这方面,可以注意到,秘鲁《宪法》如前文所述,罗列的基本权利不排斥现行宪法所保障的其他权利,例如国际人权条约以及宪法其他条款中包括的内容,也不排斥具有类似性质,或基于人的尊严、人民主权、法律的民主原则和政府的共和形式而派生出的其他权利,如1993年《宪法》第3条所规定的内容。

确实,在法律学说中,对人权性质的辩论由来已久——是作为积极或道德的权利,还是作为客观的、主观的或主体间的权利。但是,如果根据宪法制度理论,开始认识到人权的双重性,人们可以指出:人权是道德要求,因为它们也是积极法律秩序的一部分,应该承认的是秘鲁签署的国际人权条约一方面是国家法律的一部分(《宪法》第55条),另一方面,它们是宪法机构和公民被要求强制遵守的法律规范。

那么,可以指出,秘鲁《宪法》最终和过渡性条款第4条所提到的国际条约要求国家司法机关解释基本权利,国际司法因保护人权之需可直接或通过国际判决、意见和建议进行。因此,符合《维也纳条约法公约》(1969年)的第26条和第27条,上述条款规定缔约国不得援引其国内法的规定为理由而不履行条约和每一项有效的国际协议,要求缔约国按照条约要求来履行义务——必须由他们真诚地履行,并且必须履行这些协议。

在这一阐释学理论下,国际条约是可以直接和立即执行的法律规范——自动执行;也就是说,国际条约不仅解决宪法基本权利解释和实施的具有道德特征的道义权利的剩余问题,而且是与公共权力相关的和可立即执行的法律规范,也是对私人部门权利的尊重。同时,这些条约包含了更有助于实现宪法中包括的公民诉求的基本权利。

三 美洲人权体系和机制中决议（判决）及建议执行的保障

（一）美洲人权体系和机制中决议的相关效力

根据秘鲁作为缔约方的条约，国际人权法院所做的决议以及国际组织的建议，是秘鲁法官可以作为案件审理和判决的依据，其依据为如下几点。比如：宪法法院在复审判决克莱斯波·克拉嘎伊拉克（Crespo Cragayrac）案（文件编号 0217-2002-HC/TC）时，坚持"根据《秘鲁宪法》最终和过渡性条款第四条，宪法承认的权利和自由应在秘鲁签署的国际人权条约框架下予以解释，这一解释，应与人权条约一致，尤其应保持与国际人权条约的解释以及保护人权固有特性超国家机构做出的解释保持一致，特别是地区人权最终保护机制——美洲人权法院的解释"。

（1）国际判决的有效性

在宪法法条与国家法律条文存在冲突的情况下，首先使用法律位阶原则，没有任何法律能够超越宪法。根据秘鲁《宪法》第51条规定，同理可知：宪法判决优先于依据一般法做出的判决。因此，当保护基本人权的国际人权条款与一般法产生冲突时，毫无疑问国际条约应优先于基于一般法做出的国内判决，并对其产生约束或影响。

因此，《宪法》最终和过渡性条款第4条的规定中，涉及了法官和法院；但是，需要明确的是，宪法法院根据其做出的，是协调内部法与国际人权条约与判决的相关判决，具有常规和特别司法的相关特性，优于宪法解释。

（2）国际法庭判决

宪法法院的判决不仅是具有效力的裁决，也就是说不在国家层面受到司法审查，同时产生解释性依据，就是说，宪法判决与司法权力机构、军事专属管辖庭以及行政或仲裁庭的司法决定存在着联系。宪法性质的解释性效力，作为法律渊源（遵循先例原则），与其判例法规范的价值密不可分。在此意义上，上述法庭的司法裁决如违反宪法法院已有判决，就应被认为是违反《宪法》的，应承担造成的所有相应司法及行政后果。

这样，国际人权机制的决议的执行具有相关性和强制性，通过普通或专门的国家层面司法手段，但是只要宪法法院已宣布判决，应当与宪法法院决议相一致。同时，《宪法诉讼法》第6条规定："法官和法院解释和实施法律和所有法律范畴法规以及根据宪法内容和宪法原则制定的规章时，应与宪法法院做出的裁决一致。"

根据国家权力独立原则提出的要求与保护人权资源或机制的需求并不矛盾。因此，独立于每一个国家规则之外，负责司法管理的机构，应该接受相应的司法审查，以确定他们的行动是否在法律规定范围内执行，是否符合《美洲人权公约》规定的最低限度的保护，以及在其内部已经建立的法律体系中，确认上述机关与法律规定的相应司法职能相一致。

因为，如果内部司法裁决对"公约"或"人权条约"的某项规定做出了错误的解释，或者任何其他国家机关未能履行国家在该领域的国际义务；这只涉及国家的国际责任，该国法院或其他机构不是其在人权问题上的国际义务的唯一和最终解释者。[①]

因此，美洲人权法院已批准了公约缔约国的国内法，允许国家的司法机构在针对其侵犯个人基本权利的决定进行司法审查时具有豁免权。[②]为了让对这些机构的初级保护能够得到国内法院的认可，美洲人权法院为国际司法进程提供了补充性认可。

在这一缓慢的权利一体化进程中，在合作的框架下，宪法法院接受了美洲人权法院的可能性，尤其是在《美洲人权公约》承认的权利的实施和解释方面，能够有效保护秘鲁宪法中的基本权利。因此，比较法视域下的法院和宪法法院司法得以发展。[③]很明显的一点是"源于国际主义

[①] Cançado Trindade, Antônio, *El Derecho Internacional de los Derechos Humanos en el Siglo XXI*, Santiago: Editorial Jurídica de Chile, 2001, p. 275.

[②] 美洲人权法院，雅塔玛诉尼加拉案（Yatama vs. Nicaragua）。2005年6月23日判决。C系列127号，第174、175及176段。

[③] 例如，德国联邦宪法法院在2000年的Bananenmarktordnung案件。因此，如果欧洲法院的判例确保对基本权利的有效保护，即基本内容的保护，就可以遵守宪法规定。这需要像德国联邦宪法法院通过其判例所做的那样，在国家和欧盟两级对基本权利的保护进行比较。

和宪政主义思想的对人权保护的寻求日益具有有效性"。①

但是，这并不意味着不承认宪法法院在一体化的体系中所具有的优先的宪法位阶。无论是在尊重基本人权方面，还是在面对国家公共权力机关行为方面，抑或是作为美洲人权法院司法判决和美洲人权委员会相关行为的维护方面，秘鲁保护人权体系的宪法性条款都得到了执行。

这样，法条体系和司法体系互为补充地协同执行，因此二者应该相互整合并避免冲突；但是，在国际法和国内体系出现冲突时，应该优先以具备更高合法性的条约或判决为准解决待审判事宜，也就是说，保护和发展人权体系，"人，作为一系列权利的主体，不能因其为人且具备所有人的平等尊严而被视为一个国际秩序的完全主体"。② 其依据是国际体系下的宪法司法原则——国际人权保护原则。③

由此可知，根据对国际人权保护条约的逐步（司法）解释，人作为权利的主体已在国际法和国内法域内形成共识；④ 也由此建立了国际公法秩序一体化的原则。美洲人权法院有可能提出，"面对人类生命保护的强制力，很难将司法秩序和道德秩序完全在观念中分开：我们在一个价值观之上的秩序中，以法律条文为基础，这也在客观上有助于追寻每个个体人的存在的意义和使命"⑤。

值得注意的是，尽管这一国际和国内的司法秩序有着一致的进步性，

---

① Cançado Trindade, Antônio, *El Derecho Internacional de los Derechos Humanos en el Siglo XXI*, Santiago: Editorial Jurídica de Chile, 2001, pp. 272 – 273.

② Carrillo Salcedo, Juan Antonio, *Soberanía de los Estados y Derechos Humanos en Derecho Internacional Contemporáneo*, Madrid, Tecnos, 2da. Edición, 2001, p. 15.

③ 这一原则是通过两个进程实现的：第一，人性化进程，使"国际秩序在其某些部门和在某种程度上更接近人民的权利"；第二，在发生矛盾时逐步承认国家法律主权的从属性质——即便只是在有限范围内。

④ 美洲人权法院，《在正当法律程序保障的框架内获得领事援助信息的权利》，1999 年 10 月 1 日 OC-16/99 号咨询意见。A 系列 16 号第 114 段；同样，Cantoral Benavides 案。2000 年 8 月 18 日的判决。C 系列 69 号，第 99 段；以及 Blake 案，《赔偿判决的解释》（《美洲人权公约》第 67 条）。1999 年 10 月 1 日的判决。C 系列 57 号，第 21 段。

⑤ 美洲人权法院，"街头儿童"（Villagrán Morales 等人）案。1999 年 11 月 19 日的判决。C 系列 63 号。法官 A. A. Cançado Trindade 和 A. Abreu Burelli 的联合赞成票，第 11 段。

但并不意味着所有国家都认可国际蓝本,① 以国家宪法为基础的主权国家并未完全融入以国家宪法为基础的世界共同体的关系中。目前承认的是,国际秩序行为在保护人权领域完成了主权国家的世界性的统一。

(二) 秘鲁国内法对美洲人权委员会和美洲人权法院建议和决定的执行

根据前文所述,国际司法不仅是对国内司法的补充行为,更是遵从国内法和国际人权法,符合秘鲁1993年《宪法》最终和过渡性条款第4条的内容。因此,我们可以推断,所有法院,尤其是宪法法院,必须对基本权利做出解释,不仅是对宪法法律文本的条款,也包括对美洲人权法院和美洲人权委员会已经建立的人权保护决议、建议和意见。

在此基础上,强化对民主和宪制国家的关注,就应在人权领域切实履行尊重和遵守国际审查机构决议的义务。然而,事实并非一直如此。秘鲁存在有罪不罚的现象,如在阿尔韦托·藤森的独裁统治期间,存在不遵守美洲人权委员会和美洲人权法院决议的现象。秘鲁政府因拒绝和漠视履行国际所要求的基本国家义务,从而带来了诸多消极后果,如秘鲁政府面临日益严厉的国际人权保护机构的诟病。

这种情况引发了美洲人权法院通过2000年8月24日第5-9-M/49号解释,提出撤销有争议的司法管辖权;宣布于1999年7月8日通过的司法解释无效。通过这些努力促进国际社会对国家侵害人权不作为做出回应。

毫无疑问,为有效实现人权保护体系的目标,就需要包容性、履行法律义务、巩固一定的政治意愿基础上的人权价值体系,上述内容是支撑国际司法秩序的有效支点。因此,问题并不仅仅局限于美洲人权法院和美洲人权委员会职能性资源过少这一问题上;更为重要的是,各国履行国际义务的问题。在美洲地区国家缔结国际公约提交给美洲国家组织并承认《美洲人权公约》所保护的人权后,便要求认可《美洲人权宣言》

---

① Häberle、Peter:《欧洲宪法国家》,载 Miguel Carbonell、Pedro Salazar《欧洲宪法化》,墨西哥:墨西哥国立自治大学2004年版,第33页。

和《美洲人权公约》所保护的人权,各国有义务通过国内法条款履行保护人权的义务,包括执行国际监管组织对其人权领域国际公约履行的决定,甚至在出现侵犯上述权利时,承担整体性赔偿。

保障人权制度目标的有效实现,要求具有遵守保证人权的法律义务政治意愿和忠诚履行义务行动之间的融合,并由此来强化实现人权价值的国际法的地位。因此,问题不仅在于法院和委员会的运作资源紧张,而且还在于要遵守缔约国承担的国际义务。加入美洲国家组织和批准《美洲人权公约》时,该区域各国承担的国际承诺要求尊重《美洲人权宣言》和《美洲人权公约》所承认的权利,以及保障人权的义务需要对人权进行有效保护的国家法律的规定采取相应措施,包括监测对有关负责人权国际承诺的国际机构做出的决定的执行情况,以便对所犯下的违法行为进行整体性赔偿。

因此,目前秘鲁已建立了促进遵守委员会和/或法院裁定的特别机制或标准,包括颁布《第27775号法律》,[1] 其中规定了强制执行超国家层面判决的程序,并且通过了 N°007-2005-JUS 最高法令,规定"向美洲人权法院公布作为秘鲁国家代理机构的任命和职责"。

最后,尤为值得一提的是委托国家人权委员会(Comisión Nacional de los Derechos Humanos,CNDH)[2] 制定的《2006—2010年国家人权计划》。[3] 广泛的公民参与在2005年3月至7月间展开,包括13场广泛的公众听证会以及在利马和卡亚俄两市的5次公开发布会。这样,让公民的建议得以呈现,指导秘鲁国家采取必要的措施,在国际条约、宪法和立法体系中不断改善和保护人权。

该计划是对秘鲁人权真实现状的严肃判断,目的是建立全面的战略、目标、方针和进一步行动的方针:一是将人权纳入公共政策加以制度化和重点关注;二是促进人权问题在国家机构和社会中的传播;三是确保

---

[1] 2002年7月7日发表于《秘鲁官方公报》。

[2] 根据第012-86 JUS号最高法令于1986年9月6日成立,其依据是第117号法令(司法部组织法)第3条的法律规定,负责促进、协调、向当局和同一部门提供咨询意见,以保护和落实个人的基本权利。

[3] 2005年12月11日发表于《秘鲁官方公报》。

全部人权的完整有效性；四是在公平和（对妇女、印第安人和非洲裔秘鲁人、残疾人、移民以及艾滋病毒携带者等）没有歧视的条件下，对弱势群体的权利给予明确的倾斜性政策。

因此，秘鲁在制度性建设方面取得了重要进展，也为国家发展带来了有效契机，包括对国际人权组织决定和建议的有效遵守，履行国际司法的国家义务，但最重要的是，以宪法的形式做出了国家层面的承诺。

1. 对美洲人权委员会建议的遵从

美洲人权委员会是准司法机构，由七位成员构成，执行多项职能：(1)在国家和原告受害者之间担任调解员；(2)为促进人权保护，作为顾问对国家提出的相关请求提供建议；(3)评价者就公约缔约成员国的情况发布年度报告；(4)合法化评估，在一国根据委员会报告提出的侵犯人权内容做出调整时进行评估；(5)推动者，开展促进人权事务的研究；(6)保护者，紧急介入请求一国停止侵犯人权行为。

为了履行上述职能，美洲人权委员会发布了建议。尽管并非司法性决定，却对原告所在国家规定了国际义务。在这些准司法任务中，委员会在原告与国家代表之间，充当了中间人及调解者的角色，寻求最为"友好的解决办法"，避免争议上升到美洲人权法院层面。

当国家拒绝调整所造成伤害的决定时，美洲人权委员会可以将争端送入美洲人权法院司法程序，并在诉讼过程中，陪同受害者及其代理人，成为司法诉讼的原告方。

关于美洲人权委员会建议的司法效力，根据其1997年年度报告，特别是在其有关建议的一章中指出：成员国，无论是否为《美洲人权公约》缔约方，应执行其报告中就相关个例案件提出的建议并服从预防性措施的要求。依此，"美洲人权法院所指出的《美洲人权公约》成员国，有义务在涉及该国的个别案件中，遵循善意原则。这一义务也涉及所有成员国，尤其是，根据《美洲国家组织宪章》，美洲人权法院承担促进该半球人权事务的审查和保护职能，是该机构主要机关"。

因此，美洲人权委员会的决定更加复杂。一些国家质疑其决定的必要性，有时忽略该委员会的决定。就此，在洛艾扎·塔马约（Loayza

Tamayo)案中,美洲人权法院明确了其对委员会做出建议特性的认定,并提出美洲人权公约缔约国"应最大限度履行美洲人权法院,这一美洲国家组织重要机关之一所做出的建议的义务"。[①] 但在实践中,委员会和法院在解决执行其决定问题时,各自权限不可逾越。委员会和法院都可审查各自决议的执行,都可通过年度报告向美洲国家组织大会汇报未完成情况,都可公开发表其各自决议。美洲人权委员会在恰当情况下,还可参与美洲人权法院案件诉讼过程。同时,其决定的影响取决于,在后一种情况下,更大的影响因素是国家对国际关系及国际协定的重视程度。

在秘鲁,一方面,需要提到的是 N°005 - 2002 - JUS 最高法令的通过。根据该法令,于2001年2月22日成立国际劳工委员会,负责实施美洲人权委员会有关秘鲁国家与委员会之间签署的联合新闻公告的建议。另一方面,根据2001年7月18日的 N°285 - 2001 - JUS 最高决议,国家承认12.120案(民主论坛)影响了政治参与权利的责任,在藤森连任总统的大选中,国家曾阻止近100万市民参与选举。

2. 履行美洲人权法院的判决

美洲人权法院是美洲人权体系的司法机构,由七位法官组成,具有司法性和咨询性两项基本职能。

(1) 司法性职能

法院审理国家侵犯人权的案件,案件由美洲人权委员会或者国家本身提出,但绝不能由个人直接提出。如果请求予以受理,法院则开启两个阶段的程序:文字和口头。文字阶段由法院受理请求开始,要求原告协助笔录,国家作为被告提供辩护词,在这一阶段国家可以进行辩护,或提出初步反对,交由法院裁决。之后,进入口头阶段,在该阶段双方享有辩护的权利,法院可以提供具体的预防性机制和措施,提请证人并要求开展能够证明发现事实真相而非形式上的真相的行为。

当作为被告的国家同意法院要求履行的相应责任,则可在起诉前结束这一过程。在这种情况下,法院或可不将该案件归入档案,停止执行,并进入审查各方履行协定的阶段,直至法院认定判决提出的国

[①] 美洲人权法院,洛艾扎·塔马约案,1997年9月17日的判决。C系列33号,第80段。

家责任得以在被告国家法院相应的有效履行。如果还对最终判决效力存在疑问，在一方提出请求的前提下，法院可以就其决定进行解释。在这一情况下，就涉及遵循先例原则，法院判决与今后的判决具有关联性关系。

（2）咨询性职能

美洲人权法院同时具有为《美洲人权公约》解释提供协商选择自由的权限。选择自由可以是有关条约条文意义或性质的抽象的回应，或者是涉及请求的具体案件。然而，尽管法院发表了意见，但并不必然发生的是，缔约国法院将会对未来案件的咨询性意见予以商讨，因为，在此情况下，其意见或将进而成为可能的判决。

在《美洲人权公约》的解释中，法院采取的是自由优先原则。在探寻选择自由的过程中，不仅局限于《美洲人权公约》，同时也在刑法及其学说、宪法或国际法学说中，力求保护基本权利。在此意义上，法国斯特拉斯堡的欧洲人权法院的判例对哥斯达黎加圣何塞的美洲人权法院[①]影响颇深。

在法院实际工作中，《美洲人权公约》规定了执行法院判决的专门性机制，其中涉及金钱赔偿作为判决中的补偿性措施之一。在这种情况下，公约规定，法院判决的执行过程，应遵循被起诉国家的国内法规定。

在秘鲁，值得关注的是圣地亚哥·马丁·瑞瓦斯（Santiago Martín Rivas）案（文件编号4587-2004-AA/TC）的复审判决。通过该案，宪法法院评估有关阿尔托斯居民区（Barrios Altos）案做出的刑事诉讼无效的解决意见的有效性，做出命令对委员会是否犯有危害人类罪进行司法调查。美洲人权法院认为，诸多客观因素显示，对当事人的裁判，尽管是司法外行为的共同犯罪，但并未显示出实际上以有效形式加以研究和裁决的目的。与此同时，司法诉讼亦在常规司法权限的范畴。然而，上诉人最初由军事司法机关裁判，其性质属于原则上受到了被定性为功能性犯罪的判决和制裁的限制。同时，其关系着20世纪90年代推动涉及侵

[①] 译者注。

犯人权和危害人类罪未受惩罚的系统计划。① 特别是科利纳（Colina）集团的行为，与复审相关。这样，对宪法中空白点的最高效力的解释最后必然落到美洲人权法院对阿尔托斯居民区案的最终判决上。

另一个值得关注的案件是伊夫彻·布隆斯坦因（Ivcher Bronstein）案件的判决，② 法院判定被告赔偿 7 万美元。然而，面对该赔偿请求，需要就事实伤害进行判决解释，如能确认伊夫彻先生受到的实际伤害适用于该赔偿，法院将就此做出最终判决。此外，还需提前考虑秘鲁法律，向管辖该事务的国家机关提出申诉。③ 秘鲁当局有义务就精神伤害进行弥补并采取相应措施，赔偿对伊夫彻先生所造成的全部伤害，这一全面的决定④直接影响着仲裁判决，判决不可上诉。当决定予以实施，在 2005 年 12 月自由争议期结束后，伊夫彻收到 2000 万索尔的赔偿，对此，由于缺乏对等原则，相较应付伊夫彻的赔偿总额，对反人类罪受害者家属的赔偿认定数额，都不足一百万索尔。

从案件执行的过程中，我们可以看到国际性判决对国内法有着重要的意义。不能忽视的是，还需要辩证地分析，预防在人权领域国际司法和国内司法之间的冲突，考虑到修正法令对经济可能产生的影响，但这并不意味着否认对受害者有利的条款或决定的优先原则的失效。

四 结论

美洲人权体系的构建，特别是在体系完善整合的过程中，始终坚持将对人的保护作为基本职能。这也说明，个人与国际秩序之间存在强有力的联系。

---

① 值得注意的是，在此期间颁布了第 26479 号和第 26492 号"自赦免"法律，关于其不符合《美洲人权公约》和法律无效性，法院做出了一项裁决（参见美洲人权法院阿尔托斯居民区（Barrios Altos）案，2001 年 3 月 14 日的判决，C 系列 75 号，第 41—44 段）。
② 美洲人权法院，伊夫彻·布隆斯坦因案。2001 年 2 月 6 日的判决。C 系列 74 号。
③ 美洲人权法院，伊夫彻·布隆斯坦因案。对实质性判决的解释（《美洲人权公约》第 67 条）。2001 年 9 月 4 日的判决。C 系列 84 号，第 21 段。
④ 该裁决有三个组成部分：股息拖欠约 1200 万索尔、工资拖欠约 93.1 万索尔和企业价值损失约 500 万索尔。

如果把基本权利的发展视为重新探讨拉美各国之间共存关系的必要支柱，就离不开探讨如何具体实施人权保护区域性体系的机制性职责。美洲人权法院和美洲人权委员会承担着保护地区相关个人的基本权利和保障国家宪法符合公约的两大职能，是人权保障的关键性地区机制。两个机构的具体行为如果不能获得国家间的合法化共识，这终将成为一种无疾而终的努力。

此外，人权体系的强化，还需探讨如何面对并克服拉美法治国家机制的脆弱性所导致的外部困境。地区人权体系的完善，需要真正民主—宪政进程的开放，在成员国层面达成有约束力的承诺。

总之，美洲人权体系自提出之日起就面临诸多全新和多样的挑战，这要求它必须通过适当的条款改革，克服困难，完成两项工作：对因国内法律体系没有明确规定，而基本权利被侵害的受害人提供适当和有效的保障；对自认为权利受到侵害的所有人，给予合理的、真正开放的保护。

第二章

宪法管辖权与国际管辖权：合作、冲突与紧张关系[*]

一 简介

自20世纪80年代军政府倒台以来，拉丁美洲国家重建了以两个基本原则为基础的民主秩序，一个是被人熟知的经济领域的市场经济；另一个是政治领域的民主和人权。

这一国家经济和政治领域的重建，确切地说其开端可追溯至第二次世界大战后。随着人权的国际化，拉美国家宪法将人权发展的进步性内容纳入其中。但是，这些权利的获得仅限于名义上的存在，国家规范甚至国际法，在实效性方面却一直存在着诸多不确定性。随着美国和苏联之间的冷战终结，人权保护的义务逐渐提上了日程。

然而，柏林墙的倒塌以及华盛顿共识的兴起，重建的民主秩序的更新更应感谢宪法改革，无论是纳入新机制中的整体抑或是部分更新，以及承认美洲人权体系和国际条约是国内法的一部分获得承认，等等。因为，这些因素将人以及对人尊严的尊重作为国家和社会的最终目标。

这样，一方面，基于国家民主性建立的宪法法院与承担基本法保护的司法机构中的法院或最高法院改革开始了统一的进程；另一方面，美洲人权委员会以及后来成立的美洲人权法院职能不断拓展。随着苏联解

---

[*] 这篇文章发表于《国际法的宪法—宪法化的国际化》（*Internacionalización del Derecho Constitucional – Constitucionalización del Derecho Internacional*），布宜诺斯艾利斯：EUDEBA，2012年。

体，美国与之进行的冷战结束，客观上也助长了美洲独裁政府在其国内开启反对马克思主义的进程。

在此情况下，美洲人权保护体系被重新建立，旨在解决独裁政府时期侵犯公民权利和自由的问题。这让国内司法开始履行美洲人权法职能，当条约条款纳入国内法时，也开启了一个不仅局限于国际化，而且包含了宪法化的长久以来的讨论：在一元主义和二元主义学说中，贯穿于宪法的国际责任。

这不仅开启了学术争论，还涉及将美洲人权公约相关内容纳入国家法律体系的态度。这就说明，一方面，拉丁美洲宪法改革进程中，承认条约具有超国家、宪法和宪法基础的特点；另一方面，条约和决定或任命的实施，取决于国家赋予的层级或相关强制性或其位阶。

这样，关于美洲人权公约的位阶，产生了就条约在秘鲁是具有超宪法抑或是宪法性质展开了不同讨论。[1] 宪法法院的司法职能有两种假设，[2] 但他们都未能解决有关上述条约是规范性法令还是解释性法令及其司法结果具有何种意义的难题。

有关这一问题，有两个较为合适的理解：一方面，《宪法》第55条规定"国家缔结且有效的条约是法律的一部分"；另一方面，《宪法》最终和过渡性条款第4条规定"《宪法》承认的与权利和自由相关规定应依据《世界人权宣言》，以及秘鲁批准的有关国际条约和协议做出解释"。

因此，关于秘鲁以及拉美地区其他国家军政府独裁时期，拉美宪法民主国家并没有保持对美洲人权法国家义务的相同的处理方式；甚至，有着广泛的方式来完成美洲人权法院体系的法令执行。

因此，首先，美洲人权法院的保护，其下发的决议涉及对第一代人权的保护，即关于国家侵犯民众的生命权、身体完整权、人身自由权等的判决书和物质及非物质性质的赔偿条款。其次，美洲人权法院开始审理案件时，最大限度就上述权利侵犯采取应有的法律程序，遵循自由、

---

[1] Landa, César, *Tribunal Constitucional y Estado Democrático*, Lima: Palestra Editores, 2007, pp 882 – 899.

[2] 秘鲁宪法法院文件编号047 – 2004 – IA/TC，FFJJ. 21和22。

公正、自由表达、民主等原则。

然而，在一些领导型和/或民主结构较弱的国家，这些判决引发了辩论，甚至在其执行中拒绝有关其司法和相关机制的内容。然而，在民主结构和/或民主主导强有力的国家，判决得到了示范性的执行。但是，秘鲁近些年的问题，不是判决执行、自由或中肯的评价，而是对美洲人权体系法令的无声或欺骗性的政治抵抗。这将在后文展开论述。

二 从一元主义、二元主义到人类一体化

传统意义上，如果希望国际法规产生预期效果，那么这些法规应该纳入每个国家的国内法范畴。实际上，国际法规纳入国内法，是在国家内部有效实施国际法规的最可行的方式。诚如卡塞斯（Cassese）指出的，"多数国际规定，在没有国内法律体系持续的帮助与合作时，不能得以有效执行"。[1]

纳入不仅意味着国内法律包含国际法规，还意味着国内法的整体调整，以此协助国际法规内容的实施。

现状是国际法规与国内法律秩序的一体化进程，有着不同的实践路径。根据关于权限或位阶的观点，具体来说，就是国际法规在国内法律体系位阶中的位置问题。因此，谈到了国际法传统的法学理念——一元主义和二元主义。但是，来自当代人权职责的挑战，已重新规划甚至是超越了上述理念。

签署了国际条约的国家，基于某一决定或其他决定，选择将其所签署的国际法规纳入国内法，更为关键的是其享有的国家主权。事实上，一国有义务将国际法规纳入其法律制度并协助其内容的有效执行；但是，在国内法律体系位阶中，国家并没有赋予国际法上述法规专门层级的义务。

每个国家都有赋予国际法规在其国内法律体系中相应权限的职责，根据宪法体系做出相应的政治选择。因此，美洲国家的宪法与国际法规

---

[1] Antonio Cassese, *Internacional Law* (second edition), Oxford: University Press, 2005, p.9.

关系颇深，这一关系决定着国际法规在法律渊源体系中的层级——超越宪法的、宪法位阶的抑或是宪法下属的。

如果一个国家选择了二元主义理论，将会把国际条约或法规区别于国内法律体系来构建，且两个体系不能混淆。二元主义理论回应了原有的民族和主权国家自由理论，旧有原则认为在国际法与国内法之间对于近似的内容不能有相互关联性。① 相应地，对于国家范围内的相关国际法规，国家应通过其立法机关进行法规的转化。

如果一国采取了一元主义学说，那么情况会有所不同。国内和国际法规，共同组成唯一的一个秩序。也就是说，在处理与国际法的关系时，国家法律体系是统一的，其管辖权也是统一的。② 凯尔森金字塔结构分析了包含两种法规和不同层级秩序的位阶。每个国家选择国内法或国际法优先，并据此将国际法纳入国家法律体系。

值得指出的是，一元主义理论将国内法置于优先地位，国家只需在具体情况下形成共识，就是说，这是对相关条约及其法规所必需的条件。在国际法优先的一元主义理念下，这一共识并不是必需的，国际法规自动纳入国内法体系。

一元主义从国家立场出发，完全不承认国际条约和法规的优先或超越性位阶，而是国内法优先。尽管国家间达成了国际协定，或者，在二者不相容的情况下，也会出于国际主义考虑，让国际法打破国内法。二元主义希望恢复国家职能，在国际人权法中未规定公民权利保护责任的情况下，国家遵照法律履行法律管辖权，如根据国内法解决偶发性法律争议。

然而，正如翁·博丹帝（Armin von Bogdandy）所指出的："讨论国际法和国内法关系时，更好的选择是放弃一元主义和二元主义的学说和理论。也许从政治实用性出发，让国内法以开放的态度面对国际法，但从法学和学术视角看，也许只是几具其他时期的知识分子僵尸，是分离

---

① Dionisio Anzilotti, "Introducción al problema entre el Estado Internacional y el Derecho Interno", *Revista Jurídica*, T. I, Buenos Aires, UBA, 1962, pp. 41 ss.

② Hans Kelsen, *Les Rapports de systeme entre le droit interne et le droit international public*, Paris: Libraire Hachette, Académie de Droit International, 1927, pp. 33.

第二章　宪法管辖权与国际管辖权：合作、冲突与紧张关系　◂◂　21

的或'解构主义的',对国际法与国内法律体系关系的理解应该在根本上基于其他理论基础。"①

在此基础上,条约的宪法性地位,更应从一种混合型选择出发,包含一元主义或二元主义元素,应从理论上超越单纯的二者内涵的结合。这一国际法纳入国内法的一体化法律特性,应以国家的国际责任为基础,这样,这一责任的职能,就不应是国内法的自动废除,在国家责任与国际法相冲突时,亦不应在国家秩序范畴下忽视国家责任,而是应当为了更好地保护人权,积极促进两者的结合,承担新自然主义一体化的功能。②

这一理论是具有相互性的,在国内环境中赋予条约合理和正当的解决。如《美洲人权公约》的签约国有责任尊重并调整国内法以适应这一条约,并符合该条约第 2 条所规定的内容。③

诚如塞西莉亚·梅迪纳（Cecilia Medina）所说,"……国际法渊源相互影响,同时,又影响着国内法渊源并受其影响。……国际法规的法律管辖权解释也有助于体系中成员国观点的产生,国内法律适用于特殊案件的经验,也能够对人权条款产生影响并使其内容日趋明晰。从另一维度审视该问题,国内法官,当对国家人权条款做出解释时,也应考量国际法规和国际司法"。④

相应地,秘鲁采取了极端主义让位于温和主义的态度,认为内部法

---

① Bogdandy, Armin von. Pluralismo, efecto directo y última palabra：La relación entre Derecho Internacional y Derecho Constitucional, En *Teoría y práctica de la justicia constitucional*. (C. Escobar, editora). , Quito：Ministerio de Justicia y Derechos Humanos, 2010, pp. 411 – 412; asimismo, Herdegen, Mathias. "La Internacionalización del orden constitucional". En *Anuario de Derecho Constitucional Latinoamericano 2010*. Uruguay：Konrad Adenauer Stiftung, pp. 71 – 77.

② Rousseau, Charles, *Droit International Public*, Tome I. New York：editions Pedone, 1970, p. 48; asimismo, Monaco, Riccardo, *L'Ordinamento Internazionale in Rapporto all'Ordinamentio Staduale*, Torino：L'Istituto Giuridico della R. Università, 1932, pp. 23 – 27.

③ 《美洲人权公约》第 2 条规定："遇有行使第 1 条所指的任何权利或者自由尚未得到立法或者其他规定的保证时,各缔约国承诺根据它们各自的宪法程序和本公约的规定采取为使这些权利或者自由生效所必需的立法或者其他措施。"

④ Medina, Cecilia. El Derecho Internacional de los Derechos Humanos, En：*Sistema Jurídico y Derechos Humanos*. Cecilia Medina y Jorge Mera (editores). , Santiago：Sociedad de Ediciones Universidad Diego Portales, 1996, pp. 76 – 77.

规与外部法规关系（直接效力，不利问题，相关适用性，国家不信任的承认，合约性审查以及适用性解释）[1]并非始终冲突的，而是具有合作关系可能性的钟摆。在冲突发生的第一时间，并未直接阻止冲突，而是经过之后的对话和当前的博弈进行解决。

三　从冲突到合作的美洲人权法院与秘鲁

关于秘鲁，作为接受美洲人权法院定罪性判决较多的国家，在近5年中，已从独裁政府较好地过渡到了民主政府，集权程度不断下降。

（一）秘鲁退出美洲人权法院

在阿尔贝托·藤森政府时期，秘鲁议会于1999年7月8日通过了第27152号立法决议，决定秘鲁立即从美洲人权法院争议性管辖权中退出。这一议会决定由总统藤森力推，起因是1999年5月30日，美洲人权法院对卡斯蒂略·佩特鲁齐（Castillo Petruzzi）案的判决和洛艾扎·塔马约案一样，两起诉讼都是针对秘鲁政府的，要求宣布犯有恐怖主义罪行的刑事诉讼程序无效，并且要求秘鲁政府根据《美洲人权公约》规定内容，保护新的司法程序公正，对刑事诉讼必要程序进行全面审查。[2]

最高司法委员会指控藤森政府，利用国家政治一元主义理论，事先宣布美洲人权法院判决无法执行。评论认为，出于国家安全考量，国家有权对抗恐怖主义行为，美洲人权法院法官对此无权置喙。此外，相关评论还指出，几百位被指控犯有恐怖主义罪的人，在要求审查其刑事程序时，都适用于上述决议，也许能获得自由。最终，美洲人权法院判决被认定为不承认宪法所赋予的军事司法独立。[3]

---

[1] De Vergottini, Giuseppe, *Más allá del diálogo entre tribunales. Comparación y relación entre juridcicciones*, Madrid: Civitas, 2010, pp. 87–117.

[2] 美洲人权法院，卡斯蒂略·佩特鲁齐等人案，1999年5月30日判决，圣何塞，1939年，第79页。

[3] Consejo Supremo de Justicia Militar, *Resolución de la Sala Plena del Consejo Supremo de Justicia Militar*, Lima, once de junio de 1999, en *El Peruano*, Lima, 12 de junio de 1999, pp. 174138–174141.

然而，美洲人权法院拒绝退出，认为对两个秘鲁案件具有管辖权，针对其中一个案件驱逐了秘鲁宪法法院三名法官，另一个案件秘鲁国家优先，并因此对秘鲁公民巴鲁什·伊夫彻（Baruch Ivcher）的电视频道所有权案产生影响。美洲人权法院解释，国家不能通过单边主义行为剥夺国际法院的管辖权，因为国际法院的权限由国际人权条约赋予，具有优先性。

藤森政府试图让秘鲁脱离美洲人权法院判决管辖，这种行为不符合《美洲人权公约》的规定，也不符合公约的原则和性质，缺乏法律基础。而关于退出公约以及法律效力的执行，为保障法律的安全和稳定，根据《美洲人权公约》第78条第1款规定，上述退出请求需要提前一年提交告知书。①

无论如何，秘鲁方面试图退出美洲人权法院控诉管辖及其相关法律效力的尝试，都是基于对国家主权行使的错误理解，最终只能由美洲人权法院决定。因此，美洲人权法院不仅享有司法管辖权，而且对其自身管辖权的范围界定有解释的权力；也就是说对管辖权的管辖解释（Compétence de la Compétenceo, Kompetenz-Kompetenz），是基于《美洲人权公约》第62条第3款规定。②

藤森政府拒绝接受美洲人权法院司法管辖的行为，是试图让所有秘鲁公民履行宪法规定权利时失去国际司法审查的保护，同时也是将秘鲁置于国际孤立地位的危险行为。但是，由于国际责任并非单边行为，而是在任何情况下，皆需遵循《美洲人权公约》所规定的必要的实体和形式程序，包括在处理巴鲁什·伊夫彻案以及宪法法院法官案件时，反对秘鲁单边拒绝履行其司法管辖的事实。

---

① 《美洲人权公约》第78条规定：1. 美洲人权公约缔约方可以在自此条生效日的五年期到期时，并通过提前一年通知本组织秘书长，而秘书长必须通知其他缔约方后退出本公约。2. 在《美洲人权公约》中，缔约国对义务的单方面干预没有任何影响，因为《美洲人权公约》构成了对义务的强制行为，而对《美洲人权公约》则产生了影响。

② 《美洲人权公约》第62条第3款规定，《仲裁庭》是一部关于海洋公约处理的解释和应用的法律，它是缔约方在重新协商的情况下进行的，特别是在声明中，这是对先前事件的指示，特别是对会议的指示。

因此，国家作为条约参与方，只能根据所缔结条约本身规定的条款接受其国际责任。在此基础上，藤森政府希望部分脱离美洲人权法院争议性管辖权的意愿并非有效的秘鲁主权行为，因此，秘鲁公民仍能继续享有宪法权利和公约规定的权利，包括获得美洲人权体系的国际司法保护，一旦国内司法机关提供的所有司法途径已被使用或被拒绝，根据秘鲁《宪法》第205条规定，① 涉及宪法权利以及国际人权保护内容的都适用此条规定。

藤森政府倒台时，美洲人权法院指控秘鲁，由当时的总统控制的国会于1997年无根据地将宪法法院三位法官解职，以报复他们宣布藤森第三次总统竞选违宪的声明。2000年11月17日，巴伦廷·帕尼亚瓜（Valentin Paniagua）总统的过渡民主政府下令，恢复这三位法官的职务。此外，美洲人权法院下令国家还应赔偿其未领取的工资和福利。②

因此，根据美洲人权法院对卡斯蒂略·佩特鲁齐案和洛艾扎·塔马约案的定罪判决，侵犯了自由和正常程序的人权，因为他们被敌人的刑法反恐怖主义法律审判，导致超过5000名公民对这种紧急刑法提起违宪诉讼。

（二）管辖权的对话与博弈

秘鲁民主过渡时期，美洲人权法院司法管辖权是秘鲁宪法法院司法权限发展的不可或缺的渊源，不仅有利于第一代人权的确立，而且也有助于具有社会特性的权利或者说第二代人权的确立。

秘鲁宪法法院的诸多判决见证了国际法与国内法在不同时期的过渡关系，从合作阶段到相互连接；明确的阶段应该从民主过渡的总统帕尼亚瓜执政时期（2000年）算起，直到总统托雷多执政（2001年）。宪法法院承认并发展了《宪法》最终和过渡性条款第4条有关司法管辖权的规定，2004年《宪法诉讼法》将上述规定条约化，并据此规定："保护

---

① 《秘鲁宪法》第205条规定："一旦国内司法机关提供的所有司法途径已被使用或被拒绝，若当事人认为其宪法承认的权利受到损害，可向依照秘鲁所参加的国际条约所组成的国际法庭或国际机构起诉"。

② 美洲人权法院，宪法法院诉秘鲁案。2001年1月31日判决。

《宪法》规定相关权利和自由纳入条款，让秘鲁与《世界人权宣言》和其他国际条约以及国际协定等所规定相关内容相一致。"

基于此，宪法法院判决 STC N° 047 – 2004 – AI 不仅承认国家缔结及生效的条约作为国家法律的一部分，而且还建立了对侵犯基本权利法令的合宪性审查原则。[1] 同时，根据美洲人权法院对于阿尔托斯居民区一案的判决，认为曾经根据大赦法做出的判决没有司法效力，宪法法院宣布有军事性质的敢死队"科里纳"（Grupo）成员的请求毫无根据，它试图据此停止对其进行的司法案件再审查。[2]

雅塔玛（Yatama）诉尼加拉瓜一案，美洲人权法院的判决被宪法法院作为最终论据，并在其 STC N° 00007 – 2007 – PI/TC 诉讼请求判决中，考虑到《宪法诉讼法》修订条款违宪的声明，废除了选举国家陪审员的决定。相应地，宪法法院对美洲人权法院判决关联性做出了回应。该判决的效力不仅溯及案件当事国，同时也存在其基础性效力或者说判决理由，针对秘鲁以及《宪法》最终和过渡性条款第 4 条所约束的法院以及《宪法诉讼法》前言章节第 5 条。据此，宪法法院认为："宪法制度下，应该受到儿人组成的法庭的保护，由此产生的附加责任是面向所有公共权力的；众所周知，审查的义务既是经由秘鲁批准的人权条约内容，同时也是国际法院通过所有程序对人权条约进行解释的内容，秘鲁是条约缔结方，受其约束。"[3]

但是，宪法法院还提到了国内法院与国际法院之间的合作关系。特别指出"不涉及那种在国际人权法院与国内法院间固有的位阶关系，而是一种对基本权利的人权最大保障原则的解释的合作关系"。相应地，值得一提的是《美洲人权公约》第 29 条第 2 款规定，限制任何对该公约的解释，包括美洲人权法院自身，"限制享有和执行对任何国家法律通过或认可或根据上述国家所缔结其他条约，任何权利或自由的行为"。

因此，宪法法院承认了《美洲人权公约》中人权的实质，解释了这

---

[1] Elizabeth Salmón Garate 在《统一与区别——秘鲁和国际人道主义组织》一书中同样得出这一结论——法律是义务和义务解释的标准，是基本原则的延续，也是宪法的延续。
[2] 宪法法院判决 STC N°4587 – 2004 – AA/TC。
[3] 宪法法院判决 STC N°0007 – 2007 – PI/TC，FJ 14。

些条约作为法院最基本且必要的出发点，在此过程中，国家相关机构不断扩大对人格尊严权等新权利融入条约和扩展条约保护范围，也是对已有权利有效获得的附加保障。[①]

（1）人身自由权

在 STC N° 7624-2005-PHC/TC 判决中，埃尔南·罗纳尔·布伊德隆·罗德里格斯（Hernán Ronald Buitrón Rodríguez）提出人身保护权诉讼以及要求立即释放犯罪嫌疑人的请求，因为根据《刑事诉讼法》规定，超过拘留最长时限 36 个月却没有判决的，应当解除强制措施。该诉讼由非法毒品运输犯罪委员会负责，该委员会是《蒂华纳国际建议书》的成员，但该案件侵犯了司法的合理期限权，这一权利也是《美洲人权公约》第 7 条第 5 款规定内容。

宪法法院就 36 个月这一规定的非法贩毒犯罪诉讼时长的主要问题进行了分析，认为，在特殊情况下，可以延长。然而值得注意的是，这一延长应当有必要理由。此外，延长仅在延误诉讼可定罪的情况下才为合理，或是案件复杂时，与司法机构活动不同，要求有调查延长的特殊性。因此，上述延长有客观需要，仅可按法律规定的延长时间执行。

在这种情况下，宪法法院的法官修改了司法判决，主要是考量到人身自由权和预防性逮捕的合理期限。同时，选择分析司法机构的实际情况，并关注刑事法官的责任，将其置于人身保护令（Habeas Corpus）的优先内涵内，特殊罪行的诉讼在审理过程中，被告拘留应符合秘鲁相关规定。

除了这一主要的严重违法行为，还存在诸多其他复杂性因素，如：受审犯罪嫌疑人的数量。为了明确罪行，涉及的审判机构庞大且复杂，这意味着增加了犯罪嫌疑人的数量，相应地增加了诉讼时长。在尊重犯罪嫌疑人的诉讼行为价值的基础上，应在合理期限内结案，明确区分使用法律对诉讼方式的明确规定与犯罪嫌疑人的消极绝对性掩盖的缺乏合作（两个法律行为都是国家宪法中的合法权利），被称为"阻挠者的辩护"（这是对诉讼的恶意理解的标志，同时是通过宪法秩序对其进行抨击

---

① 宪法法院判决 STC N°0007-2007-PI/TC，FJ 15。

的方式)。

最终,宪法法院在确认原告的不合理诉讼做法后驳回了诉讼,同样,是上述法庭酌情决定的,应当完全消除司法所面临的适当行政的困境。相应地,也未回应有利于原告的诉讼告发,被告试图利用法律资源阻碍诉讼的速度。

2. 环境权

在 STC N° 03343-2007-PA/TC 判决中,哈伊梅·汉斯·布斯塔曼特·罗德里格斯(Jaime Hans Bustamante Johnson)对秘鲁西部石油公司;Talismán 石油公司秘鲁分公司,雷普索尔公司秘鲁分公司和巴西国家石油公司秘鲁分公司提起诉讼,理由是他们的诸多权利受到威胁,包括享有生活发展所需的平衡和恰当的环境权利,生命权,自由发展和享有幸福的权利,健康得到保护的权利,家庭和共同体拥有适宜生活的环境的权利以及有利于促进和防御的责任;要求国家促进保护生物多样性和保护自然区域、保护食品安全、保护亚马逊的埃斯卡雷拉山(Cordillera Escalera)地区的水域。宪法法院还要求,当出现侵犯上述权利的威胁时,为保护埃斯卡雷拉山自然保护区,应停止对碳氢化合物的勘探和可能的开采。

宪法法院认为这一主张很有根据,并强调了宪法在保护环境和捍卫生态安全方面的决定,这一决定被理解为涉及个人、社会和环境之间的关系的基本宪章的规范体系。"生态宪法"认为,可持续发展与后代之间的关系,涉及以一种模式和速度来利用生物多样性的组成部分,既不引发长期生物多样性的减少,也考虑到不可再生能源的开发。恰恰是对生物多样性的保护,将会具有满足当代及后代生存发展需求的能力。

在涉及环境的关系问题上,宪法法院援引了保护原则,这不再是主观性的,而是国家的客观现实和利益需要。因此,保障享有平衡和充足的环境的权利是内生性需求,而提供享有这一环境权利的保障又必须由普通立法者具体化。在这方面,国家必须采取充分措施,防止生态系统可能面临的风险,甚至对人为干预可能对环境造成的破坏,特别是在开展经济活动时产生的环境风险,予以避免。

埃斯卡雷拉山当地社区,享有基于种族和文化特征的权利保护(根据《宪法》第 2 条第 19 款）。该权利具有明确的客观意义，要求国家在亚马逊民族地区保障民族和文化多样性所需的环境。同样，根据《宪法》第 89 条，承认民族共同体的组织、经济和行政自治，并对土地享有自由处置权。参与埃斯卡雷拉山当地社区获得了基于种族和文化特征权的保护（《宪法》第 2 条第 19 款）。从这一权利出发，只要国家有义务保护环境，作为对亚马孙河流域现有的种族和文化多元化的支持，就会出现一个明确的客观层面。同样应该强调的是，国家有义务尊重上述共同体的文化特征。

在这方面，还应该指出，根据国际劳工组织第 169 号公约（1989 年《土著和部落民族公约》）第 6 条第 1 款规定，当考虑立法或行政措施时，各政府应该通过适当的程序，特别是通过其代表机构与可能受直接影响的有关民族进行磋商。这种磋商必须以善意和适合案件情况的方式进行，以便获得受影响民族对拟议措施的同意并达成协议。

在上述案件中，关于权限的诉求是基础，同时，禁止没有获得许可的公司在埃斯卡雷拉山保护区范围内进行最后一个阶段的勘探和开发，应与受影响的原住民、地方与国家相关部门制定一项总体规划，确保在保护环境的前提下进行自然资源的开发。

3. 团结的权利

宪法法院对美洲人权法院判例的责任（不仅受秘鲁相关判决的约束，而且还包括国家不具有当事方地位的判决中所提取的原则），有助于最大限度地发挥受审判方的权限和权利，但是在其他宪法案件中，法院也确实有资格和（或）与美洲人权法院的判决保持一定差距，以支持其他原则，例如团结。

值得一提的是银行和保险监管局五名退休人员的养老金权利的案件，他们从秘鲁每月收到超过一万美元的养老金。鉴于秘鲁国家养老金体系没有向他们支付总额，五名退休人员选择向美洲人权保护机构提出他们的请求，最终于 2003 年 2 月 28 日获得美洲人权法院判决养老金的赔偿费用。

尽管如此，秘鲁政府仍进行了宪法和法律改革，制定了约 2000 美元的最高限额；此外，建立 150 美元的最低限额，并通过对养老金的累积，逐步提高最高、最低限额。这些决定被予以立即执行,依据是相关事实理论——时间规制事实(Tempus Regit Factum),存在一种违宪性主张,法院宣布:根据养老金公共体系宪法和法律改革所提出的第 20530 号法令,养老金权利的减少是符合宪法的。

就美洲人权法院对五名退休人员诉秘鲁案件的判决,宪法法院对保护受益人的观点存在一定分歧。一方面,通过美洲人权法院认定的所有权形式养老金得以保障,退休人员享有了这一权利;另一方面,判决的执行也需要符合社会利益。基于此,在美洲人权法院的判决中,除了遵循立即将规范适用于现有法律情况和事实的理论,也有必要遵循《经济、社会和文化权利国际公约》的规定,实现在团结原则基础上的均衡养老金。

宪法法院的这一司法决定,还遭到一群养老金领取者的抗议,他们质疑美洲人权委员会的决定。在分析了各方的观点之后,美洲人权委员会拒绝认可该质疑,因为秘鲁第 20530 号法令的养老金体系宪法和法律改革符合《美洲人权公约》规定;后者的要求是遵守针对《经济、社会和文化权利国际公约》第 11 条第 2 款的第 3 项一般性解释声明的公约规范。

因此,通过上述观察,美洲人权委员会为进行合理性验证,建立了解释性框架,据此得出以下结论:(1)应通过法律确立;(2)应为了合法性目标,如社会利益或一般性福利保障;(3)应与实现这一目标相符合;(4)不应牺牲养老金基本权利的本质内容。[1]

4. 信息隐私与自由权

另一个体现美洲人权法院与宪法法院之间紧张关系的案件是关于信息隐私和自由权冲突的案件,宪法法院在马加拉·梅迪纳(Magaly Medina)案件[2]中的判决,间接背离了美洲人权法院的判例["基督最后的诱惑"案例,即 2001 年 2 月 5 日奥梅多·布斯多思(Olmedo Bustos)等人与智利的案件]。在该案中,梅迪纳通过电视节目传播一位明星的性生活

---

[1] Comisión Interamericana de Derechos Humanos. Informe No. 38/09. Caso 12, 670. Admisibilidad y fondo. Asociación Nacional de ex servidores del Instituto Peruano de Seguridad Social y otras. Perú. 27 de marzo de 2009.

[2] 文件编号 N°6712 – 2005 – HC/TC。

私人场景,借口是制作与秘密卖淫相关的新闻报道,宪法法院拒绝了娱乐记者马加拉·梅迪纳要求取消对其刑事判决的诉求。

就此,根据美洲人权法院的判决,即使受到尊重的权利受到影响,对行使言论自由的限制也是后续的责任,否则将按照《美洲人权公约》第13条第2款的规定确立事前审查制度。但是,在信息自由权和私人生活隐私权之间发生冲突的情况下,宪法法院指出:"虽然隐私权和信息自由权之间的关系是权利中的最经典关系,在许多情况下,法律对基本权利理论的回应仍显不足。因此,错误地应用了宪法体系的自由优先价值理论,将信息自由权置于优先地位……但是,我们不能忘记,宪法规定基本权利之间(所有权利,不排除任何权利)都是平等的。"①

基于上述考量,宪法法院认为,"有必要确认所涉及的每项权利的内容。只有这样才能恰当界定其权利范围。为此,有必要选择加权的方法,并依据合理性标准(基本权利之间的任何适当性关系)和集体发展(除了尊重人和交往的权利外)"②。

显而易见,在这种情况下宪法法院与美洲人权法院的判例存在不同,前者判决的特点是,认为保护自由表达和隐私权之间存在明显的界线,而为了隐私权和尊重人的权利,将这些权利的保护留待后续的责任。③

四 宪法法院对美洲人权法院判决的蔑视

"弗朗顿岛(El Frontón)"案的判决,展现了当前秘鲁基本权利管辖权保护的局限性。在从20世纪90年代限制宪法法院的独裁政权坚定地向民主政权过渡的大背景下,这类判决产生了社会、政治和文化层面的影

---

① 文件编号 N°6712-2005-HC/TC。利马。Magaly Medina 和 Ney Guerrero Orellana 案。FJ 40。

② 文件编号 N°6712-2005-HC/TC。利马。Magaly Medina 和 Ney Guerrero Orellana 案。FJ 40。

③ 美洲法院已就捍卫言论自由的绝对主题,包括一个相关主题达成一致,承认在"冲突"的情况下,"言论自由"与"私人"和(或)"荣誉"的生命权的相称性和(或)关系适用文本。柯美尔(Kimel)诉阿根廷案。2008年5月2日第177号判决。

响。目前,全球化进程不仅涉及经济,同样也深刻影响着民主和人权领域,包括对基本权利的司法保护;然而,近年来,这并没能避免基本权利在国家层面遭遇一些挫折。

在最有效地保护人权以及制约国家的任意性和有罪不罚两项原则下,人权的保护已发展为合作以及可磋商的紧张关系。但是,从2008年开始,随着新一届宪法法院的组成,保护人权的观点越来越屈从于时任政府、公共和私人权力的利益,而非法律本身的利益。以下是一些代表性案例。

(一) 生命权与必要程序权

第 3173-2008-PHC/TC 号决议"弗朗顿岛"案,是根据法律辩护机构研究提出的反对第三刑事分庭有关利马最高法院自由囚犯的决定做出的提议,认为存在宪法侵权的上诉合理性。最高法院宣布由玛丽娜·特欧多利科·贝尔纳贝·蒙脱亚(Marina Teodorico Bernabé Montoya)副官提出的人身保护令是有充分根据的,调查档案是因弗朗顿岛监狱的屠杀而下令的。

该案发生于1986年6月,时值阿兰·加西亚·佩雷斯总统第一届任期内,因恐怖主义指控而被囚禁的囚犯发动叛乱,最终在时任秘鲁共和国海军副司令、海军上将路易斯·西亚姆皮耶特里(Luis Giampietri)的指挥下,叛乱被平息。此次叛乱造成超过一百名囚犯死亡。自那时起,就"法外处决"的指控年复一年地被提出,相关财政和司法调查持续不断。

在宪法法院现有判决中,该案最终获得了梅西亚·拉米雷斯(Mesía Ramírez)、阿尔瓦雷斯·米兰达(Álvarez Miranda)、维尔格拉·哥特依(Vergara Gotelli)和卡耶·哈尹(Calle Hayen)四名法官的支持,宪法法院决定中止司法调查诉讼,但并未从根本上解决问题:因为危害人权罪无时效性限制。

因此,根据宪法法院判决第 4853-2004-PA/TC 号第 40 号法律依据,他们拒绝接受几个月前在法院提出的先法申诉上诉。同时,它构成了一个具有约束力的先例——因为其满足了成为具有约束力先例的基本先决条件。实际上,多数决议在没有必要投票计数的情况下,可无视这一具有约束力的宪法先例。而且，根据《宪法诉讼法》前言章节第7条规定，要求五名法官的肯定投票改变先例，而不是四名。

值得一提的是，签名人作为案件的地方法官，投出了单一投票，这需要对法律辩护研究所的宪法侵权行为上诉给予充分的理由，并且特欧多利科·贝尔纳贝所提出的人身保护令是没有根据的，依据的前提如下。

第一，秘鲁普遍存在侵犯人权的有罪不罚现象，这反映在国家公安、财政和司法系统在调查这些事实和确认相应的刑事责任方面。

第二，从2004年至今，宪法法院根据1993年《宪法》第202条第2款，有权审查司法机关做出的违反宪法秩序和相关司法判例，涉及侵犯人权的财政和司法调查就是其中之一。在这方面，应该明确指出，这一判例因其具有约束力，不仅应由法官和检察官展开，以便充分履行其调查1980—2000年发生的严重侵犯人权行为的职责，而且对宪法法院本身具有强制性，依据是1993年《宪法》规定中对国家权利和义务的解释以及秘鲁签订的人权条约，这已不仅是宪法法院自身的强制性义务。为确保对个人和集体了解真相权利的尊重，根据对1993年《宪法》第3条规定权利的开放性条款解释，结合对宪法法院的判例理解，阐发了新的基本权利。秘鲁重启了对1986年6月在弗朗顿岛监狱事件的财政和司法调查。

第三，根据美洲人权法院做出的有利于受害人家庭的判决（1995年1月19日内拉等人诉秘鲁，2000年8月16日杜兰德和加特诉秘鲁），这是美洲人权保护体系的进步，也是国际组织在权利领域获得宪法承认（《宪法》第205条）的例证。基于此，秘鲁政府有义务调查"弗朗顿岛监狱刑事案件"。

因此，通过人身保护令程序，不可能阻止检察官办公室和司法权力机构继续调查，这有助于对可能产生的责任和判决做出判定；反之则会违反美洲人权法院的判决。同时，侵犯的权利内容不仅限于前文提到的国际规范保护之人权，而且也包含对《宪法》第2条第1款及第139条第3款相应内容之生命权和适当程序以及有效程序受保护的相关权利。

尽管宪法法院通过投票做出了决定，但必须重申，在宪法诉讼过程中，危害人类罪的诉讼时效，遵循不接受诉讼时限作为理由的原则。这一原则的适用避免了有罪不罚现象，并使各国能够遵守其尊重和保障人权的国际义务。确定何时处理危害人类罪是一项特别重要的法理学任务，美洲人权法院的判例对此做出了决定性的贡献。[①]

(二) 性别与生育的权利

在 STC N°02005 – 2009 – PA/TC 号判决中，大多数宪法法院法官再次讨论了（事后）口服紧急避孕药措施（AOE）的第三类影响问题，该问题涉及非政府组织提出的针对卫生部（MINSA）的"反腐败斗争行动"诉求，要求卫生部不再在全国范围内推广并免费分发所谓的"次日药丸"公共政策。

宪法法院在履行被认为有充分依据的 STC N° 7435 – 2006 – PC 号判决时，只提到了（事后）口服紧急避孕药措施（AOE）的信息公开分配问题，同时要求执行计划生育规定，其中包括作为避孕措施的（事后）口服紧密避孕药措施（AOE），该规定适用于所有在公共卫生机构就诊的低收入女性。

最新涉及生命权以及生育自决权的判决，在解释性发展中，大多数人采用了人权最大原则，保护弱者原则以及预防原则。选择前两者的理由是，法院认为，在涉及生命权问题以及人处于弱势情况的案件中：当生命进程开始，同时涉及了第二项权利，做出的判决在有可能因生育而影响健康权以及生命权时，应满足一项要求，即判决执行及其结果基于人本身。

对于最后一项原则的适用，宪法法院的大部分法官原本并不认可世界卫生组织、泛美卫生组织以及秘鲁医学和产科学院等发布的科学报告，坚持认为他们提供的方法没有堕胎效用。然而，在利马高主教的压力之下，多数观点承认，面对有关（事后）口服紧急避孕药措施（AOE）堕胎的这一疑问，应当采取防止可能的损害的措施。

相关参考文本如下：

[①] 关于看待 Almonacid Arellano 和其他人诉智利案问题的多数理解，2006 年 9 月 26 日。

……鉴于这一现实,不应忽视在该过程中提出的有效和重要意见,本法院认为有足够的理由可以对(事后)口服紧急避孕药措施(AOE)对子宫内膜的作用方式产生合理怀疑,它可能具有抗植入作用(原文如此),[①] 这将对生命的延续构成致命影响。该决定主要基于对紧急口服避孕药的各项陈述插页中所表达的信息,参考其全部得出如上影响……

在这方面,多数观点认为,主管当局有责任确定,在达到一定程度的确定性之前,药物对健康有益,并且在其使用过程中没有致命或有害作用。同时,如果通过实验能达到类似的确定水平,但是对第三方持怀疑态度,则应由第三方测试药物可能对人体造成的伤害(举证责任倒置)。

关于少数派需要说明的是,在加入的条约和其他文件中,秘鲁涉及生命权的判决并未触及对下述条款的争议性解释,包括:《美洲人的权利和义务宣言》第1条;《世界人权宣言》第3条;《公民权利和政治权利国际公约》第6条;《美洲人权公约》第4、第5条和第11条第1款以及1959年《儿童权利宣言》序言第3段。这些条款认为,每个人的权利从受孕的那一刻开始,生命就应获得尊重,而非出生后生命权才获得对其尊严、身体完整的尊重;对于儿童来说,重点在于其出生前后,人权都应获得适当的法律保护。

应该指出的是,由于在受精卵着床前确定是否怀孕,获取相关医学证据存在困难,少数派选择了着床作为监护权的起点。但是,还应强调在受精卵着床之前,提供必要的法律保护问题,值得指出的是:

……然而,在前面的论述中,业已明确的是,我们并不肯定受精状态的问题,但同时,也不希望陷入有关胚胎状态或与生命起源理论相关科学研究中,或支持任何一种学术争论观点。但是,考虑到这一问题的相关性,我们认为有必要建议国家通过其主管机构考

[①] 译者注。

虑讨论立法，以便在胚胎着床之前，给予胚胎必要的权利待遇……

最后，少数派得出结论：在多数派应用人权最大原则、保护弱者原则和预防原则，与"次日药丸"第三种效果存疑的案件中，少数观点倾向于禁止发放"次日药丸"，因为药丸并未通过评估性测试，因而在没有进一步分析或外部一致性的情况下，应禁止"次日药丸"在公共卫生机构中的流通。多数派观点则不同，他们并未明确"次日药丸"可通过私人药房，以零售的方式卖给想要购买它的大众的决定。多数派观点表现出对低收入妇女正面和公开的歧视，在某种程度上禁止她们通过公共卫生机构以外的途径获得免费的口服紧急避孕药；多数派还默认的一点是，对于经济条件优渥的人来说，可以通过上述卫生机构和私人药房的双重途径，获得"次日药丸"。

（三）女性尊严的权利

在雷格纳（Requena）案（文件编号 STC N° 04525-2007-HC）中，路易斯·米格尔·雷格纳·巴萨贝拉（Luis Miguel Requena Pasapera）海军上尉在2004年至2006年期间，因在与其单位具有直接或间接从属关系工作的多名女性职员进行性骚扰而受到指控。在对这位高级官员的指控中，他接受了高级官员研究委员会"A"和"B"的调查，委员会决定暂停他的现役军人活动，让其可以接受必要调查，包括接受军事司法调查及刑事裁决。

面对上述情形，雷格纳提出了人身保护诉讼，其目的是不接受佩塔（Paita）联合检察官的初步形式调查，理由是违反了一罪不二审原则。雷格纳认为他已因同样的情况在军事管辖权中接受调查，因此提出卜述内容无效：（1）2007年1月24日第061-2007-DE/SG号部长决议，决议宣布重新审议第659-DE号决议/MGP资料，该决议严重缺乏对性侵犯事实的确认；（2）2007年3月26日第200-2007-DE/MGP号部长决议，该决议不同意其恢复职务的请求，并规定维持其接受审判状态。

雷格纳坚持认为，这些决议构成对其宪法权利的影响，因为它们适用了尚未在官方公报上发表的违反宪法的研究理事会条例，因此，决议存在动机和规范的宣传方面的瑕疵。因此，雷格纳要求恢复工作，同时指出当时被不当地判为不可享有的服务资历和与他的等级（上尉）相对应的其他权利。

宪法法院——多数派意见——没有发布普通判决，而是根据第一审判庭的法官投票总和来处理案件，并且在有分歧的情况下，采用了地方法官的这种投票做法。特别是，作为一名宪法法官，塞萨尔·兰达①选择通过以下论点宣布不可接受的主张。

第一，《宪法诉讼法》第25条欢迎对人身保护令宪法程序的广泛概念，并指出它也在捍卫与个人自由有关的宪法权利。从这个意义上说，只要它与个人自由的宪法权利之间存在联系，就有可能通过这种过程对一致的宪法原则的保障做出保护。在已结案件中，并不存在这种联系，因为受到质疑的初步税收调查本身并不意味着对原告的人身自由有任何影响。因此，被诉检察官根据其宪法授权采取了行动，调查军事司法权的申诉内容；申诉中指出，性骚扰刑事申诉不是职务犯罪，因此不能继续审查，但将案件转交至公共事务部，以便由上述官员进行调查。

第二，正是这一原则性权利禁止将人视为工具或物件，因为男人和女人都永远是自己本身。因此，将妇女视为性对象根本不符合《宪法》所承认的尊严。任何人，无论其性别如何，都无法影响其性别自由或性别权利。相反，将人客体化侵犯了其尊严，特别是贬低了他们作为人的属性。因此，国家有权利和义务调查和惩处侵犯个人，特别是妇女尊严的行为。因此，本申诉所述事实值得调查，因为它们属于性骚扰类别的行为，这种行为构成对人尊严的损害。

第三，涉及的行政处罚提出质疑的极端要求与宪法规定的人身保护内容格格不入，也就是说，歪曲了人身保护宪法程序的保护对象。

第四，得到宪法法院多数派支持的判决，引发了有关如何基于不承认或不利于所示一方的讨论，如工作女性假设的宪法论证的探讨，这助长了性别暴力，法院判决是对一位高级军事官员向与其有工作等级关系

---

① 译者注。

的女性所犯性别骚扰罪却逍遥法外的认可。

五　对美洲公法的展望

20世纪80年代美洲国家民主政府的重建，让宪法和《美洲人权公约》规定下的人权保护重新回归，并成为共同的美洲权利（Ius Publicum）。①

一方面，随着国际人权司法的发展，美洲人权法院谴责国家侵犯人权的行为：第一，侵犯生命和自由权罪；第二，基本上，妨碍正当法律程序、表达自由、对财产、民族的影响等。另一方面，也有宪法法院和（或）最高法院正在逐步承担维护国家层面基本权利的职能。有时候，人权条约的有效性与美洲人权法院判例，成为保护受害者的根据；然而，也有些时候，这些成为被直接或间接拒绝的对象。

人权体系的一致性，构成了宪法体系同质化发展的基础，体现了现代民主国家的必要诉求，保护基本权利、约束旧有公权力以及新近私权利的泛滥，依靠法律所规定的司法审查，这受到了英美法系和欧洲大陆法系法治融合进步的影响。②

但是，国际人权法和宪法所产生的共同影响是具有深刻含义的，因为条约的内部影响和对权利本身的解释，其主张对国家宪法条款有支持性作用。③ 这并非国际一元主义学说中所说的对国家法律的渗透，国家法治仅能屈从于国际法；而是深化美洲人权法院以更加开放的方式接受法

---

① César Landa, DK "Implementación de las decisiones del sistema interamericano de derechos humanos en el ordenamiento constitucional peruano", En A. von Bogdandy, M. Morales, C. Landa (editores), ¿Integración suramericana a través del Derecho? Un análisis interdisciplinario y multifocal, Madrid: CEPC - MPI, 2009, pp. 315 - 338.

② John Merryman, "Convergence of civil law and common law", En M. Cappelletti (editor), New perspectives for a common law of Europe, Italy: European University Institut, 1978, pp. 210 - 213; asimismo, Angel Fernández Sepúlveda, Derecho judicial y justicia constitucional: una aproximación al tema, Madrid: Ministerio de Justicia, 1985, pp. 169 - 180.

③ Von Bogdandy, Armin. "Pluralismo, efecto directo y última palabra: La relación entre Derecho Internacional y Derecho Constitucional" …, op. cit., pp. 413 - 418.

律和宪法学说的法治，在解决复杂案件时，永远以更好地保护人权为优先考量。

因此，查尔斯·卢梭（Charles Rousseau）的文章更好地阐释了这一进程。尽管没有自动明确国内法的影响力，在与国际规范规定责任相冲突的情况下，并不会出现国内法框架不承认国际规范的情形，而是在司法意见的技术性程序下，相互融合成为新自然法主义①的组成部分。

拉丁美洲是多元文化共存的地区，包含印第安人民的本土文化传统，西班牙文化与欧洲文化的融合，是地区拥有多元认同的前提，这也体现在地区国家宪法中，既突出了原住民文化渊源，国际条约和美洲人权法院的保护主义法学理念也蕴于其中。具有特色的地区国家宪法也为国际法与宪法间偶发性的冲突和天然的紧张关系开辟了新的合作途径，标志着原有和新近人权生命的脉动。

然而，这并不是自由国家本身的古典宪法，而是一种伦理的宪法权利，基于拉美共同体的一体化以及民主—宪法价值职能的法律，②特别是，人类的尊严是国际人权法的基础。③当前，这一价值经历着一些国家的宪政形态的解构和宪法正义④，尤其是在那些机制化孱弱且处于早期的民主体制国家。

---

① Rousseau, Charles. *Droit International Public.* Tome I. New York: editions Pedone, 1970, p. 48; asimismo, Brownlie, Ian. *Principles of public international law* …, *Op. cit.*, p. 35.

② Landa, César. *Tribunal Constitucional y Estado Democrático*…, *op. cit.* pp. 523 – 542; asimismo, Häberle, Peter – Kotzur, Markus. *De la soberanía al derecho constitucional común: palabra clave para un diálogo europeo – latinoamericano.* México: UNAM, 2003, p. 122.

③ Grimm, Dieter. "Integration by constitution". En *I – CON*, Volume 3, Numbers 2 & 3: Special May, 2005, Oxford University Press and New York School University School of Law, 2005, pp. 193 – 208; asimismo, VON Bog dandy, Armin. "Europäische und nationale Identität: Integration durch Verfassungsrecht". En VVDStRL *Veröffentlichungen der Vereinigung der Deutschen Staatsrechtslehrer 62.* Berlin: de Guryter Rechtswissenschaften Verlag – GmbH. 2003, pp. 156 – 188.

④ Gomes Canotilho, José. *Direito constitucional.* Coimbra: Livraria Almedina, 1996, pp. 11 – 22; Schulze – Fielitz, Helmut. *Der informale Verfassungsstaat. Aktuelle Beobachtungen des Verfassungslebens der Bundesrepublik Deutschland im Lichte der Verfassungstheorie.* Berlin: Duncker & Humblot, 1984, p. 176; asimismo, Gotsbachner, Emo. *Informelles Recht.* Frankfurt: Europäischer Verlag de Wissenschaften, 1995, pp. 12 ss.

第三章

独裁统治时期至巩固宪政民主时期*合约性审查对秘鲁法律秩序的影响

一 简介

当代宪法国家的模式确立了一系列内在基础,其中包括宪法对国际法渊源体系的开放性。具体来讲,在拉丁美洲,美洲人权体系的建立和巩固就是这一进程的很好体现。20世纪80年代以来,地区经历了民主化进程,各国根据保护基本权利这一共同原则和价值制定宪法。

然而,在一些特定时期,各国与美洲国家组织(Organización de los Estados Americanos,OEA)以及美洲人权体系间会陷入紧张的关系。必须承认的是,鉴于各国法律对国家主权的明显强调,法官和国际机构之间的对话与各体系的关系虽然日益频繁和明显,但也呈现出紧张的态势。

尽管,名义上,宪法承认并强调人权条约的内容,然而在实践中,国家的实际表现往往与这些原则背道而驰。

在这方面,要提到秘鲁、特立尼达和多巴哥、委内瑞拉、巴西以及厄瓜多尔均对美洲人权委员会和美洲人权法院的决定提出和/或表达激烈的批评及坚决反对的时期,甚至导致特立尼达和多巴哥及委内瑞拉等一些国家谴责《美洲人权公约》;秘鲁也曾撤销美洲人权法院的诉讼管辖权

---

* 指的是20世纪20—80年代,译者注。

（1999—2001 年）。①

虽然这些阶段的出现似乎是周期性的，但这表明拉丁美洲国家仍然处于巩固宪政国家的进程中。20 世纪 80 年代中期独裁统治结束后，拉丁美洲国家均选择成为宪政国家。

针对上述情况出现的问题是，目前各国是否有可能摒弃如美洲人权委员会和美洲人权法院等机构在各方面展开的工作，或是尝试减少这些机构的干预。这一问题并未忽视这样一个事实，即在主权行为框架下，一个国家即便决定不成为国际组织的成员方或条约的缔约方，但是也应该基于规范性宪法的概念，考量"应尽义务"。

因此，应当考虑的是，在现实情况下，权利保护不可避免地会在超越国家的领域实现。因此，国家的立场必然会通过创造法律渊源的复杂规范性体系和机构网络得以阐明。

从这个意义上来说，虽然根据补充原则的规定，启动国际途径是因为国家未能遵守条约或国际合约化规定的义务，这凸显的是其调整功能，但通过美洲人权体系推动的预防性工作，人权保护互补性日益凸显。

在实践中，传统的合作规则被认为是国家与国际组织或国际机构之间关系的基本原则。事实上，国家法官和美洲人权法院将国家规范与《美洲人权公约》进行对比而适用合约性审查的相关经验就是一个例子。

事实上，美洲人权法院等机构的裁决可能产生或直接影响法律制度，特别是在解释方面，因为它们在咨询意见等诉讼中做出的判决具有一般效力。

现实中，由于美洲人权法院等机构在诉讼中做出的裁决（如咨询意见）对区域国家具有普遍影响，这些裁决可以对国家法律产生直接影响，尤其是在法律解释方面。

在国家法官与司法机构之间具有相关性的背景下，美洲人权法院在审理严重和系统性侵犯人权的案件时，如强迫失踪、大赦、保护司法独

---

① 特立尼达和多巴哥在 1998 年 5 月 26 日致美洲国家组织秘书长的信中谴责了《美洲人权公约》；委内瑞拉玻利瓦尔共和国于 2012 年 9 月 10 日表示决定退出《美洲人权公约》；秘鲁于 1999 年 7 月撤回承认美洲人权法院的诉讼管辖权，但于 2001 年 1 月再次承认这一管辖权。

第三章　独裁统治时期至巩固宪政民主时期合约性审查对秘鲁法律秩序的影响　◀◀　41

立等案件，积极推动打击有罪不罚的现象。①

对于合约性审查，在标准定义强迫失踪或酷刑罪行、颁布大赦法令或破坏保障司法独立和（或）法官的法律等方面，美洲人权法院能够审查立法上的遗漏。

与此同时，可以说，美洲人权体系正在经历巩固人权标准的第二阶段，美洲人权法院不仅解决（审理）涉及国家或国家默许任意损害生命权的案件，还处理与生命权内容相关的案件，及其与健康权、国籍权、言论自由权等其他相关权利之间关系的案件。

从这个意义上讲，以下将根据美洲人权法院发布的各种裁决以及国家司法机构对其适用情况来分析合约性审查对秘鲁法律的影响。

然而，人们并没有忽视这样一个事实，即合约性审查无疑超越了秘鲁一国的经验，是值得对区域性的秩序进行分析。本书不打算详尽无遗地阐述，但可以参考墨西哥最高法院的判决，其中确定了法官有义务适用合约性审查。事实上，他们将这种类型的规范性审查等同于合约性审查：

> （1）联邦司法部门的法官在审理宪法争议、违宪诉讼和宪法权利保护令时，可以宣布违反联邦《宪法》和/或承认人权的国际条约的规定无效；（2）该国其他法官在其职权范围内的事项上，可以不适用违反联邦《宪法》和/或承认人权的国际条约的规则，但仅限于具体案件的目的，而无须宣布这些条款无效；（3）不行使司法管辖职能的国家当局必须以最有利于人权的方式进行解释，而无权宣布规则无效或在具体案件中取消适用。阿吉雷·安吉亚诺（Aguirre Anguiano）部长以及帕尔多·雷博莱多（Pardo Rebolledo）部长和阿吉拉尔·莫拉莱斯（Aguilar Morales）部长投票反对，因为他们认为这

---

① 美洲人权法院，委拉斯开兹·罗德里格斯诉洪都拉斯案，案情，1988年7月29日判决，C系列4号；美洲人权法院，卡斯蒂略·派斯诉秘鲁案，案情，1997年11月3日判决，C系列34号；拉坎图塔诉秘鲁案，案情，赔偿措施并承担诉讼费用，2006年11月29日判决，C系列162号；冈萨雷斯等人（"棉花田"）诉墨西哥案，初次辩护，案情，赔偿措施并承担诉讼费用，2009年11月16日判决，C系列205号；等等。

不是进行这种分析的合适时机。①

然而,应当考虑的是合约性审查与传统的合宪性审查并不一定具有同一性关系,因为并非所有国家法官都有权进行此类规范性审查,而他们有权对美洲标准和国内规定之间的对比进行审查。

同样的,将合约性审查与合宪性审查等同起来,必然导致产生对美洲人权法院在执行此类规范性审查时是否履行了超出宪法法院作用的疑问,如果考虑到美洲人权法院的裁决涉及宪法改革的进程,那么这一问题就会得到加强,如智利案的判决。②

事实上,希特斯(Hitters)已经将合约性审查与合宪性审查进行了比较。③

虽然美洲人权法院就合约性审查的认定进行了讨论,即便超出了本书的研究范围,但有必要指出,传统意义上宪法领域的常用术语,不一定最适合解释其性质,也不一定适合分析合约性审查对国家法律的影响,无论是否由国家法官执行。比如美洲人权法院本身,从凯尔森金字塔理论上建立的来源等级体系的角度来看,就无法说明国际法与国内法之间关系的动态变化。

从这个意义上说,合约性审查更像是一种与合宪性审查平行的规范性审查方式。事实上,在离职的国会工作人员诉秘鲁案中,已经可以确定这是两种不同类型的规范性审查,但具有重合性或平行性:

---

① 秘鲁国家最高法院,法庭全体会议在第912/2010号文件中发布的决议以及部长玛格丽塔·比阿特丽斯·卢娜·拉莫斯(Margarita Beatriz Luna Ramos)、塞尔吉奥·萨尔瓦多·阿吉雷·安吉亚诺(Sergio Salvador Aguirre Anguiano)和路易斯·玛丽亚·阿吉拉尔·莫拉莱斯(Luis María Aguilar Morales)提出的个人表决意见;以及部长阿图罗·扎尔迪瓦尔·莱洛·德拉雷亚(Arturo Zaldívar Lelo de Larrea)和豪尔赫·马里奥·帕尔多·雷博莱多(Jorge Mario Pardo Rebolledo)表示赞同的个人投票意见,2011年10月4日。

② 美洲人权法院,"基督最后的诱惑"(奥梅多·布斯多思等人)诉智利案,2001年2月5日判决。

③ Juan Carlos Hitters, "Control de constitucionalidad y control de convencionalidad. comparación" (criterios fijados por la Corte Interamericana de Derechos Humanos), *Estudios constitucionales*, Volumen 7, número 2, Talca, 2009, pp. 109–128.

第三章 独裁统治时期至巩固宪政民主时期合约性审查对秘鲁法律秩序的影响 ◀◀ 43

换言之,司法机关不仅必须进行合宪性审查,还必须审查国内规范与《美洲人权公约》之间出于职权的合约性审查,而且明显是在它们各自权限和相应程序条例的框架之内来进行的。①

虽然在某些法律制度中,合约性审查及合宪性审查是同义词,但它们之间的差异是存在的。② 无论如何,如果与宪政主义派生的概念相提并论,则必须从多层次的角度来理解,即假设美洲人权体系也是一个具有宪法秩序的规范体系,并不意味着它凌驾于国家法律之上。

因此,在审查美洲人权法院就赫尔曼(Gelman)诉乌拉圭案做出判决的决议中,美洲人权法院指出合约性审查与合宪性审查是相辅相成的。事实上,合宪性审查与美洲人权法院实施的合约性审查是不矛盾的,但是在某些情况下,两种类型的审查之间可能会出现紧张的局面:

试图以国内法院实施合宪性审查的义务反对美洲人权法院行使的合约性审查,实际上是一个错误的矛盾逻辑,因为一旦国家批准国际条约并承认其审查机构的权限,恰恰是通过国家的宪法机制,使国际条约成为国家法律体系的一部分。因此,合宪性审查必然包含合约性审查,两者以互补的方式加以实施。③

反之,应当假定的是,在拉丁美洲,一种基于规范体系之间共存和协调的结构正在发展,其中不存在国际法的"优先地位",也没有国内法的"优先地位"。事实上,这与宪法或规则多元化的背景是一致的,在宪法或规则多元化中,假定有两种宪法秩序的规则;这种明显的自相矛盾是通过规则的整合来解决的,没有一个凌驾于另一个之上,更没有一个

---

① 美洲人权法院,离职的国会工作人员(阿古亚多·阿尔法罗等人)诉秘鲁案。2006 年 11 月 24 日判决。

② N. Torres, *El control de convencionalidad. Deber complementario del juez constitucional peruano y el juez interamericano (similitudes, diferencias y convergencias)*, Säarbrucken, Editorial Académica Española, 2013, p. 19.

③ 美洲人权法院,赫尔曼诉乌拉圭案。2013 年 3 月 20 日判决。

排斥另一个。①

这意味着，在广义上，美洲人权体系的规则具有合宪性，但传统意义上并非如此。也就是说，美洲人权体系的规则不是因为其与制宪权力概念的关系而符合宪法的（因为在国际法中，这是不适用的），而是因为受同一保护对象约束的实质性秩序标准而符合宪法的。保护对象为人，同时也是宪政国家的前提和最终目标。

尽管如此，司法领域内使用的人权条约往往与传统意义上的宪法性程序有关，比如发生在墨西哥和秘鲁的案件。或许这就是理解拉丁美洲规则多元化的方式，即将人权条约置于凯尔森金字塔的顶端，尽管该模型已经有点过时。

无论如何，在某些拉丁美洲法律秩序中，条约具有宪法规则的效力是保障权利的一个极其突出和重要的步骤，这是逐步发展基本权利内容的出发点。

二 合约性审查：基本范围

合约性审查，最初来自《美洲人权公约》第2条，该条规定各国应当采取必要的立法或其他性质的措施，以实现《美洲人权公约》承认的权利和自由。

在阿尔莫纳希德·阿雷亚诺（Almonacid Arellano）案中，明确了在裁决审理案件时，国家法官有依职权适用国家法律的义务：

> 但是，当一个国家批准了一项国际条约，如《美洲人权公约》时，其国家法官作为国家机器的一部分也受制于该公约，这要求他们要确保《美洲人权公约》条款的效力不会因适用与其目标和宗旨相悖的法律而有所减弱，且《美洲人权公约》条款从一开始就没有法律效力。换言之，司法机构必须在适用于具体案件的国内法律规

---

① J. García Roca (coordinador), *El Diálogo entre los Sistemas Europeo y Americano de Derechos Humanos*, Navarra, Civitas – Thomson Reuters, 2012, p. 92.

第三章 独裁统治时期至巩固宪政民主时期合约性审查对秘鲁法律秩序的影响

则与《美洲人权公约》之间实施某种合约性审查。①

从这个意义上来说,由美洲人权法院形成概念的合约性审查是一种以《美洲人权公约》为可审查规则或可控制标准的对比性审查。

原则上,尽管美洲人权法院根据辅助性原则开展工作,但这是国家法官和其本身共同承担的义务。因而,它所实施的审查是相当偶然的。鉴于此,合约性审查必须首先由国家法官实施,最终由美洲人权法院在行使其诉讼管辖权时施行。

在赫尔曼诉乌拉圭案的量刑审查决议中,美洲人权法院指出,根据《美洲人权公约》序言的规定,其实施的合约性审查是一项附属命令。事实上,这与该法院关于其所开展的工作性质的说法是一致的,即不属于四审层级的司法审查。② 在这个意义上,指的是:

> 美洲人权法院认为,应该具体说明,所谓合约性审查的概念与"互补性原则"具有密切的关系,根据该原则,只有在国家有机会宣布违约行为并弥补由于自身手段而造成损害之后,才能在国际层面要求国家承担《美洲人权公约》规定的责任。③

然而,在这个问题上,对于什么应该被定义为合约性审查存在一些疑问,因为在赫尔曼诉乌拉圭案中,美洲人权法院确定,这项义务必须由任意公共权力部门履行,而非仅仅由国家法官履行。④

实际上,这意味着即使是行政当局也要考虑美洲人权体系的公证文书,以便确定其在适用某项规则的决策的效力范围。事实上,拉丁美洲正在发生一个合约化进程,不仅国家法官参与其中,行政当局和立法者

---

① 美洲人权法院,阿尔莫纳希德·阿雷亚诺等人诉智利案,初步辩护,2006年9月26日判决。
② 美洲人权法院,卡布雷拉 加西亚(Cabrera García)和蒙蒂尔·弗洛雷斯(Montiel Flores)诉墨西哥案,2010年11月26日判决。
③ 美洲人权法院,赫尔曼(Gelman)诉乌拉圭案,2013年3月20日判决。
④ 美洲人权法院,赫尔曼(Gelman)诉乌拉圭案,2011年2月24日判决。

也要参与其中。

因此，合约性审查广义的概念具有超越各级行政机关所遵循的合法性原则的效力，且合约性审查从发布规则的那一刻起就有开始执行的效力，或者避免立法遗漏而产生的非合约性的效力。

事实上，这就是从美洲人权法院在赫尔曼诉乌拉圭案给出的结论中得出的解读。同样，在判决审查方面已经确定，合约性审查依职权适用于国家内部的各个层级，从而证实了在同一案件的实质性判决中已经取得了进展。①

尽管如此，就本章而言，合约性审查的概念将仅限于其原始设定，以便将本章的研究对象集中在法律的合约性审查对司法工作的影响上。

然而，应当指出的是，合约性审查不仅取决于《美洲人权公约》，还取决于美洲人权体系的所有文件，虽然美洲人权法院还没有明确做出此确认，但这些文件中就包括作为习惯性规范的《美洲人的权利和义务宣言》②。从这个意义上来说，同意加西亚·拉米雷斯（García Ramírez）的观点，即合约性审查的标准是由以下事实组成的：

> 在这方面，美洲人权法院在提及合约性审查时，考虑到了《美洲人权公约》《圣何塞协定》的适用性和应用。然而，出于同样的原因，国家是传统人权法典中的部分内容，而组成传统人权法典且具有相同性质的其他文书也发挥了同样的职能：《圣萨尔瓦多议定书》《废除死刑议定书》《防止和惩治酷刑公约》《美洲防止、惩处和消除对妇女暴力公约》《贝伦杜帕拉公约》《强迫失踪公约》等。③

事实上，《美洲人权公约》第2条实际上包含了《维也纳条约法公约》第27条的规定，因此，合约性审查是一项以任意国际法条约为前提

---

① 美洲人权法院，赫尔曼（Gelman）诉乌拉圭案。2013年3月20日裁决。
② 《美洲人权公约》第29条规定："本《公约》不得作如下解释：4. 排除或限制美洲人的权利和义务宣言或者其他同样性质的国际文件可能具有的效力。
③ 美洲人权法院，离职的国会工作人员（阿古亚多·阿尔法罗等人）诉秘鲁案，2006年11月24日判决。参见塞尔吉奥·加西亚·拉米雷斯（Sergio García Ramírez）法官的意见。

的义务。

因此，尽管美洲人权法院并不总是对美洲人权体系的其他条约行使有争议的管辖权，但这些条约也是合约性审查标准的一部分。美洲人权法院不能在诉讼程序中对违反条约的行为进行分析，但这并不意味着各国没有义务进行此类规则性审查。

还应当明确的是，合约性审查的审查对象虽然是法律条款，但同样也是立法的遗漏和对法律或宪法条款的解释。

实际上，国际责任是由立法者或法律适用机构的作为或不作为行为构成的。尽管《维也纳条约法公约》第 27 条明确规定，"当事国不得援引其国内法之规定作为其违反条约的理由"，但必须要从更为肯定的意义上来进行解释，即明确国内法不执行国际法规定的义务涉及对所解析条款的遗漏和解释。

三 秘鲁法律秩序中的合约性审查

在阿尔莫纳希德·阿雷亚诺案中首次明确提到了合约性审查，但事实是，自 20 世纪 90 年代以来，无论是美洲人权法院，还是秘鲁司法权力机构都行使过这种类型的规则性审查，只是当时未对其进行命名。

这种规则性审查技术的应用尤为突出，因为其对违反正当程序的最低保障和打击独裁背景下有罪不罚现象的国家规则的效力进行了审查，比如，20 世纪 90 年代阿尔韦托·藤森政府时期的情况。

1997 年，萨基库雷（Saquicuray）法官废除了自我特赦的法律条文，以便继续对阿尔托斯居民区案和拉坎图塔（La Cantuta）大屠杀进行刑事调查。具体来说，法官确定上述法律影响了《美洲人权公约》第 8 条和第 25 条承认的对正当程序和司法保护的保障：

>……鉴于已经解释的第二六四七九号法律适用的情况，有必要指出，这不符合已经提及的宪法规则和国际条约，因为根据《美洲人权公约》第一条第一款之规定，包括秘鲁在内的缔约国有义务调查侵犯人权的行为并惩罚责任人；秘鲁国不被孤立和违反的原则和

规则……我国《政治宪章》的第一百三十九条规定，遵守正当程序和司法保护是司法职能的保障，是保护所有诉讼关系对象的保障，是承认人人享有司法保障和司法保护的《美洲人权公约》第八条第一款及第二十五条第一款所体现的宪法保障；因此，根据上述解释①的法律手段压制对这些基本权利的法律保护，违反了已经做出解释的宪法规则。

同样，1998年，美洲人权法院在卡斯蒂略·佩特鲁齐（Castillo Petruzzi）诉秘鲁案中谴责秘鲁政府颁布的第25659号法令，该法令阻止因恐怖主义而被捕的人士提出有利于他们的担保诉讼。从这个意义上说，虽然第26248号法令修改了规则，允许提起担保诉讼，但美洲人权法院仍然谴责秘鲁违反了《美洲人权公约》第25条和第7条第6款的规定：

> 法院认为，正如在本案件和前一案件中已经指出的那样，第25659号法令在所谓的受害人被拘留时以及在处理内部程序的大部分时间里都是有效的，而该法令禁止所谓的受害人提出人身保护令诉讼的可能性。第26248号法令引入的修改也并未有利于被拘留者，因为他们的案件是"未决程序的事件"。
>
> ……
>
> 在必须遵守的那些不可或缺的司法保障中，人身保护令是"审查是否尊重人的生命和人格完整，防止其失踪或拘留地点不确定，以及保护免受酷刑或其他残忍、不人道或有辱人格的待遇或处罚"的适当手段。
>
> 综上所述，美洲人权法院宣布，国家通过适用其国内立法，剥夺了受害人代表自己提起担保诉讼的可能性。因此，国家就违反了《美洲人权公约》第25条和第7条第6款的规定。②

---

① In Comendo，拉丁语——译者注。
② 美洲人权法院，卡斯蒂略·佩特鲁齐（Castillo Petruzzi）诉秘鲁案。1998年9月4日判决。

第三章　独裁统治时期至巩固宪政民主时期合约性审查对秘鲁法律秩序的影响

从这个意义上说，国家和国际司法管辖在捍卫正当程序的保障和打击有罪不罚现象方面均发挥了重要作用，但是就前者而言，它将之弃置于权力之后。

然而，随着21世纪的到来，自美洲人权体系内部发布标志性裁决到秘鲁民主的回归，合约性审查取得了另一层意义。

事实上，在秘鲁的规则体系中，与墨西哥的情况一样，尽管合约性审查未正式命名，但已实际执行，被认为是合宪性审查的同义词。[1]

虽然1993年《宪法》确实没有确定人权条约的地位，但该规定包含一项解释性条款，即"《宪法》承认的与权利和自由相关规定应依据《世界人权宣言》，以及秘鲁批准的有关国际条约和协议做出解释"。（最终和过渡性条款第4条），如同1993年《宪法》第3条中包含的默示权利条款，内容如下：

　　……本节列举的上述各项权利并不排斥宪法所保障的其他权利，也不排斥具有类似性质，或基于人的尊严、人民主权、法律的民主原则和政府的共和形式而派生出的其他权利。

根据这些规定，人们承认《美洲人权公约》具有宪法地位，因此，这些条约在违反美洲人权体系标准的国内法规则方面具有被动力和主动力。事实上，在文件编号N° 0025 – 2005 – PI/TC 中做出的判决，合议庭表示：

　　它们所具有的宪法地位意味着这些条约被赋予了特有的任何宪法地位来源的主动力和被动力；即，主动力就是这些条约据此革新我们国家的法律秩序，将其作为现行法律承认的权利纳入其中，但不是在任何条件下都可以这样做，而是作为宪法级别的权利。被动

---

[1]　N. Torres, *El control de convencionalidad. Deber complementario del juez constitucional peruano y el juez interamericano (similitudes, diferencias y convergencias)*, Säarbrucken, Editorial Académica Española, 2013, párrafo. 201.

力则是抵制来自非宪法渊源的法规的能力，也就是说，这些法规不能被非宪法法规修改或相抵触，甚至也不能被宪法改革修改或相抵触，宪法改革可能涉及撤销条约所承认的权利或影响其受保护的内容。①

事实上，根据《宪法》最终和过渡性条款第4条的规定以及默示权利条款，宪法法院构建了这种确定人权条约具有宪法地位并对此产生影响的方式。

《美洲人权公约》具有主动力和被动力意味着它们可以直接在集中宪法秩序的司法程序（《宪法》第200条第4款）中适用或在冗长的审查程序（《宪法》第138条），即普通程序或自由的宪法程序中适用。

从这个意义上来说，根据1993年《宪法》和《宪法诉讼法》，秘鲁国家法官实施合约性审查的效果可能是一般的，也可能是具体的，这取决于实施合约性审查的程序类型。

然而，尽管秘鲁没有参与诉讼程序，但宪法法院确定美洲人权法院的判决具有同样至关重要的约束力：

> 美洲人权法院判决的约束力并不仅限于其判决部分（当然，判决部分只涉及在审理中作为当事方的国家），而是扩展到其判决理由或判决依据，此外，根据《宪法》最终和过渡性条款第4条的规则和《宪法诉讼法》序言第五条，在这方面，判决对所有国家公共权力机构都具有约束力，包括那些秘鲁政府尚未参与程序的案件。事实上，《美洲人权公约》的第62条第3款中承认美洲人权法院对《美洲人权公约》的解释权和适用权，以及《宪法》最终和过渡性条款第4条的授权，使得在整个审理过程中对《美洲人权公约》条款的解释对所有国内的公共权力机构均具有约束力，当然包括宪法法院在内。

---

① 文件编号 N°0025-2005-PI/TC 的宪法法院判决，FJ.33。

第三章　独裁统治时期至巩固宪政民主时期合约性审查对秘鲁法律秩序的影响

事实上，这与美洲人权法院的判例具有超当事人（Ultra Partes）效力这一日益普遍的立场不谋而合，它强调了宪法法院等法院的判例需要基于美洲人权体系的真实保障原则，具有赔偿和预防的价值。①

从阿尔莫纳希德·阿雷亚诺案和随后的裁决开始，美洲人权法院强调这样一个事实，即各国还必须运用判例作为判断一项法规是否符合美洲人权法院标准的工具。

同样，宪法法院对于美洲人权法院判例的约束性所明确的内容是极为重视的，因为它是国家法律秩序开放参与国内和国际法官之间进行司法对话的一个标志。

尽管如上所言，但应当分析美洲人权法院判决约束力的理论是否承认被判定有罪的国家与那些不属于案件当事方但也受到判决约束的国家之间的细微差别或等级。

例如，在秘鲁宪法中，宪法法院发布的判决类型之间存在一个等级排序如下，法规性判决（Müssen）、具有约束力的先例（Söllen）、法理学说（Können）。②

所以，前者具有几乎不可撤换的性质，因为它们是抽象的违宪过程的产物，而后者则承认确定和适用宪法法院主张的国家法官具有更大的自由裁量权。

因此，应该确定的是，对于作为案件当事方并被判定有罪的国家以及非当事方的国家，美洲人权法院的判决是否承认其影响在法规效力和/或解释效力上的这种差异。事实上，在审查赫尔曼（Gelman）诉乌拉圭案判决的决议中，关于是否是被判定为有罪的国家还是没有参与案件的美洲人权体系缔约国的问题，爱德华多·费雷尔·麦克·格雷戈尔（Eduardo Ferrer Mac Gregor）法官对裁决的约束力问题存在明显的分歧。

对于费雷尔法官来说，对于在具体案件中未被定罪的国家，判例将具有更灵活的约束力。从这个意义上说，原则上它类似于宪法学说

---

① Argelia Queralt Jimenez, *La Interpretación de los Derechos: del Tribunal de Estrasburgo al Tribunal Constitucional*, Centro de Estudios Políticos y Constitucionales, 2008, pp. 220 y ss.

② C. Landa, *Los precedentes constitucionales*, *Justicia Constitucional*, N° 5, 2009, pp. 62 y ss.

（Können）案例或可能类似于宪法先例（Sollen）；而就被判罚有罪的国家而言，美洲人权法院判决的约束力更多的是具有法规性的（Müssen）：

> ……这种解释效力是"相对的"，只要在国家一级没有对合约性法规有更加有效的解释，这种"相对的"解释效力就会时不时地出现。之所以如此，是因为国家当局可以扩大解释标准；根据《美洲人权公约》第29条的内容，当有另一项国家或国际法规扩大所涉权利或自由的效力时，国家当局甚至可以停止适用合约性法规。①

但是，裁定内容的强弱程度也会因应受保护的权利不同而有所差异。加西亚·罗卡（García Roca）为欧洲标准的约束力建立了一个基准，该基准可以很好地复制到美洲人权体系。例如，在公民的生命权受到威胁的情况下，适用法律的机构也会减少其自由裁量权。

从这个意义上说，可以明确这种约束力可能是宽松的、严格的适中的幅度。关于宽松或有些许严格的幅度，它是由主要以国内法划定内容的法律构成，例如财产权（土著人民领地的情况除外）；在具有严格约束力的情况下，它适用于生命权、平等权、禁止残忍、不人道和有辱人格的对待权利、政治权利等，即确保民主的各项权利不受到威胁。那些不属于上述解释的权利，但属于组成美洲标准的权利是适中幅度的情况。②

关于合约性审查与合宪性审查之间的同一性，到目前为止就具体案例所陈述的内容证实了以下事实：在秘鲁的法律秩序中，合宪性审查由宪法法院和普通司法机构执行，因此这两个机构自动执行的合约性审查将与合宪性审查等同，更何况，普通法官依其职权实施分散的合宪性审查，而非仅仅是应当事方的要求执行。

从这个意义上说，实施两种审查的主体与执行审查的方式或启动机制以推动审查应用的方式之间是完全吻合的。也就是说，合约性审查将

---

① 美洲人权法院，赫尔曼诉乌拉圭案，2013年3月20日裁决。参见爱德华多·费雷尔·麦克·格雷戈尔法官的合理意见，第69段。

② Javier García Roca, *El Margen de apreciación nacional*, Navarra, Civitas – Thomson Aranzandi, 2010, pp. 205 – 206.

第三章　独裁统治时期至巩固宪政民主时期合约性审查对秘鲁法律秩序的影响　◀◀　53

由宪法法院或普通法官依其部分审查的职权予以实施。

（一）宪法规则的合约性审查

宪法层级的规则也是宪法法院和美洲人权委员会本身重新解释或规范性审查的主体。事实上，拉迪亚·帕切科（Radilla Pacheco）诉墨西哥案，"基督最后的诱惑"案等案件表明，在美洲人权体系中，合约性审查包括此类的国家手段/规定和国家法院的实践。

然而，必须要注意的是宪法层级的规则也符合美洲人权体系的标准，这并不意味着我们必然面临超宪法的情况。

事实上，不应忽视这样一个事实，即规范性制度之间的关系更像是一种协调关系，因此，任何权利都不能默认优先于另一项权利，所以，就宪法规则而言，在法律上对自然人有疑义，则予以优先保护的原则①，对应的是位于同一范围内的规则来源之间的协调。这与美洲人权法院在拉迪亚·帕切科诉墨西哥案所规定的内容一致，在该案中国家法官有责任使其判决符合美洲人权体系的标准：

……涉及墨西哥军事管辖的物质和个人权限标准的宪法和立法解释必须适应本法院判例中确立的原则，这些原则已在本案中得到重申。②

然而，在更正式或更为经典的意义上，可以说合约性审查必须与1993 年《宪法》第 57 条之规定相结合，因为其确立了国家法律体系的最高规则。但是，最好根据对基本权利的多层次保护规则，调整宪法规则与合约性原则之间关系的观点。

那么，在本章中，有必要强调合约性标准需根据待判决案例的情况，使用更灵活或更严格的运作方式。事实上，虽然美洲人权体系的标准确

---

① César Landa, DK "La invalidez del retiro del Perú de la Corte Interamericana de Derechos Humanos", *Revista Peruana de Derecho Público*, año 1, N° 1, julio – diciembre de 2000, p. 45.
② 美洲人权法院，拉迪亚·帕切科诉墨西哥案，2009 年 11 月 23 日判决。

实对秘鲁具有约束力,包括秘鲁不是受制裁方的美洲人权法院的判例,但也有可能出现背离美洲人权体系规定是正当合理的情况,这将取决于受到影响的法律内容和类型。

例如,根据加西亚·罗卡的说法,在涉及生命权和禁止有罪不罚等权利的影响,以及适用更为灵活的评价幅度的案件中,可以确定在秘鲁司法实践中 1993 年《宪法》被完全遵循,例如养老金制度。[①]

就美洲人权法院工作的互补性而言,它们与各国的关系并非等级关系,从协调国家和国际法律体系角度来看,国际法和国内法存在不同程度的约束力。基于以下事实的论点更加强化了这一点,即在某些国际性质的问题中在国家让渡特定和划定主权的逻辑下,国际法和国内法是相互关联的。

从这个意义上说,宪法法院等机构必须自我限制其声明的范围。[②] 虽然国家法院确实在为美洲人权体系的文件提供内容上起到了具有创造性和源源不断的作用,但这并不意味着授予法院超越条约本身赋予其的权限。

与此问题有关的一个非常具体的例子就是前独裁者埃弗拉因·戈麦斯·蒙特(Efraín Gómez Montt)诉危地马拉案。该案中,美洲人权委员会宣布不予受理与影响平等条件下获得公职权利的请愿。在此案中,由于危地马拉《宪法》第 186 条规定,破坏宪法秩序或因此而担任国家元首的政治运动领导人永远没有参选资格,此案原告蒙特无法作为候选人参加总统竞选。

在这一点上,美洲人权委员会承认民选职位参选资格的规则具有可变性:

> 委员会认为,无参选资格所处的危地马拉和国际宪法背景是分析《美洲人权公约》的一般适用性及《美洲人权公约》第 23 条和第

[①] Javier García Roca, *El Margen de apreciación nacional*, Navarra, Civitas – Thomson Aranzandi, 2010, pp. 205–206.

[②] D. Popovic, "Prevailing of judicial activism over self – restraint in the jurisprudence of the European Court of Human Rights", *Creighton Law Review*, Volume 42, Number 3, April 2009, pp. 361–396.

第三章　独裁统治时期至巩固宪政民主时期合约性审查对秘鲁法律秩序的
　　　　影响　◀◀　55

32 条对待审案件的适用性的适当维度，并可能产生国际法所允许的评估余地。①

就宪法法院而言，在与重新解释 1993 年《宪法》第 140 条②有关死刑的案件中，宪法法院在第 0489 - 2006 - PHC/TC 号文件中做出的裁决中严格适用了美洲人权法院为涵盖《美洲人权公约》缔约国死刑范围而制定的解释标准。

这将是在相当规范意义上适用美洲人权体系标准的假设，因为宪法机构并未背离宪法法院制定的关于保护生命权的标准。

如拉克斯卡科·雷耶斯（Raxcacó Reyes）诉危地马拉案，③ 宪法法院表示，判处死刑的种类不能扩大，而是应当根据 1979 年危地马拉《宪法》第 235 条的内容来解释第 140 条。因此，只有在发生对外战争的情况下才有可能适用死刑。④ 具体来说，《美洲人权公约》第 4 条第 2 款得出如下结论，即虽然人们从违宪的角度提出了这一问题，但对第 140 条的字面解释是非合约性的。

这样，1993 年《宪法》第 140 条所扩充和确立的假设，由于合议机构对其进行了重新解释，因此，在实践中不具备可操作性。

然而，在与秘鲁养老金制度改革相关的案件中，改革取消了第 20530 号法令规定的"生活法"（Cédula Viva）模式，该法令以既得权利规则为基础，规定养老金数额不得超过 2 倍最低税收单位，而宪法法院在五名养老金领取者诉秘鲁案中背离了该项规定。

事实上，在五名养老金领取者一案中，美洲人权法院裁定，1993 年秘鲁《宪法》确立了与第 20530 号法令的养老金制度相关的前劳动者养老金的"既得权利"理论。在此意义上，国家法院认为，由此概念获得的金额，包括均等数，"从受害人缴款并履行相应法律要求的那刻起就计

---

① 美洲人权委员会，第 30/93 号报告，案例 10.804，危地马拉，1993 年 10 月 12 日判决。
② 1993 年《宪法》第 140 条规定，"根据秘鲁法律及参与的国际条约，死刑只适用于在战争或恐怖主义中有叛国行为者"。
③ 美洲人权法院，拉克斯卡科·雷耶斯诉危地马拉案，2005 年 9 月 15 日判决。
④ 文件编号 N°0489 - 2006 - PHC/TC，FJ 20 的宪法法院判决。

入他们的财产,因此受到《美洲人权公约》第 21 条的保护"。

相应地,编号 N° 0050 - 2004 - PI/TC 的文件做出的裁决宣布第 28389 号《宪法》改革法合宪,从而取消均等权是有效的,而养老金领取者则认为该规则会对财产权产生不良的影响。

宪法法院宣布该规则违宪的理由是,需要缩小第 20530 号法令参与人领取的养老金与第 19990 号法令参与人领取的养老金之间的差距,但同时,根据团结原则,又要考虑到促进国家养老金制度可持续性的重要性。

因此,秘鲁在养老金制度方面被判定有罪,国家法院也背离了这一制度。尽管如此,这也并不意味着秘鲁政府违反了五名养老金领取者案件的判决中所表明的内容。

的确,虽然这具有法规性质的判决,可这并不意味着不可能偏离法规,但动机必须绝对合理,并且不影响美洲标准保护的基本内容。[①]

事实上,尽管改革促进了第 20530 号法令规定的养老金领取者群体权利可追溯性,但只要保障能够获得甚至高于最低限额的养老金,改革就并没有取消领取养老金或财产的权利。

然而,尽管该规则的养老金领取者启动了请愿程序,但美洲人权委员会决定宣布该请愿不合理,因此不将此案提交至美洲人权法院。其原因部分在于各国在保护某些权利内容方面的自由裁量权。但最重要的原因是,领取养老金权利的基本内容并未受到影响。

在这方面,美洲人权委员会认为,虽然通过宪法改革限制了领取养老金的权利,但财产权并未被撤销,因此请愿人继续行使所有者对其养老金的所有权。

同样,宪法改革的目的并不违反《美洲人权公约》,因为进行宪法改革是为了减少该制度的过高成本,以及"生活法"(Cédula Viva)制度的存在对第 19990 号法令制定的制度下养老金领取者所产生的不公平。[②]

[①] 对于从违宪程序得出的判决,只要随着时间的推移出现客观情况并且忠于宪法占据主导地位,就可以不违背宪法,作为法官裁决的决定性标准。C. Landa, *Los precedentes constitucionales*…Op. Cit, p. 41.

[②] 美洲人权委员会,第 38/09 号报告,案件 12.670,秘鲁社会保障研究所前职员全国协会等人诉秘鲁案的可受理性和案情,2009 年 3 月 27 日判决。

第三章　独裁统治时期至巩固宪政民主时期合约性审查对秘鲁法律秩序的影响　◀◀　57

（二）合约性审查在阿尔托斯居民区案案中的影响

阿尔托斯居民区诉秘鲁案是美洲人权体系的一个重要先例，因为这项裁决意味着为秘鲁和拉丁美洲国内法的渊源纳入一项新的有效性标准，[1] 即那些认可有罪不罚现象或助长严重侵犯人权行为的责任者的不惩罚的法规的有效性，就像《自我特赦法》一样。

事实上，无论是在美洲人权法院还是在《公民权利和政治权利国际公约》人权事务委员会[2]层面，有罪不罚均被定义为违反国家调查、起诉和审判侵犯人权责任人的法律义务，并妨碍了解真相的权利。[3] 因此，就其本身而言，它违背了宪政国家模式的本质。

然而，在秘鲁的案例中，根据1993年《宪法》，仅有没收性质的税收规则不具有法律效力，也就是说，出现了一种规则无效的情况。

然而，在阿尔托斯居民区案之后，尽管对在阿尔托斯地区法外判决9人负有责任和（或）被起诉的相关人员提起了人身保护诉讼，以避免重新开始刑事诉讼和对他们的诉讼，但宪法法院认定，阿尔韦扎·藤森政府时期颁布的《自我特赦法》从开始就缺乏法律效力：

> 第26479号和第26492号大赦法从开始就是无效的，缺乏法律效力。因此，旨在保证所谓的科利纳集团成员侵犯人权而不受惩罚而做出的司法裁决也是无效的。[4]

在上述判决中，美洲人权法院认定《自我特赦法》缺乏法律效力，

---

[1] Natalia Torres Zuñiga, *El control de convencionalidad. Deber complementario del juez constitucional peruano y el juez interamericano（similitudes, diferencias y convergencias）*, Säarbrucken, Editorial Académica Española, 2012, p. 229.

[2] 第20号一般性意见，人权事务委员会通过的一般性意见，第7条——禁止酷刑或其他残忍、不人道或有辱人格的待遇或处罚。参见联合国HRI/GEN/1/Rev.7号文件，1992年，第173页。

[3] 美洲人权法院，马里查·乌鲁蒂亚（Maritza Urrutia）诉危地马拉案，2003年11月27日判决；戈麦斯·帕基亚里（Gómez Paquiyauri）兄弟诉秘鲁案，2004年7月8日判决。

[4] 文件编号 N° 0679-2005-PA/TC，FJ.60 的宪法法院判决。

这一事实导致阿根廷最高法院宣布《停止追究法》(Las Leyes de Punto Final) 无效。

同样，在随后的案件中，美洲人权法院谴责智利、巴西和乌拉圭等国颁布和/或适用此类规定，并重申这些规定不具有法律效力。

也许最重要的是，美洲人权法院谴责各国未能遵循其在以往案件，特别是在涉及严重侵犯人权行为而不受惩罚的案件时建立的标准：

> 如前所述，本法院裁定，在涉及秘鲁［阿尔托斯居民区案和拉坎图塔（La Cantuta）案］及智利（阿尔莫奈德·阿雷拉诺等人）严重侵犯人权的案件中，大赦不符合《美洲人权公约》。
>
> 在巴西根据主权决定加入的美洲人权体系中，重申了大赦法与各国在处理严重侵犯人权行为时的常规义务不相符的声明。①

即使在赫尔曼诉乌拉圭案中也是如此，美洲人权法院裁定，对基本权利的保护仅限于民主中的多数人。因此，尽管人民通过全民公投在国家法律秩序中批准了自我特赦的法规，但这仍是非常规性的。

从这个意义上说，本案是具有类似规范性效力判决的典型例子。事实上，在处理诸如有罪不罚、对严重侵犯人权行为寻求制裁等边缘问题时，这些裁决的标准很难被搁置一旁。美洲人权体系禁止自我特赦是不应违反的最低要求，否则这一规范性体系的本质就失去了意义。这是一个相当严格的标准。

这就是美洲人权法院指出的一项规则从伊始就不具有法律效力的唯一案例，尽管没有自动驱逐的后果，但实际上法律制度在执行判决时就赋予了这种效力。

如果与事前审查或军事司法等案件相比，美洲人权法院在这些案件中表明，这些法规是不相容的，但并不是说这些法规自生效后就没有效力。因此，国家法院调整了其关于非常规规则效力的声明范围。

事实上，在"基督最后的诱惑"案中，美洲人权法院指出：

---

① 美洲人权法院，戈麦斯·隆德（Gomes Lund）等人诉巴西案，2010年11月24日判决。

第三章 独裁统治时期至巩固宪政民主时期合约性审查对秘鲁法律秩序的影响

……必须修改其法律制度,以废除事前审查,允许电影《基督的最后诱惑》的放映和宣传,因为它有尊重言论自由,并保证所有受其管辖的人都可以自由和充分行使言论自由权的义务。①

从这个意义上说,《美洲人权公约》第13条所界定的优先自由的概念,其改革的效果将始终是面向未来的。

在其他案件中,美洲人权法院要求在某些情况下,根据其确定的标准重新启动诉讼或重新做出判决。拉克斯卡科(Raxcacó)案就是这种情况,危地马拉政府必须根据新的法律对其做出新的判决,该法律规定对绑架罪要进行逐步惩罚。

(三) 以世界人权体系文件为依据的合约性审查

秘鲁案中另一个显著的问题是依托世界人权体系文书实施的合约性审查。事实上,合约性审查是一项义务,其源于使国内法适应国际法标准的一般责任,不仅取决于美洲人权体系的文书,也取决于不属于这一领域但秘鲁也与之相关的文书。

事实上,有关承认土著民众协商权的案例就是这方面的一个例子。在秘鲁丛林发展民族协会(Aidesep)案中,宪法法院使用了联合国大会第169号决议,即《印第安人和其他部落人民保护和促进协议》来分析立法者在批准事前协商法方面的立法疏漏:

现在,虽然没有任何法律制定了协商程序,因此,能源和矿业部似乎没有发布相应条例的义务,但必须反驳这一论点,因为第169号决议对所有公共权力机构具有约束力,而不仅仅是对立法者。而且,在没有法律规定的情况下,将实施《美洲人权公约》条款中生效的规范性规定的责任交给被起诉的部门似乎是适宜的,特别是如果其在可能直接影响原住民并出台最多措施的方面(例如与采矿和

---

① 美洲人权法院,"基督最后的诱惑"案,奥·梅多·布斯多思等人诉智利,2001年2月5日判决。

碳氢化合物有关的活动），因此，根据第169号决议，必须征求其意见。①

这是一个典型的国际法规则作为直接审查立法疏漏的例子，尽管在法律制度中没有直接的程序，而是通过行使执法行动而延长程序，以便要求行政当局规范所讨论的主题。

同样，关于宣布批准《战争罪及危害人类罪不适用法定时效公约》的第27998号立法决议违宪，但确定该条约不适用于批准行为之前的情况，这也是一个适用合约性审查的例子。

虽然宪法法院无法宣布该法规违宪，但由于诉讼是在提起此类诉讼的截止日期（条约的期限为6个月）之后提出的，这表明了普通法官不应应用该法规，因为该法规不承认条约对在条约批准日期以前的案件中对所涉及罪行的适用性：

> 上述声明违反了《战争罪及危害人类罪不适用法定时效公约》的目标和宗旨，因为该文本在其第一条中规定，所指罪行"无论何时发生，均不受时效限制"。因此，秘鲁国宣布对《战争罪及危害人类罪不适用法定时效公约》生效之日（2003年11月9日）后的案件限制适用不受时效限制的规则，也意味着提出一项违反国际法的保留权益，该权益阻止对2003年11月9日之前发生的这种性质的罪行进行澄清，同时违反了调查和惩治这些罪行责任人的国际义务。②

这个案件最显著的是，宪法法院没有表明其正在执行的是一项将立法决议与作为规范性审查的条约进行对照检验的合约性审查；从这个意义上说，决议和相关规则是不相容的、不合常规的及违宪的。然而，合议庭（Colegiado）的解决办法不是仅限于宣布不受理诉讼，而是在宪法法官行使其职权时规定，法官有责任通过分散审查（Control Difuso）不执

---

① 文件编号 N°05427-2009-PC/TC，FJ.26 的宪法法院判决。
② 文件编号 N°0024-2010-PI/TC，FJ.74 的宪法法院判决。

行第 27998 号决议。

四 在秘鲁法律体系下适用合约性审查的倒退及未决议程

目前秘鲁的法律体系还存在一些悬而未决的问题。事实上，2002—2008 年，宪法司法在保护基本权利和解释工作方面已处于逐步适用美洲人权体系标准的阶段，但 2008—2013 年，有时最终解释者的态度是拒绝或操纵国际法标准的决定性因素。

最为明显的例子就是与秘鲁军事司法机构相关的案件。在塞斯蒂·乌尔塔多（Cesti Hurtado）诉秘鲁案、杜兰德（Durand）和乌加特（Ugarte）诉秘鲁案中，美洲人权法院表示，由现役武装部队成员组建军事法庭不符合对独立性和公正性的保障，因此无法阐明一种适应宪法国家模式和美洲人权体系标准的军事管辖模式。

事实上，随着民主主权的恢复，军事立法被宣布违宪，同时确立了罪刑法定（原则），以便共和国国会颁布一项反映宪政国家框架内适当的独立和公正标准的法规。

因此，2005—2009 年，颁布的立法远非调整军事司法标准，而是保留了立宪前制度的主要特征。由于法官是现役军人等问题的存在，2005 年第 28865 号法律成为违宪程序的对象。

从这个意义上来说，宪法法院第 0004 - 2006 - PI/TC 号和第 0006 - 2006 - PI/TC 号裁决确定了第 288865 号法律部分违宪，为此，帕拉马拉·伊里巴内（Palamara Iribarne）诉智利案、杜兰德和乌加特诉秘鲁案的判例，是对宣布上述法律违宪的支撑。

事实上，上述判例确立了明确保障独立性和公正性的规则。当法官是现役军事人员身份时，其在军人生涯的指挥系统中处于从属地位。因为，这会妨碍他们依据其职能行使司法管辖权。

为此，宪法法院明确引用下文所述的帕拉马拉·伊里巴内诉智利案的段落，以宣告第 28865 号法律的某些条款违宪：

法院认为，［智利法律制度］军事法庭的组织结构和组成意味着，其成员一般是现役军人；因此，军事法庭的组成必须符合以下条件。在整个指挥等级链条中，从属于上级；他们的任命并不取决于他们的专业能力以及是否适合行使司法职能，他们没有足够的任期保障，也没有接受担任法官或检察官工作所需的法律培训。以上这些都意味着这样的法庭缺乏独立性和公正性。①

同样，宪法法院在其第006-2006-PI/TC号案件的裁决中参考了杜兰德和乌加特诉秘鲁案，提到现役军人不得在军事司法裁判中担任法官职务：

关于军事司法具有偏袒性和依赖性的说法，有理由认为，在诉讼中担任职务的军事司法官员……缺乏《公约》第8条第1款所要求的公正性和独立性，无法有效和切实地调查事实并惩罚相关责任人。

正如已经确定的……组成上述法庭的军人同时又是现役武装部队的成员，而这也是组成军事法庭的要求。因此，他们无法提出独立和公正的意见。②

就独立性和公正性的标准而言，这对于与秘鲁相关的案件同样具有规范性效力（Müssen）的内容，因为这是来自杜兰德和乌加特诉秘鲁案的内容，而且也因为这是美洲人权法院在多次重申的判例中所确立的内容，判例主要针对在尊重正当程序的所有最低保障的情况下建立的特殊军事司法管辖权——法官、独立性等。实际上，还可以参考塞斯蒂·乌尔塔多诉秘鲁案、拉斯·帕尔梅拉斯（Las Palmeras）诉哥伦比亚案，在这些案件中，美洲人权法院一直在逐步起草关于军事司法最低限度规则的各方面内容。

---

① 文件编号 N° 0004-2006-PI/TC，FJ. 70 的宪法法院判决。
② 文件编号 N° 0006-2006-PI/TC，FJ. 7 的宪法法院判决。

第三章 独裁统治时期至巩固宪政民主时期合约性审查对秘鲁法律秩序的影响

然而，2009 年，在取得诸多进展之后，宪法法院的立场发生了重大转变，改变了以往判决中合议庭立场的方向。此时，宪法法院对第 29812 号法律的合宪性进行了分析，尽管该法律与其之前的法律存在同样的弊端并已被宣布违宪，但仍被宣布符合宪法。

宪法法院第 0001 – 2009 – PI/TC 号案件的裁决指出，美洲人权法院在军事司法领域（杜兰德和乌加特诉秘鲁案）对秘鲁做出的判决中，"没有涉及军事司法范围内对现役军事人员犯有职务犯罪的审判。这个超国家机构并没有否认现役军官担任军事司法管辖下的法官的可能性……"。①

在此意义上，一些判决被断章取义，例如杜兰德和乌加特诉秘鲁案，为了确定他们对美洲人权法院裁决的解释符合国际法标准，宣布第 29182 号宪法法律、《军事警察司法裁判的组织和职能法》（Ley de Organización y Funciones del Fuero Militar Policial）符合宪法。

然而，在 2012 年，一项针对第 29548 号法令的违宪指控被接受，该法律授权行政部门就军事警察司法、武装部队在国家领土内使用武力进行立法，并对被指控侵犯人权的军事和警察人员制定专门的诉讼和惩罚规则；2010 年 9 月 1 日颁布的第 1094 号和第 1095 号法令也受到违宪的指控，因为这些法令就是上述事项中立法权力下放的产物。

这个问题仍有待 1993 年《宪法》的最终解释，但其应当适用与保障军事司法的独立性和特殊性有关的标准。②

正如在戈麦斯·帕洛米诺诉秘鲁案中所明确的，美洲人权法院判定秘鲁政府没有完全将强迫失踪这类犯罪定为刑事犯罪。尽管做出了裁决，但所涉犯罪类型尚未得到修改。

然而，尽管存在违反法律秩序的情况，但美洲人权法院也暗示国家法官应在这项工作中发挥积极作用。因此，例如，在托雷斯·米拉库拉（Torres Millacura）诉阿根廷案中，尽管阿根廷刑法中并未对这一罪行进行分类，但国家最高法院下令根据《美洲强迫失踪人员公约》

---

① 文件编号 N° 0001 – 2009 – PI/TC，FJ. 37 的宪法法院判决。
② 文件编号 N° 0022 – 2001 – PI/TC 的宪法法院判决。

(*Convención Interamericana sobre Desaparición Forzada de Personas*)的规定，对失踪人员托雷斯的强迫失踪事实进行了刑事判罚。

值得一提的是阿尔托斯居民区案，最高法院在 2012 年发布了一项最高行政令，指出在阿尔托斯居民区案中发生的法外判决，利马高等法院第一刑事庭判定大屠杀有关责任人不构成危害人类罪，这导致最高法院宣布被判刑者提出的时效例外是成立的。

这一直是美洲人权法院在 2012 年判决审查决议中分析的主题。在这个问题上，美洲人权法院表示，最高法院的判决与秘鲁依据阿尔托斯居民区案的裁决所承担的义务背道而驰。

美洲人权法院同意当事各方关于上述决定的意见，如果该决定不因宪法权利保护行为而得到纠正，将严重阻碍实现涉及调查此案事实的义务而下达的赔偿措施。在这方面，可以认为，如果做出的国内决定与以前国家所承认的以及美洲人权法院的考量和根据宪法法院的命令在国内一级做出的判决相矛盾或有所歪曲，那么受害者或其亲属的权利会继续被侵害以获得国家主管机关对侵权事实的澄清，根据宪法法院关于违反《美洲人权公约》第 8 条和第 25 条的规定，对所有责任人进行调查、起诉和惩罚，因此判决将不会被履行。[①]

事实上，美洲人权法院强调了国家纠正最高法院发布的具有争议的裁决的必要性。因此，美洲人权法院表示，行政部门对上述决定提出保护请求是扭转局势的必要步骤，并且审判案件的国家法官有责任适用合约性审查，同时考虑出自阿尔托斯居民区案的标准。[②] 然而，应当指出的是，最高法院刑事庭可以根据美洲人权法院的裁决自行宣布有争议的执行裁决无效。

五　结论

合约性审查表明国家司法机构与美洲人权法院之间存有协调和对话

---

① 美洲人权法院，阿尔托斯居民区诉秘鲁案，2012 年 9 月 7 日判决。
② 美洲人权法院，阿尔托斯居民区诉秘鲁案，2012 年 9 月 7 日判决。

第三章　独裁统治时期至巩固宪政民主时期合约性审查对秘鲁法律秩序的影响

的过程。对于国内法的审查，加强了对《美洲人权公约》和美洲人权体系等其他文书所承认的关于权利的保护。

事实上，G. 德·韦尔戈蒂尼（G. De Vergottini）教授已经描述了国家法官和国际法官之间存在的司法对话过程。从这个意义上说，其注意到了美洲人权体系中的这一现象，这是宪法开放进程和在美洲人权体系内建立共同规范和文化空间的结果。[1]

尽管有时也会被等同起来，但这是一种与审查合宪性平行的审查。因为对合约性的审查与确定国内法有效性规则具有相关性，这反映了构想来源体系的方式，即从国家秩序的等级关系和充分性角度来看，其正在逐渐屈从于规范性多元化的存在。

从这个意义上说，尽管宪政国家及其捍卫《宪法》和基本权利的司法保障仍然是必不可少的，并且是确保这些权利的保护机制，但它们也在多层次的保护过程中被一一阐释，或者如果需要的话，从程序的角度来看，在跨国秩序的宪法进程中需要被一一阐释。[2]

然而，如果从这样一个事实出发，即典型的宪政主义基本权利概念与源自国际人权法的人权概念之间存在形式上的差异，那么跨国保护就并不总是完整的。

事实上，这些差异不仅仅是名义上的，因为这些基本权利不具有人权所具有的普遍性特征，而且在美洲人权体系中，保护某些权利占主导地位，对某些权利的保护发挥主导作用，在一定程度上被视为受到保护的自由。

无论如何，这里提到的多层次保护涉及最大限度的努力保护，无论这些权利是基本权利还是人的权利。

在拉丁美洲，合约性审查在为立法者确定物质限制和发展国家司法机构法律的解释和创造性职能方面发挥了重要作用，即使在国家经常反

---

[1] De Vergottini, *Más allá del diálogo entre tribunales*, Navarra, Civitas – Thomson Reuters, 2011, pp. 161 y ss.

[2] Ayala Corao, M Carlos, *Del amparo constitucional al amparo interamericano como institutos para la protección de los derechos humanos*, Caracas/San José, Instituto Interamericano de Derechos Humanos / Editorial Jurídica Venezolana, 1998, pp. 76 y ss.

对国家主权以逃避国际法规定的义务的情况下也是如此。

在秘鲁，全面适用合约性审查对普通法官和宪法法院而言仍然是一项悬而未决的任务，特别是因为某些当局对美洲人权体系的标准缺乏重视，导致已取得的进展仍处于倒退之中。

第四章

宪法司法权与国际管辖权之间的对话？介于国际人权法标准在秘鲁法律制度中的引入和管理之间*

一 对话的概念

"对话"一词被用来描述国家法院和国际法院之间的相互关系，这是一个在法院数量激增的背景下发生的问题。就其本身而言，"对话"这一术语的使用在过去十年中得到了广泛传播，也指一个法院仅仅引用另一个法院的判决，或者描述法院之间相互作用和相互影响的情况。[1]

该术语的使用反映了黑贝勒（Häberle）在着手处理和处置比较方法作为法律解释的第五种方法时已经提到的现实。[2] 事实上，由于条约或国际合约化产生的义务，当代宪政国家模式的特点是其对外开放及对国际法标准和原则的接受程度。从这个意义上说，宪法可以说是未完成或不完整的规范，必须与法官根据国际法做出的解释相结合，从而使国家法

---

* 本章内容发表于 *Los Sistemas Interamericanos y Europeo de protección de los derechos humanos*, Lima: Palestra, 2015。

[1] Francisco José Morales Yago, DK "El diálogo entre el Tribunal Europeo de Derechos Humanos y los tribunales españoles: coincidencias y divergencias", *Teoría y Realidad Constitucional*, N° 32, 2013, pp. 139 – 158.

[2] Peter Häberle, *El Estado Constitucional*? México D. F.: Universidad Nacional Autónoma de México, 2001, pp. 162 – 165.

律制度具有连贯性和完整性。①

在这个框架下,对话的概念被用来解释法院之间的关系,而这些法院之间的联系是基于国家遵守国际判决所承担的义务。具体而言,这一术语用于指国际法庭与组成享有管辖权保障的国际体系中的国家高等法院之间的联系。

具体而言,对话概念的特点是具有强制性,这意味着国际法庭的阐述或标准对于国家法院制定自己的标准是必不可少的。② 但是,也许"对话"一词所表达的最为重要的因素是保护共同权利以及将宪法和国际法联系起来的共同原则。

但是,如果法院诉诸与上述术语无关联的法院所做的判例,则无法谈论它们之间的相互作用。然而,这将是一个评定如何使用不具约束力的外国法律或标准的前提。

然而,提到对话的概念并不意味着相互交流的对话者之间没有冲突。事实上,该学说承认法院之间的关系有时可能会发生冲突。甚至在某些情况下,也可以指出这种对话是不存在的,或者更确切地说,它是一种对话模拟。与此相关,布斯托斯质疑了作为对话基础或根本的"交叉增殖"(Cross Fertilization)的概念;③ 同时,一个法院的学说可能与另一个法院存在分歧或批评,这并不意味着没有对话。无论如何,批评或分歧可能是法院之间相互关系的一种表达。④

应当指出的是,对话的概念遭到了批评,因为它通常被同化为已知

---

① Ruiz manero, Juan. "Una tipología de las normas constitucionales". En: Aguiló, Joseph; Atienza, Manuel; RUIZ Manero, Juan. *Fragmentos para una teoría de la Constitución*. Madrid: Iustel. 2007, pp. 69 ss. ; asimismo, Torres Zúñiga, Natalia. *El control de convencionalidad: de ber complementario del juez constitucional peruano y el juez interamericano (similitudes, diferencias y convergencias.* Saarbrücken, 2013, pp. 50 – 51.

② García roca, Javier. *El diálogo entre el Tribunal Europeo de Derechos Humanos y los tribunales constitucionales en la construcción de un orden público europeo*, En: *Teoría y Realidad Constitucional*, N° 30, p. 192.

③ Bustos gisbert, Rafael. *Pluralismo Constitucional y diálogo jurisprudencial*. México, Porrúa, 2012, p. 112.

④ López guerra, Luis. Op. Cit.

第四章　宪法司法权与国际管辖权之间的对话？介于国际人权法标准在秘
　　　　鲁法律制度中的引入和管理之间　◀◀　69

的比较方法的类别。① 但可以确定的是，诉诸国际人权法的标准并不一定涉及比较。在某种程度上，比较的使用涉及对比和比较参数的构建；只有当这种情况发生时，才有可能谈及比较方法在宪法法官工作中的适用。② 无论如何，不可否认的是，宪法法官和宪法法院诉诸外国法律来构建他们的论点，无论是在判决比例（Ratio Decidendi）还是附带意见（Obiter Dicta）中都有所体现。③

（一）对话概念在美洲人权体系中的适用

宪法开放进程被认为是建立司法机构之间相互关系渠道的条件之一，也是至少在形式上界定拉丁美洲民主政体宪政国家模式概况的一个特点。④ 因此，拉丁美洲法律制度的基本规范或司法机构本身可能都明确或隐含地提到宪法开放进程以及由此产生的义务。事实上，秘鲁或哥伦比亚等法律体系中的人权条约是所谓的合宪性整体的一部分。

在拉丁美洲恰恰也开始谈论司法间对话的概念，不仅来自对国外判例的使用，而且还涉及美洲人权体系标准在拉丁美洲国家宪法司法领域的适用。事实上，冯·博格丹迪指出，这种对话是所谓的共同宪法（Ius-constitucionale Commune）的一种表现或表达。对于前述作者来说，拉丁美洲有三项基本原则是普通公法概念的一部分：人权、民主和法治。⑤ 保

---

① Armin von Bogdandy, DK "Ius constitutionale commune latinoamericanum. Una aclaración conceptuall", 2013, https://api.semanticscholar.org/CorpusID：222625448.

② 德·维尔戈蒂尼、朱塞佩：《超越法院之间的对话。司法管辖/判例之间的比较和关系》，马德里，奇维塔斯—汤森路透社，2010 年，第 235 页。

③ Tania Groppi, DK "El papel de los tribunales en el control de las medidas contra el terrorismo internacional: ¿hacia un diálogo jurisprudencial?", *Revista de Derecho Político*, Volume 1, No. 86, enero -abril, 2013, pp. 309 - 356.

④ Morales antoniazzi, Mariela, DK "El Estado abierto como objetivo del ius constitutionale commune. Aproximación desde el impacto de la Corte Interamericana de Derechos Humanos", En: BOGDANDY, Armin von Bogdandy, Morales Antoniazzi, Mariela Fix Fierro, Héctor (coordinadores), *Ius Constitutionale Commune en América Latina*, Rasgos, potencialidades y desafíos, México D. F.: Universidad Nacional Autónoma de México, 2014, pp. 265 y ss.

⑤ Armin von Bogdandy, DK "Ius constitutionale commune latinoamericanum. Una aclaración conceptuall", 2013, https://api.semanticscholar.org/CorpusID：222625448.

护这些原则不仅在国家层级进行,因为这还不够,还要在国际层级进行,在美洲范围内涉及美洲国家组织,更具体地说,美洲人权法院要参与其中,通过该法院的工作保护人权,并以相关方式保护民主。

与此相关,与赔偿问题或社会保障的保护问题相互影响的有关问题正在逐步进行重点分析。因此,可以确定的是,司法机构之间确实存在真实和现实的互动。① 这将是宪政多元化情景配置的反映和结果,在这种情景中,各项国家法律制度共存,并在横向规则下得以阐述。

然而,应该注意的是,如上所述,这种在美洲人权体系中所谓的对话的理想描述也可能产生冲突。事实上,在实践中经常出现这样的情况:在某些法律制度中,司法机构选择以明确和矛盾的方式搁置美洲人权法院的诉讼管辖权,就像在赫尔曼诉乌拉圭案中发生的情况;甚至背离美洲人权法院的诉讼管辖权,如多米尼加共和国宪法法院②所做的那样;甚至背离美洲人权体系,如特立尼达和多巴哥和委内瑞拉所提出的那样;还有,秘鲁暂时退出美洲人权法院的诉讼管辖权。③

在赫尔曼诉乌拉圭案中,其最高法院质疑美洲人权法院宣布《自我特赦法》违反《美洲人权公约》的裁决范围——即使这些法律是由人民行使人民主权通过公民公决和公民投票予以确认。事实上,最高法院指出,第18831号法律(2011年批准,目的是重新确定1985年3月1日之前适用国家恐怖主义所犯下的罪行)违反了乌拉圭宪法,因为它违反了

---

① Manuel Góngora - Mera, DK "Diálogos jurisprudenciales entre la Corte Interamericana de Derechos Humanos y la Corte Constitucional de Colombia: una visión coevolutiva de la convergencia de estándares sobre derechos de las víctimas", En Armin von Bogdandy, Morales Antoniazzi, Mariela Ferrer Mac - Gregor, Eduardo, *La justicia constitucional y su internacionalización. ¿Hacia un ius constitutionale commune en América Latina?*, tomo II. México D. F.: Universidad Nacional Autónoma de México, 2010, pp. 403 – 430.

② 多米尼加共和国,宪法法院,2014年11月4日宪法法院第0256/14号判决;判决中宣布签署于1999年接受美洲人权法院的管辖是违宪的。这是由于在被驱逐的海地人诉多米尼加共和国一案中被美洲人权法院于2014年8月28日被判定有罪。

③ 特立尼达和多巴哥在1998年5月26日致美洲国家组织秘书长的信中谴责《美洲人权公约》;委内瑞拉玻利瓦尔共和国于2012年9月10日表示其退出《美洲人权公约》的决定;秘鲁于1999年7月撤回了对美洲人权法院诉讼管辖权的承认,但在2001年1月藤森政府垮台时,该管辖权再次得到承认。

第四章　宪法司法权与国际管辖权之间的对话？介于国际人权法标准在秘鲁法律制度中的引入和管理之间

宪法的合法性原则和最繁重的刑法的不溯及既往原则。从这个意义上来说，最高法院指出这些原则不仅体现《宪法》的神圣，而且还构成对普遍的和美洲人权体系的保障，尽管美洲人权法院做出了裁决，但不应忽视这些原则。

然而，所提到的例子表明，国家的行动违背了自阿尔托斯居民区诉秘鲁案中得出的美洲人权体系的最低标准。这就是为什么美洲人权法院指出乌拉圭最高法院的裁决与定罪相悖的原因。①

但是，并非所有国家法院偏离美洲人权法院等法院规定的案件都意味着国家法官与美洲法院之间存在矛盾或缺乏对话。就法律制度之间的横向关系而言，事实是各国均拥有一定的裁量余地，允许各国以不同的方式处理一项权利的内容，条件是权利的最低或基本内容不受侵犯。

国家在限制一项权利或赋予其内容方面所拥有的最大或最小的裁量余地取决于这项权利的性质，但也取决于与限制这项权利的决定或行动的民主合法性相关的原因；各国对与限制权利有关的某些限制的做法和/或共识。② 因此，尽管美洲人权法院没有像欧洲人权法院案那样明确处理"裁量余地"的概念，但它在解决的诉讼案件中使用了这一概念。③

也可以参考仅出现对话的假设。在最后一个案例中，国家司法机构提及对美洲人权体系标准的使用，但在某种意义上，不同于美洲人权法院赋予某项权利的范围和内容。无论如何，如果这一假设歪曲了国际裁决的含义，并得出与美洲人权法院原本在国家裁决中预判出不同和相反的结论，那么就可以被认定为欺诈。

在美洲人权体系中，处理与法院间对话有关问题的方式必须涉及或

---

① 美洲人权法院，赫尔曼诉乌拉圭案，2013 年 3 月 20 日判决。

② Andrew Legg, *The Margin of Appreaciation in International Human Rights Law*: *Deference and Proportionality*, Oxford: Oxford University Press, 2012, p. 37.

③ García roca, Javier. *El margen de apreciación nacional en la interpretación del Convenio Europeo de Derechos Humanos*: *soberanía e integración*. Madrid: Civitas – Thomson Reuters, 2010, pp. 107 ss.; asimismo, para un análisis de la aplicación del margen de apreciación a partir del análisis de normas constitucionales contrarias a la Convención Americana sobre Derechos Humanos, revisar Torres zúñiga, Natalia. *Legitimidad de la Corte Interamericana para controlar normas constitucionales*. Trabajo de fin de Máster, Madrid, Centro de Estudios Políticos y Constitucionales, 2014 s/p.

考虑到上述假设，以便对宪政开放进程有一个均衡及真实的看法；有必要为了巩固合作宪政国家模式，加强司法机构之间的关系。

二 秘鲁《宪法》司法和美洲人权法院管辖权标准的使用

可以肯定的是，秘鲁《宪法》司法与美洲人权法院和国际人权法领域的标准并不陌生。事实上，《宪法》最终和过渡性条款第4条确立了一项将适用《宪法》纳入人权条约的解释性法令的制度。事实上，《宪法诉讼法》本身在序则第5条中规定了一项法令，即宪法诉讼保护的权利应根据人权条约以及依据秘鲁参加的条约而设立的国际法庭通过的决定进行解释。《美洲人权公约》即是这种情况。

然而，美洲人权法院在判决依据（Ratio Decidendi）上对使用判例的意义可能会有所不同，从大量使用到为保护新权利制定新的尺度和标准。[1] 无论如何，在宪法法院恢复其运作（独裁统治后）的十四年中，可以确定其经历了宪法法院与国际法标准相互作用的两个阶段：一是理论与源于美洲人权体系的标准的融合；二是美洲人权体系标准的管理。

在第一阶段，可以指出的是，宪法法院以不太强烈的方式加入美洲标准，以与美洲人权法院的判例进行更大程度的互动。这样，它从承认条约具有法律地位，并且是宪法整体的一部分，到表明条约具有宪法地位并可直接适用于法律制度。与重新解释死刑、选举宪法保护以及与既判案件和一罪不二审案件有关的案件均属于第一阶段；[2] 这些是体现美洲人权法院与秘鲁宪法法院之间对话和互动的一个明显例子。

---

[1] Queralt jiménez, Argelia. *La interpretación de los derechos: del Tribunal de Estrasburgo al Tribunal Constitucional*, Madrid, Centro de Estudios Políticos y Constitucionales, 2008; asimismo, torres zùñiga, Natalia. *El control de convencionalidad: deber complementario del juez constitucional peruano…*, op. cit.

[2] Landa arroyo, César. "El impacto del control de convencionalidad en el ordenamiento peruano. Entre la época de la dictadura y la consolidación de la democracia constitucional". En *Constitucionalismo y democracia en América Latina: controles y riesgos* ((S. Castañeda, coordinadora). Lima: Adrus, 2014, pp. 219 – 254.

第四章　宪法司法权与国际管辖权之间的对话？介于国际人权法标准在秘鲁法律制度中的引入和管理之间

关于第二阶段，宪法法院的做法涉及不承认被判有罪的判例，例如"弗朗顿岛监狱"（Penal el Frontón）案，宪法法院不承认美洲人权法院（杜兰德和乌加特诉秘鲁案、内拉·阿莱格里亚等人诉秘鲁案）的判决；尽管宪法法院基于美洲人权法院的判例提到了美洲人权体系的标准，但这些规则被歪曲，以支持不公正的情况或为违反秘鲁宪法价值观的情况辩护。在这方面，可以提及有关军事司法违宪的案件、泛美电视台案和坎佩尔（Quimper）裁决等。无论如何，标准的使用仅仅意味着与秘鲁法律体系中人权条约所赋予的被动力和主动力相关的正式的一致性。

本节将展开讨论与管理美洲人权法院裁决有关的案件，但同时，也将参考与美洲人权法院无关，但是与欧洲人权法院等有关的案件，这些案件也可以作为一个例子，以此来揭示诉诸外国法被曲解的影响及意义。

（一）美洲人权法院管辖权的操作

美洲人权法院提出的标准在秘鲁法律体系中具有合法性，因为对于管理者来说，它是宪法司法领域的参考，此外，《宪法》还确立了宪法开放条款，如最终和临时条款第 4 条，《宪法诉讼法》序章第 5 条[①]和宪法法院本身已确定美洲人权法院的判决具有约束力，无论它们是否涉及秘鲁。[②]

然而，如前所述，自 2008 年以来，美洲人权体系标准的使用已被歪曲，因此，在某些裁决中，标准已被用于那些不同于美洲人权法院表述的所有内容并非完全适用的法律情况，或者只是提到该法院的判例，以整体上构建与美洲人权体系标准相悖的论点。

（1）军事司法和现役军事法官

第 N° 0001 – 2009 – PI/TC 号文件[③]中的裁决是宪法法院关于使用美

[①] 第 5 条关于宪法权利的解释：受本法典规定的程序保护的宪法权利内容和范围必须根据《世界人权宣言》、人权条约以及根据秘鲁加入的条约设立的国际人权法庭通过的决定来进行解释。

[②] 文件编号 N° 02730 – 2006 – PA/TC，FJ. 12 的宪法法院判决。

[③] 由法官维加拉·戈泰利、梅西亚·拉米雷斯、博蒙特·卡利戈斯、卡莱·海恩、埃托·克鲁兹和阿尔瓦雷斯·米兰达，兰达·阿罗约法官单数投票签署。

洲人权体系标准的出现变化的首批判决之一，其中宣布规范宪兵管辖权的组织和职能的第29182号法律符合宪法。在这项判决中，宪法法院歪曲了美洲人权法院（杜兰德和乌加特诉秘鲁案等）和欧洲人权法院（莫里斯诉英国案）的裁决，以证明现役军人组成该管辖法院并不违反对独立性和公正性的保障。

分析裁决意味着宪法法院在军事管辖权问题上的法理路线发生了变化。事实上，这一判决违反了宪法的既判力，[1] 因为宣布了一项符合《宪法》的规范，其中载有先前已被宣布为违宪的法律（第23201号法令、第28665号和第28934号法律）的实质性内容，这些法律涉及有关现役武装部队成员组成军事法庭的规定，或者他们由行政权力（就最高机构成员情况而言）和最高军事刑事法院（就下级法院情况而言）任命的事实。

宪法法院在第023-2003-AI/TC、0006-2006-AI/TC、0012-2006-AI/TC号案件的裁决中取得的进展，例如现役军官身份与法官职位不相容，国家法官委员会任命法官等，[2] 从未得到共和国议会（2006—2011年）的尊重，该届议会总是立法反对在军事刑事管辖权的独立性和公正性方面取得的进展。尽管法院修改其判例路线是一种可能的替代办法，但必须基于实质性原因做出改变。[3]

对此，应当指出，法理学路线变化的基础是管理与贩毒有关的恐怖主义的死灰复燃，以及当时政府迫切需要促进经济发展和消除贫困[4]；而实际上却应用了缺乏社会保护的新自由主义经济计划。然而，在这种逻辑下，即使旨在通过批准使法律合法化的手段与《宪法》的原则相悖，

---

[1] 文件编号 N° 0005-2007-PI/TC，FFJJ. 39-46 的宪法法院判决。Emilio Alfonso Garrote Campillay, DK "Cosa Juzgada Constitucional Sui Generis y su Efecto en las Sentencias del Tribunal Constitucional en materia de Inaplicabilidad e Inconstitucionalidad", *Estudios Constitucionales*, Volume 10, No. 2, 2012, pp. 391-428。

[2] 根据宪法授权，法官和检察官由国家法官委员会进行任命（《宪法》第150条）。事实上，这是第 N° 0006-2006-AI/TC 号文件 FFJJ. 41-FFJJ. 48 裁决中提出的一个方面。

[3] 在2010年第140次会议期间，美洲人权委员会获悉有关此事的判例变化，该国际机构的主席表示将就此事采取后续行动。

[4] 文件编号 N° 0001-2009-PI/TC，FJ. 16 的宪法法院判决。

第四章 宪法司法权与国际管辖权之间的对话？介于国际人权法标准在秘鲁法律制度中的引入和管理之间

任何法律的合宪性也都可以被证明是正当的。①

美洲人权法院和美洲人权委员会的判例支持这一论点，明确声明美洲人权法院和美洲人权委员会"不认为由现役军事人员组成的军事法庭的存在本身违反了《美洲人权公约》"。② 然而，在将大多数法官援引的美洲人权法院判决与该美洲法院的裁决进行对比时，可以看出，这些判决删除了相关段落，而这些段落恰恰解释了美洲人权法院裁定由现役武装部队成员组成的军事法庭不符合《美洲人权公约》第8条第1款（指的是对独立性和公正性的保障）。

因此，在杜兰德和乌加特诉秘鲁案一案中，就秘鲁法院相对而言，美洲人权法院宣布由现役军人组成的秘鲁军事法庭违反了《美洲人权公约》。就此而言，多数裁决认为，美洲人权法院从未提到现役军事人员组成（的法庭）没有审判其他军事人员犯有职务犯罪案件的资格，而只提到被指控犯有恐怖主义罪行的平民，因为这影响到后者法官的权利，而且因为法官所担任的是法官和当事方的角色，他们也与其随后审判的恐怖组织成员作战。

法院认为，这些源自杜兰德和乌加特诉秘鲁案，以及坎托拉·贝纳维德斯、卡斯蒂略·彼得鲁齐等其他案件的思考，不适用于在民主背景下第29182号法律创建的军事管辖权模式，与20世纪90年代不同，因为在现行制度中，只确保对军事管辖范围内的军事人员进行职务犯罪的审判。

然而，同时有人指出，杜兰德和乌加特诉秘鲁案没有提到这些同时担任军事管辖权法官审判行使职能的军事人员现役是否具备资格的问题。然而，如果分析未被宪法法院援引的段落，可以看出其没有提到美洲人权法院的考虑，相反，这些考虑实际上提到了与拥有双重身份的法官有关的问题。相关内容如下（见表4-1）。

---

① 文件编号0001-2009-PI/TC的宪法法院判决。兰达·阿罗约法官单数投票。
② 文件编号0001-2009-PI/TC，FJ.42的宪法法院判决。

表4-1　　　　　　　　　　　决议摘录

宪法法院的多数决定所援引的国际 人权组织的决议摘录	国际人权组织决议 全文摘录
美洲人权法院： 117. 在一个法治的民主国家，军事刑事管辖权必须具有限制性的例外范围，旨在保护与法律赋予军队的职能有关的特殊法律利益。因此，对平民的审判应排除在军事管辖范围之外，而应只审判军事人员犯下就其性质而言侵犯军事秩序合法利益的罪行或轻罪。 118. 在本案中，负责镇压弗朗顿岛监狱暴动的士兵使滥用武力，远远超出了其职责范围，导致大量在押人员死亡。因此，导致这一结果的行为不能被视为军事犯罪，而是普通犯罪，所以，无论被指控的肇事者是否为军人，对他们的调查和惩罚都应该属于普通的司法机关	美洲人权法院： 杜兰德和乌加特诉秘鲁案： 117. ［整段］ 118. ［整段］ 126. ……组成这些法庭的军事成员同时也是现役武装部队的成员，这是组成军事法庭的条件。因此，他们无法提出独立和公正的意见

注：在文件编号 N° 0001-2009-PI/TC 的宪法法院判决。兰达·阿罗约法官单数投票。

同样，裁决提到了美洲人权委员会的声明。宪法法院谎称美洲人权委员会认为，行政部门任命军人法官不会干扰他们审判职务犯罪的工作。① 但是，如果考虑到最终解释②也是脱离作为背景的《关于秘鲁人权状况的第二次报告》（2000年），那么可以看出，对于美洲人权委员会而言，军事裁判权并非真正的司法制度，因为它依赖于行政部门，而且军事系统的法官都是现役的，这把他们置于"审判战友的位置，使公正的要求变得虚无缥缈"。③ 从这个意义上来说，这是秘鲁法律体系中宪法审查机构欺骗性地使用美洲人权体系标准的又一个明显例证。

但是，宪法法院在帕拉玛拉·伊里巴内（Palamara Iribarne）诉智利案中指出的内容与美洲人权法院本身所指出的内容相反。其中特别提到，

---

① 文件编号 N° 0001-2009-PI/TC, FJ. 49 的宪法法院判决。
② 文件编号 N° 0001-2009-PI/TC 的宪法法院判决。兰达·阿罗约法官单数投票意见。
③ 参见文件编号 N° 0001-2009-PI/TC 的宪法法院判决。兰达·阿罗约法官单数投票；参见《关于秘鲁人权状况的第二次报告》，美洲国家组织/L 系列/V/II. 106 文件 59。

第四章 宪法司法权与国际管辖权之间的对话？介于国际人权法标准在秘鲁法律制度中的引入和管理之间

军事人员法官是现役武装部队的成员，通过指挥系统在等级上隶属上级，而他们的任命并不取决于他们的专业能力、是否适合行使司法职能等方面。这暗指他们缺乏对独立性和公正性的保障。[1]

然而，对宪法法院而言，在秘鲁案例中，第29182号法律配置的军事刑事审判结构超出了智利案例的限制。根据其论点，法律规定现役军官可以通过公开择优竞争获得法官职位，并明确规定秘鲁军事人员法官不从属于上级，这一事实对军事刑事审判结构的独立性赋予了保障。[2] 尽管如上所述，应当指出的是，当法官是现役军事人员时，无论他们是现役军事人员还是武装人员，都不能仅仅通过法律性质规则来规避作为军事刑事审判结构决定因素的从属规则；此外，没有符合宪法的替代方案，也没有同时允许现役军官审判他们战友的替代方案。

同样，在欧洲人权法院发布的案件中，宪法法院表示，该机构承认，由军事司法机构现役成员组成的军事法庭可以在保证独立性和公正性的情况下组建。[3] 然而，多数裁决没有考虑到，在2002年莫里斯诉英国案中，欧洲人权法院还肯定地认为，法官的独立性是以任命方式和任期长短、存在面对外部压力的保证、协会独立性的表现等因素来衡量的。[4] 因此，在上述案件中，欧洲人权法院认为英国军队的军事刑事审判结构违反了《欧洲人权公约》第6条这一事实未被考虑到，因为他们是特别法官（Juecesad Hoc），未受过法律训练，级别较低，且受到军事纪律的约束。

事实上，在被多数裁决所忽视的莫里斯诉英国案的引述中，可以看出欧洲人权法院提到了1997年芬德利（Findlay）诉英国案，其中它分析了英国军队军事法庭的组成，并且这在某种程度上不符合对独立性的保证，英国因违反《欧洲人权公约》第6条而受到谴责。

在芬德利判决发布时，英国军事管辖权有两个特点：一是武装军官有权召集军事法庭，在军事管辖权范围内对被告提出指控；二是任命法

---

[1] 美洲人权法院，帕拉玛拉·伊里巴内诉智利案。2005年11月22日判决。
[2] 文件编号 N° 0001-2009-PI/TC，FFJJ. 77-78 的宪法法院判决。
[3] 文件编号 N° 0001-2009-PI/TC，FFJJ. 43-45 的宪法法院判决。
[4] 文件编号 N° 0001-2009-PI/TC 的宪法法院判决。兰达·阿罗约法官单数投票。

院法官,而就"军官"而言,他们也隶属指挥体系中的从属关系,这也证实了上述法院判决的含义。所有这些都违背了上述独立性和公正性的特点。①

无论如何,基于抽象地适用不完整的引文,使用欧洲人权法院的判例,而不考虑欧洲人权体系中解决案件的特点,在实践中表示对引文段落的选择是根据国内判决的方向执行的,即使这意味着欺诈性的操纵或诉诸外国法律。

从这个意义上来说,如果分析国家军事法庭的组成,就会发现它们也无法达成对所论主题的保障,因为其不一定符合"公正"的表象和独立性的保障。美洲人权法院和欧洲人权法院已经明确将指挥体系中的等级依存问题视为违反《美洲人权公约》第8条第1款和《欧洲人权公约》第6条的要素。然而,对于秘鲁法院而言,即使现实是由从属标准来定义的,但法律另有规定的事实似乎是一个充分要素。

(2) 窃听和禁止非法证据/非法取证禁令的例外

第 N° 00655 - 2010 - PHC/TC 号文件(吉姆贝尔案)② 中的裁决是一项人身保护令,其中原告基于获得的证据已在电视和书面媒体上播出,影响其保密权和通信不可侵犯权,针对其启动的腐败犯罪准备行为的刑事调查中使用非法证据③提出抗辩。

虽然在这种极端情况下,申请被宣布为不可受理,但在考虑关于如何处理被禁止的证据作为一项基本权利的问题上,法院明确表示原告的隐私权受到了侵犯,因为媒体传播了未经吉姆贝尔(Químper)先生授权的音频内容(除这些音频是非法获得的事实之外)。虽然原告未提出请

---

① 欧洲人权法院,1997年芬德利诉英国案。参见孔特雷拉斯、巴勃罗《军事司法体系的独立性和公正性:比较国际标准》,《宪法研究》2011年第2期。

② 由以下法官签署:梅西亚·拉米雷斯、博蒙特·卡利戈斯、维加拉·戈泰利、卡莱·海耶、埃托·克鲁兹、阿尔瓦雷斯·米兰达和乌尔维奥拉·哈尼。

③ 这种假设必须与涉及禁止证据的情况区分开来。在后一种情况下,可以参考《宪法》第2条第24款(h)项,该项承认通过以下方式获得的陈述:a) 道德、精神或身体暴力;b) 酷刑;c) 侮辱性或有辱人格的对待均毫无价值。非法证据是指不同的假定,或宪法未明确禁止的假定。

第四章　宪法司法权与国际管辖权之间的对话？介于国际人权法标准在秘鲁法律制度中的引入和管理之间　◀◀　79

求，而即使此事不是案件索赔的一部分，① 但由于原告的请求是宣布调查的命令无效，法院提到有必要对截获及传播原告音频的行为进行惩处，因为这些录音是在未经原告同意的情况下获得和公布的。

为了创建关于证据非法性的论点，宪法法院援引了由美洲人权法院就艾斯彻（Escher）等人诉巴西案做出的裁决，其中讨论了在司法诉讼框架内解除通信保密性和在媒体上传播音频的合法性问题。在这方面，法院收集了美洲人权法院关于禁止干涉个人隐私权的考量，同时指出，要使其合法（无论是在隐私的情况下还是在通信不可侵犯的情况下）应当在法律中做出规定，追求合法目的，并且在民主社会中是适当、必要和相称的。②

事实上，这是适用于任何限制基本权利假设的一般规则，《宪法》本身实际上在第2条第10款中规定，只有法官下达合理的命令，才能解除通信保密。从这个意义上说，在实践中提到艾斯彻等人诉巴西案可以说是大量使用美洲人权法院的判例，因此，如果法庭未就截获信息的性质发表意见，那么这个问题就不会引起注意。

的确，宪法法院指出，受益人的电话交谈不构成公共利益的信息，以表示未经受益人授权通过新闻媒体传播是违宪的（与诉讼目的无关的问题）。③ 这是质疑宪法法院关于使用非法证据启动刑事调查的推论的出发点。

因为，当法庭将原告的谈话归类为私人利益事件时，就应当对法院的断言提出质疑。而且，应当批评某些信息本身是不合格的，因为它不是由国家代理人获得的，而是由个人获得的，因此，执行电话窃听的代理人的条件先于信息的性质。

关于吉姆贝尔案，在某种程度上，可以说音频揭示了被告与罗姆罗·莱昂（Rómulo León）（前秘鲁阿普拉党部长）涉嫌参与秘鲁石油最高层级实施的以权谋私、受贿、非法赞助活动，目的是让一家挪威公

---

① 文件编号 N° 00655 – 2010 – PHC/TC，FJ. 20 的宪法法院判决。
② 文件编号 N° 00655 – 2010 – PHC/TC，FJ. 19 的宪法法院判决。
③ 文件编号 N° 00655 – 2010 – PHC/TC，FJ. 20 的宪法法院判决。

司——发现石油公司（Discover Petroleum）获得油田开采的特许权，那么这些谈话确实构成了公共利益信息。事实上，Buisness Track 这家安全公司是非法获取信息的公司，因为它没有获得进行电话窃听的司法授权[1]，但这一事实并不妨碍法官在刑事诉讼中权衡证据的使用以确定个人非法获得的电话窃听内容是否有助于案件的审判，因此应当被采纳，因为更有利于确定制裁。

事实上，考虑到上述信息的公共利益，法院可以对评估是否使用被禁止证据进行限定，这样就不会在反腐败斗争中拒绝做出正式和限制性的解释，更不用说对此事采取准绝对的立场了。确实，在刑事诉讼中采纳非法证据并不必然违反正当程序，也不意味着隐私的基本内容受到影响。[2]

在这方面，在大陆法领域，相称性测试适用于确定在某些情况下，在对非法证据的可采纳性或不可采纳性所涉及的权衡审查或相称性测试适用审查之后，非法获得证据的手段和（或）来源是可以被采纳的。[3] 同样，在美利坚合众国，适用于法律诉讼中的非法证据的排除规则[4]也承认基于诚信和不可避免发现原则的例外情况。

法庭没有说明任何这些范围，借口是针对吉姆贝尔案的诉讼程序尚未结束，而且就此事发表声明为时过早。然而，这与宪法法院抽象地确定了被禁止的证据的内容，并确认了吉姆贝尔案的音频不构成公共利益信息的事实不符。

还应当重申的是，尽管根据本案的主张，应确定是否宣布启动调查

---

[1] 法律授权的主体不是要求法官解除通信的保密性，而是在有司法授权的情况下进行获取。第 27697 号法律规定，检察官和公共代理人可以向法官要求解除对腐败、非法贩毒等犯罪的通信保密规定。

[2] 事实上，在藤森独裁政权的众多腐败案件中，它们都是基于未经当事人同意而制作的证据或录像，但这些证据被用来起诉和惩罚涉及腐败犯罪的公职人员、议会议员等。

[3] Reynaldo Bustamante Alarcón, DK "El problema de la 'prueba ilícita': un caso de conflicto de derechos. Una perspectiva constitucional procesal", *Themis*, Segunda Época, N° 43. Revista editada por estudiantes de Derecho de la Pontificia Universidad Católica del Perú, 2001, Lima, pp. 137 – 159.

[4] 排除规则是美利坚合众国《宪法》第四和第十四修正案的一部分。马普（Mapp）诉俄亥俄州案，1961 年 367 U. S. 643。

第四章　宪法司法权与国际管辖权之间的对话？介于国际人权法标准在秘鲁法律制度中的引入和管理之间　◀◀　81

的命令无效，宪法法院的决定实际上超出了原告的要求，因为它就媒体所受的限制做出了裁决。在确认涉嫌（诸如以权谋私等）犯罪行为不构成公共信息时，宪法法院在实践中采取的立场使其忽略这一假定不属于受宪法保护的隐私内容范围，防止媒体传播信息。

宪法法院在处理与通过媒体传播音频有关的事项时，根据艾斯彻等人诉巴西案制定了以下准则，内容如下：①

　　i. 但电话交谈属于私人性质且不构成公共信息时，其传播需要得到对话者的授权，否则，传播（电话交谈内容）将成为非法的［第129和147段］。
　　ii. 根据《美洲人权公约》第11条以及第30条和第32条第2款之规定［第147段］，未经对话者授权而传播录制的录音带构成对每个人的荣誉权和尊严权的侵犯，其中包括他们的隐私。
　　iii. 国家人员传播属于司法保密的电话谈话意味着对对话者的私人生活、荣誉和名誉的干涉［第158段］。

然而，所提到的内容实际上反映的是一种纯粹装饰性的使用，因为虽然提到了在涉及公共信息的情况下，没有必要授权传播；② 事实是，对宪法的最终解释来说，这不会是适用于吉姆贝尔案的假设。

在其最后的考虑中，它甚至偏离了艾斯彻等人诉巴西案的规定，暗指即使在公共利益的问题上，也有必要获得录音对话者的授权或因为其属于公共利益的原因而允许传播且具有动机的司法命令。③ 这被理解为违反1993年《宪法》和《美洲人权公约》的事先审查的情况。

由于公民和媒体的拒绝而被评论的判决是宪法法院澄清的主题；在发布的决议中，指出对如何控制媒体可能造成的隐私权或其他权利可能受到的影响是事后的事，而非事前的事。④

---

① 文件编号 N° 00655-2010-PHC/TC，FJ. 22 的宪法法院判决。
② 文件编号 N° 00655-2010-PHC/TC，FJ. 22. a 的宪法法院判决。
③ 文件编号 N° 00655-2010-PHC/TC，FJ. 23 的宪法法院判决。
④ 文件编号 N° 00655-2010-PHC/TC，FJ. 7 的裁决。

最后,应当指出的是,法院在判决中似乎提到了传播属于公共利益、但会影响隐私的信息的标准。然而,受到的批评是,在国家法律体系中,传播因犯电话窃听罪而获得的音频在法律制度中并非标准化的;此外,如果媒体的传播行为最终涉及侵犯隐私罪,事实上可以通过私人诉讼起诉。这样一来,法院关于国家应采取何种行动制裁传播音频的说法也是值得商榷的。①

(3) 泛美案件和财产权

另一个在国家法律体系中操纵美洲判例的案例是第 04617 - 2012 - PA/TC 号文件②判决上做出的裁决。这个案例之所以具有典型性,是因为它反映了在解决案件时符合诸如合约性审查等概念的适用情况,这反映了宪法正义不一定是为了捍卫宪法而赋予的,而是无视其规范性力量及以其为基础的原则和价值观。

具体而言,宪法法院宣布,泛美电视台针对国家税务管理局提出的宪法权利保护申请成立,在申请中要求宣布该公司在 2003—2009 年积累的税收债务不予执行,因为原告认为,征收影响了他们的基本财产权。

法院宣布该诉讼成立,并指出税收债务不予执行,为此法院指出,国家,具体而言是司法权力机构负有任命一名指定的司法管理人员的责任,该管理人员未曾履行支付原告公司的纳税义务,此外,根据判决,原告公司在民事诉讼框架内被非法强征税费,并在 2003—2009 年生效;法院还宣布,国家税务管理局忽视了其应避免公司不履行纳税义务的责任,而导致其获得过高的债务:

……剥夺上述电视台当前的管理控制权的司法判决值得商榷。不仅因为他们因为辖区而求助于不称职的法官,而且在很大程度上,还因为他们试图通过虚假的预防措施和随后修改股权的企图将其从

---

① Edward García Navarro, "Criminalizando desde el Tribunal Constitucional la difusión de lo interceptad", Boletín N° 3, Estudio Oré Guardia Abogados, http://www.oreguardia.com.pe/media/uploads/boletines/Boletin - 3. pdf.

② 由地方法官梅西亚·拉米雷斯、埃托·克鲁兹和阿尔瓦雷斯·米兰达签署,乌尔维奥拉·哈尼法官和维加拉·戈泰利法官单数投票。

合法所有者手中夺走。

因此,当赫纳罗·德尔加多·帕克(Genaro Delgado Parker)管理泛美电视台时,国家税务管理局在审查和执行对泛美电视台的上述债务方面的消极态度令人惊讶。无论他们有怎样的自由裁量权,都不能帮助公司在上届政府管理期间受到过度宽容的对待。

虽然税收不能理解为制裁,但在目前情况下,将未足额缴纳的税款债务分配给受到这种司法征收影响的经济群体,在很大程度上是一种缺乏合理性的措施,在实践中是一种不合理的制裁,最终侵犯了上诉人的财产权,合议庭有保护的义务。[1]

具体而言,宪法法院援引美洲人权法院的判例来支持裁决的意义。从这个意义上来说,在纵向和横向维度上展开了合约性审查的概念,以供使用巴鲁什·伊夫彻(Baruch Ivcher)诉秘鲁案的判决审查决议。具体来说,法院适用了美洲人权法院的规则,该规则表明,有利于巴鲁什·伊夫彻的赔偿形式之一是放弃征收在非法管理第2频道期间产生的税款、罚款和/或违约利息。[2]

但这一判决并没有分析巴鲁什·伊夫彻诉秘鲁案的事实与泛美电视台案比较是否具有可比性。这两个案件之间实际并没有相似性的参数,可以得出诸如宣布不可强制征收有关公司税收债务的结论,或者无论如何,将巴鲁什·伊夫彻诉秘鲁案与泛美电视台案比较的结论,因为在法院对这两个案件的考虑上,国家最终应对侵犯或影响双方主体权利的行为负责。

不应忽视这样一个事实,即巴鲁什·伊夫彻案是阿尔韦托·藤森的独裁政权背景下发生的。伊夫彻先生是第2电视频道的所有者,为了让他脱离对第2频道的编辑控制权,他被剥夺了秘鲁国籍,因为该频道反对政府并指控严重侵犯人权和腐败的行为。但与此同时,不应忽视在伊

---

[1] 文件编号04617-2012-PA/TC,FFJJ.21-23的宪法法院判决。
[2] 美洲人权法院,伊夫彻·布隆斯泰因(Ivcher Bronstein)诉秘鲁案,2009年11月24日判决。

夫彻案中，受影响的权利是自然人的权利，而不是具有财产和主观自主权的法人权利；① 因此，非法或强加管理的疏忽不会产生或影响法人实体（泛美电视台）的纳税义务。

回到美洲人权法院在审查裁决的决议中的声明上，应当指出的是美洲人权法院对宪法法院的一项判决做出了裁决，其中巴鲁什·伊夫彻针对经济和财政部提出的保护要求毫无根据，其中要求国家停止在1997年9月5日至2001年3月30日期间，在巴鲁什·伊夫彻被剥夺秘鲁国籍后，对上述电视频道由少数合伙人经营期间产生的税款债务强制征收的一系列行动。

在这方面，宪法法院认为，巴鲁什·伊夫彻诉秘鲁案的判决并没有暗示伊夫彻公司对秘鲁的税收债务负有相对义务，更不用说将这种税收债务扩展到泛美公司；宪法法院还认为，根据《宪法》第74条的规定，司法机构无权确定税收债务的豁免、减免或免除税收债务，因为这一权限属于立法者。但也考虑到纳税义务属于法人，而非伊夫彻先生，因此该诉讼要求被宣布为没有根据。②

从这个意义上说，可以说美洲人权法院的标准不同于宪法法院在伊夫彻案中确定的标准。如果美洲人权法院的裁决还有批评的余地，那么它与秘鲁裁决的不同之处在于，它认为电视公司的税收债务影响了伊夫彻的资本，或者更确切地说是他的财产权。无论如何，应当牢记的是对伊夫彻的补偿方式并不一定符合国内法的规则，其中法人的资产与作为股东或合伙人的自然人的资产有所不同。

在具体案件中，宪法法院必须根据边际裁量的概念做出裁决，而非将所分析的判决进行同化。事实上，伊夫彻案应被理解为在独裁统治的情况下，由于严重侵犯其国籍权，而非侵犯财产权而造成的特殊情况，但这并不意味着国家无权通过不符合美洲人权法院审议的裁决，没有忽视美洲人权法院判例的约束力。

---

① César Landa Arroyo, DK "¿Inexigibilidad de la deuda tributaria de Panamericana Televisión? Análisis de la Sentencia del Tribunal Constitucional N° 04671 - 2012 - PA/TC", *Actualidad Empresarial*, No. 303, 2014.

② 文件编号 N° 1993 - 2008 - PA/TC, FJ. 9 的宪法法院判决。

第四章 宪法司法权与国际管辖权之间的对话？介于国际人权法标准在秘鲁法律制度中的引入和管理之间

通过违反法律的分析，操纵美洲人权法院在税务问题上的标准，剥夺了国家获得公共资源来实现其宪法目的的权利。不应忽视这样一个事实，即我们的社会民主法治模式，虽然关注个人物质方面的实现，但也需要公共资源来履行其宪法职能。国家收入的最大来源是有效建立和产生的税收，因此，就1993年《宪法》所指明的宗旨而言，豁免泛美电视公司的纳税义务就是一种严重的违法行为。

(4) 蒂尼奥·卡布雷拉案和议会总部调查委员会的正当程序

文件号 0156-2012-PHC/TC 中提到的案件（蒂尼奥·卡布雷拉案）[1] 是关于最高法院一名前法官提起的人身保护令诉讼，其目的是宣布预审程序无效。根据第 013-2003-CR 号立法决议，该程序导致上诉人因非法结社罪被起诉，以及针对其全部刑事诉讼无效，因为原告享有正当程序的权利受到了影响。

在上述裁决中，宪法法院处理了一系列与议会正当程序发展有关的问题。从这个意义上说，收集了宪法法院诉秘鲁案、[2] 巴雷托·莱瓦 (Barreto Leiva) 诉委内瑞拉案[3]的判例。然而，尽管提及的这些裁决是实质性诉讼审查的出发点，但事实是，在宪法法院依赖美洲人权法院判决的情况下，议会总部对正当程序的考虑可能被认为是积极的；然而，事实却是，这又是一个利用美洲判例歪曲正当程序要求的案例。虽然这必须适用于所有领域，也就是说适用于政治审查/控制进程，但现实情况是这项权利存在细微差别，司法程序的要求与适用于宪法指控程序或共和国议会调查委员会正在进行的调查的要求不同。

在有待评论的判决中，宪法法院展开了适用于议会刑法的正当程序的各个方面。因此，它提到合法性原则和详尽无遗的次级原则、事先和详细通报指控的要求、给予充分时间和手段准备辩护的权利、无罪推定、一罪不二审等内容。在所有这些方面中，该文件将侧重于事先和详细通报指控的要求，这一要求已在第17—24条中得到阐述。

---

[1] 由以下法官阿尔瓦雷斯·米兰达、乌尔维奥拉·哈尼、维加拉·戈泰利、梅西亚·拉米雷斯、博蒙特·卡利戈恩、卡莱·海恩和埃托·克鲁兹签署。

[2] 美洲人权法院，宪法法院诉秘鲁案，2001年1月31日的判决。

[3] 美洲人权法院，巴雷托·莱瓦诉委内瑞拉案，2009年11月17日判决。

具体而言，宪法法院指出，知情权涉及被告知道指控的原因、归咎于他的作为或不作为（时间、地点和情况）、证据和法律定性；同样的，被处理者收到的信息必须明确、清晰、详细和全面。①

上述结构源自巴雷托·莱瓦诉委内瑞拉案；作为受宪法保护内容的一部分而提出的要素也适用于议会委员会的正当程序范围。从这个意义上说，宪法法院机械性地认为，在议会调查领域，表示通知必须包含被指控的事实、罪行或违规行为，因为该过程最终将以建议启动预审、弹劾程序或议会道德委员会程序的建议结束。② 鉴于这种情况，法院声明如下：

> 事先和详细通报指控的权利首先假定调查委员会必须明确在什么指控下以及在什么情况下传唤一个人做证。……这是保证高级官员或公民，视情况而定，事先、清楚、全面和充分详细地了解他们被传唤到调查委员会的事实（作为或不作为）的唯一途径；或在履行职责（初审）时被指控的罪行或先前定义的违宪行为（弹劾），以便他们能够有效地行使辩护权。

当表示侵犯正当程序权是因为"被告没有及时和完全地了解对他们的指控，而且他们获得证据的机会受限"时，不遵守事先和详细通报指控或调查理由的权利可能构成对辩护权的明显侵犯，正如美洲人权法院在宪法法院诉秘鲁一案中已经指出的那样。③

然而，应当指出的是，尽管美洲人权法院在巴雷托·莱瓦诉委内瑞拉案中根据《美洲人权公约》第 8 条第 2 款确保了严格和广泛地审查、事先和详细通报指控的权利，但面对应受惩罚的行为时，也是这样做的。国家不仅应当告知有关当事方诉讼的原因，即被指控的作为或不作为，而且还应当告知导致国家提出指控的理由、证据基础和对事实的法律

---

① 文件编号 N° 0156-2012-PHC/TC，FFJJ. 17-18 的宪法法院判决。
② 文件编号 N° 0156-2012-PHC/TC，FFJJ. 21 的宪法法院判决。
③ 文件编号 N° 0156-2012-PHC/TC，FFJJ. 23-24 的宪法法院判决。

第四章　宪法司法权与国际管辖权之间的对话？介于国际人权法标准在秘
　　　　鲁法律制度中的引入和管理之间

定性。

因此，法院这样表示，是因为辩护权必须能够从表明某人是应受惩罚行为的可能肇事者或参与者的那一刻起就能够行使，并且只有在程序结束时才能够结束。因此，事先确定被传唤出具信息陈述的人的资格或提供调查陈述的被调查人的资格对于辩护权至关重要；但是，正如美洲人权法院指出的那样，这在刑事司法程序中是有效的。但这一要求在非惩罚性程序中是既不合理也不相称的，在没有指控程序的议员调查公共利益事项的程序中更是如此。

关于最后的这一说法，应该区分调查程序和宪法指控程序，因为有必要指出，巴雷托·莱瓦诉委内瑞拉案裁决的范围必须根据有关程序的类型，适用于不同范围的要求。事实上，1993年《宪法》的第93、99、100和120条承认在共和国议会内执行的四种政治审查程序：弹劾违反《宪法》的行为、政治预审、取消议会豁免权①和调查委员会。②

但是，这些人物中的每一位都有不同的范围，无论是在政治预审还是弹劾的情况下，受到这种议会审查的对象可以是共和国总统、议会代表、国务部长、宪法法院成员、国家司法委员会成员、最高法院成员、最高检察官、监察员和总审计长（《宪法》第99条的规定）。

因此，在政治预审中，将确定这些诉讼形式中的一些人是否犯有职务犯罪，将发布一项指控性决议，国家检察官从而对最高法院预审的官员提出刑事指控。就其本身而言，在弹劾的情况下，根据《宪法》第100条的规定，议会将进行制裁，例如在违反宪法的情况下，对被指控的官员进行停职或取消其行使公职资格长达十年，或在不影响任何其他责任

---

① 在取消议会豁免权的情况下，共和国议会仅履行核查对普通罪行的指控不具有政治动机的职能。根据宪法法院的说法，在这种情况下，"议会不承担指控角色，而是严格核实指控中不具有政治内容。在这些案件中，议会无意证明上诉人的刑事责任，而只是排除指控中可能掩盖的政治动机……"文件编号 N° 0006-2003-AI/TC, FJ. 6 的宪法法院判决。

② 此外，共和国议会设有议会道德委员会，该委员会负责预防道德违法行为并在第一时间对违法行为进行惩处。

的情况下将其免职。①

就调查委员会而言,可以说其目的是澄清事实,并提出建议和结论,旨在纠正或建议对所调查事实负有责任的人进行调查。②

可以看出,在前两种情况下,议会对实施职务犯罪的施加政治制裁或提出刑事指控,即两者的后果都涉及对受审查的个人权利领域的影响。这样,可以说,巴雷托·莱瓦诉委内瑞拉案衍生出的针对制裁程序的保护标准在某种程度上既适用于弹劾案件,也适用于政治预审案件,特别是与受审查的对象可能犯下的过失、违法行为或罪行有关(的案件);但始终符合以下规则——议会的正当程序要求尊重除管辖范围内适用的正当程序外的最低水平的正当程序。

然而,从调查委员会的宗旨可以看出,他们并未做出任何制裁,而只是提出建议和结论。从这个意义上说,很难确定这些标准是在同等条件下适用的,就好像这是一个刑事诉讼程序;在调查中试图确定的恰恰是事实,目的是在建议中对这些事实进行分类,并在适用的情况下确定可能参与此类行动的主体。

从这个意义上说,对于调查委员会来说,就要提到美洲人权法院的宪法法院诉秘鲁案,其中特别提到了受到议会实施弹劾的人,结果是对被起诉的前法官产生一系列毫无根据的责任和制裁。在该案中,美洲人权法院认为接受行使实质性管辖职能的国家机构任何类型审判的人,都应当得到保证,即该机构是称职的、独立的和公正的,并且按照法律规定的程序,审理和解决提交的案件。③ 但即使在弹劾和相似的诉讼形式的情况下,也必须理解美洲人权法院对秘鲁的谴责,因为针对宪法法院法官的诉讼没有确保正当程序的最低保障,从这个意义上说,必须理解的是,在美洲人权体系的范围内,美洲人权法院并不要求严格适用正当程

---

① 文件编号 N° 0006-2003-AI/TC, FFJJ. 5-21 的宪法法院判决。关于违宪行为的处理,参见兰达·阿罗约、塞萨尔《弹劾》,《选举》2005 年第 5 期。本文没有根据蒂尼奥·卡布雷拉案的考量来探讨合法性原则与违宪之间的关系,这将是进一步反思的主题。

② 《共和国议会条例》第 88 条。

③ 美洲人权法院,宪法法院诉秘鲁案,2001 年 1 月 31 日判决,C 系列 71 号,第 71 和 77 段。

第四章 宪法司法权与国际管辖权之间的对话？介于国际人权法标准在秘鲁法律制度中的引入和管理之间 ◀◀ 89

序，以至于将弹劾等同于司法程序。

然而，没有受到质疑的是，在调查委员会遵循的程序中，被邀请和/或传唤者有权就其调查的事实进行事先且充分明确的沟通，但正如巴雷托·莱瓦诉委内瑞拉案判决本身所表明的那样，关于通知内容的要求将根据调查的进展而有所不同[1]。因此，很难要求从调查开始的那一刻起，与该程序有关的主体对此事具有明确的资格和归责，无论如何，可适用的标准是要求尽可能详细地说明所归咎的事实。[2]

确切地说，令人惊讶的是，尽管宪法法院在对指控通知提供一般性考虑时提到了判决段落第 19 段的内容，但它并没有将这一规则适用于调查委员会的案件——因为它将这种情况等同于相关案件——而是建立了适用于非因议会调查委员会调查而产生的刑事诉讼的标准。

基于上述内容，可以肯定的是使用美洲人权法院的判例并不是最合适的，或者说，它使用的方式多阻碍了调查委员会准确研究后据此得出结论和建议的"事实"。无论如何，宪法法院要求建立单一的正当程序标准，且不根据程序的类型及其目的加以区分，这个要求已歪曲并阻碍了该程序针对前总统艾伦·加西亚执政期间（2006—2011 年）发生腐败的指控进行议会调查的目的，违反了《宪法》本身和指导《宪法》的原则。

综上所述，应该指出的是议会正当程序的内容包括指控性原则、即时性原则、公正性原则、口头性原则、公开性原则。[3] 与事先沟通有关的主题预计将在调查性质的范围内适用。

然而，需要指出的是，虽然法院所确立的并不构成宪法学说的假设，更不构成具有约束力的先例，但事实是，判决标准在共和国议会调查委

---

[1] 美洲人权法院，巴雷托·莱瓦诉委内瑞拉案，2009 年 11 月 17 日判决，C 系列 206 号、第 31 段。

[2] 美洲人权法院，巴雷托·莱瓦诉委内瑞拉案，2009 年 11 月 17 日判决，C 系列 206 号、第 31 段。

[3] César Landa Arroyo, DK "Límites del control judicial del debido proceso en los procedimientos desarrollados antelas Comisiones Investigadoras del Congreso de la República del Perú", XII Congreso de la Asociación de Constitucionalistas de España, http://www.acoes.es/congresoXII/mesa4.html.

员会审理的司法程序中或辩护本身中被适用或用作辩护手段。① 从这个意义上来说，共和国议会应就此问题采取立场，在尊重正当程序权利的同时，履行《宪法》赋予它的政治审查职能。如果宪法法院做出的解释在实践中允许产生被调查者滥用权利的案件，就有必要扭转这种局面，以保护立法机构履职的职权和职能。②

（二）欧洲人权法院管辖权的操作

宪法法院的裁决中也使用了其他国际法院的判例。然而，应该明确指出，与这些法院的联系程度如何，以及与诉诸这些法院作为加强或构成其论点基础的一个要素的案件之间的联系程度如何。

具体而言，正如已经提出的那样，当宪法法院提及不受其约束的国际法院的判例时，只要它不是条约诞生的缔约方，就不会形成对话的假设，只要不产生互动，国际标准的使用仅仅是自愿的。无论如何，该判例的使用都可以作为一个参数，反映存在或出现围绕承认权利的某种共识。③

然而，秘鲁《宪法》司法未说明其选择欧洲人权法院判例的理由，即是否诉诸意识形态上可比的制度、具有共同文化根源的标准或具有巩固民主政体的制度标准；④ 因此，尽管它不具有约束力，但在实践中诉诸源自欧洲人权法院的法律构成赋予一项权利实质内容的正当理由。然而事实是，秘鲁的宪政模式与欧洲模式，特别是与西方民主国家共享一系列共同原则或与宪政国家相似的原则，例如维护人的尊严，这是合作国

---

① 例如，在艾伦·加西亚（Alan García）针对共和国议会对其启动诸如商业轨道（Buisness Track）案、标志性学校案、赦免贩毒者等案件的调查而提起的宪法权利保护诉讼所做出的判决中，除其他事项外，该判决取消了教育委员会对印加·加西拉索·德·拉维加大学等事件进行的所有调查。

② 将议会程序等同于司法程序，这意味着宪法司法可以侵犯国家另一个国家权利机构的管辖权。因此，必须提议在议会程序中适当、必要和相称地适用宪法规定的正当程序。

③ De vergottini, *Giuseppe. Más allá del diálogo entre tribunales. Comparación y relación entre jurisdicciones*, Madrid, Civitas – Thomson Reuters, 2010, pp. 267 – 272.

④ De vergottini, *Giuseppe. Más allá del diálogo entre tribunales. Comparación y relación entre jurisdicciones*, Madrid, Civitas – Thomson Reuters, 2010, pp. 267 – 272.

第四章　宪法司法权与国际管辖权之间的对话？介于国际人权法标准在秘鲁法律制度中的引入和管理之间

家的前提和最终目标。[1]

然而，与美洲人权法院的案件一样，欧洲人权法院的判决被曲解，在某种意义上与欧洲模式的判例相反；因此，在实践中，不能说正确使用了外国法。

案件的裁决是印加·泽瓦约什（Ynga Zevallos）先生（变性后为女性或跨性别人士）对国家婚姻和身份登记处提起的一项宪法权利保护诉讼，因为国家婚姻和身份登记处拒绝在其国民身份证件中将性别从男性改为女性。在分析的案例中，该诉讼被宣布为没有依据，因为宪法法院认为性别认同是由生理性别（染色体）而不是从心理学角度来支配和决定的，还表明身份权已经受到国家婚姻和身份登记处的保护。

事实上，受到批评的是多数裁决表明变性行为应该在心理上进行治疗，因此需要治疗并尝试"治愈"，这反过来又涉及质疑变性外科手术是不是一种适当的医疗手段。[2] 这里提出的推理类型忽视了《宪法诉讼法》第37条第1款明确承认的性别身份权的各个维度。

当时，这也影响了人格自由发展权的范围，因为没有考虑到卡伦·玛纽卡（Karen Mañuca）案中取得的进展，法院在该案中指出身份是由客观特征（化名、记录、基因遗传、身体特征等）和其他主观特征（意识形态、姓名、文化认同、价值观、声誉等）构成的。[3]

然而，最令人反感的是，为了突出身份的客观标准，借助欧洲法院的判例，尽管引用的古德温（Goodwin）诉英国案判决是相当进步的，[4] 但其所做的是曲解了欧洲人权法院的判决，以指出欧洲人权法院认为变性手术不会产生这样的结果。[5]

事实是，在该判决中，欧洲人权法院承认同性恋者结婚的权利，为

---

[1] Häberle, Peter, *El Estado Constitucional*？México D. F.：UNAM, 2001, pp. 168 – 202.
[2] 文件编号 N° 00139 – 2013 – PA/TC 的宪法法院判决。由法官乌尔维奥拉·哈尼、维加拉·戈泰利、梅西亚·拉米雷斯、卡莱·海恩、埃托·克鲁斯和阿尔瓦雷斯·米兰达签署。
[3] 文件编号 N° 2273 – 2005 – PHC/TC，FJ. 21 的宪法法院判决。
[4] 对于主题研究的回顾：桑斯·卡巴耶罗、苏珊娜：《欧洲人权法院及其对跨性别人士挑战的回应：改变标准的历史》，《美国大学国际法评论》2014 年第 4 期。
[5] 文件编号 N° 00139 – 2013 – PA/TC，FJ. 18 的宪法法院判决。

了证实这一点，修改了建立婚姻概念的生理性别的标准。虽然欧洲人权法院确实指出，手术不会产生严格意义上的性别改变，但也指出，这不能成为承认变性者变性行为的障碍，因为该法院认为染色体问题不是个人性别法律归属的决定性因素（对于法院而言，染色体因素与所有其他因素一样，对于法律的目的而言必然具有决定性意义，变性人的性别认同归因并不明显）。①

同样，宪法法院援引的范·库克（Van Kück）诉德国案的范围也被操纵，为了表明外科手术不是一个可行的替代方案，因为对其适用的好处没有达成共识。② 原则上，法院提及的是案件的事实而非法律，因为其援引了范·库克诉德国案判决中的第12—28条理由，而不是与案件实质审查有关的理由。但也提出了一些不符合欧洲人权法院裁决真正含义的东西，因为其将变性手术归类为必须由案件原告所属的健康保险承保的医学治疗。③

事实上，在分析的情况下，其有效性没有争议，相反，强调这是一个人接受的治疗，因为他认为这是必要的，即使治疗本身是痛苦的，这表明变性不能被定义为不需要国家法律保护的任性的决定（鉴于涉及变性手术的众多痛苦干预措施以及实现社会性别角色变化所需的承诺和信念水平，不能说一个人在做出接受变性的决定时是武断或任性的）。④

综上所述，可以指出，与分析主题有关的结论是，宪法法院相当武断地使用外国法或国际法。换句话说，这不是一个在实践中系统性适用的要素，而是以功利的方式来使用的。从这个意义上来说，有必要提出与有序且多元化使用相关的规则，其中对话规则和不具约束力的外国法律的

---

① 欧洲人权法院，2002年古德温诉英国案。……对一致的生物学因素的测试不再是拒绝法律承认术后变性者性别变化的决定性因素，还有其他重要因素——缔约国内的医疗专业和卫生当局对性别认同障碍状况的接受，提供包括手术在内的治疗以使个人尽可能接近他们认为自己适当的性别归属和变性人承担指定性别的社会角色。
② 文件编号 N°00139 - 2013 - PA/TC, FJ. 18 的宪法法院判决。
③ 欧洲人权法院，范·库克诉德国案，第53—64段。
④ 欧洲人权法院，范库克诉德国案，第59段。

第四章 宪法司法权与国际管辖权之间的对话？介于国际人权法标准在秘鲁法律制度中的引入和管理之间

使用规则以基于承认保护人权的共同文化假设的原则和价值观为指导。①

三 结语

宪法法院重组了六名法官（2014年）。该机构的新变化应旨在建立真正的对话，在其中从实际维度对适用的美洲人权体系标准进行分析，要么坚持，要么背离。无论如何，应当将"对话"的概念视为一个尚未完成的、不完整的进程。对话概念的叙述具有规范性目的，或者更确切地说与应当是什么有关。不能说目前正在与不同的行动者和对话者进行的是真正的司法对话，但这并不意味着它应该是一个一次性的类别，在全球化和宪政开放的背景下更是如此。

事实上，与操纵有关的例子实际上涉及违反《宪法》最终和过渡性条款第4条，也涉及违反对秘鲁宪法法院具有约束力的判例本身，该机构在宪法法院中坚持美洲人权法院关于其裁决具有约束力的立场。

事实是，目前宪法法院行使管辖权时，不应缺少对美洲人权体系标准以及与国际法院等法院对话的方法。②事实上，不应忽视这样一个事实，即没有所谓的"最终话语权"，这就是为什么在判例没有得到遵守或没有理由背离界线或美洲标准的情况下，最终可以由美洲人权法院本身审查宪法司法的裁决。

但最重要的是，同意赛兹·阿尔奈兹（Saiz Arnaiz）的观点，即对话是当代宪政国家模式的生存条件，该模式不仅基于源自宪法的规范性授权，而且还基于法官是建设美洲法律的前线代理人这一事实，且他们应

---

① 恰恰是巴永（Bayón）呼吁需要定义物质要素或一般原则，以巩固作者所定义的有序多元主义，而不是激进多元主义的模式。相比之下，在激进多元主义的模式中，解决宪法秩序之间冲突的决定是务实的，而关于最终权威的原则问题被搁置一旁。无论如何，根据激进的多元主义，与最终权威主题有关的规则将随着时间的推移而具体化或明确。Bayón Mohíno, J. Carlos, DK "El constitucionalismo en la esfera pública global", *Anuario de filosofía del derecho*, número XXIX, pp. 57–99. Nico Krisch, *Beyond Constitutionalism: The Pluralist Structure of Postnational Law*, Oxford: Oxford University Press, 2010.

② Follesdal, Andreas, "The Legitimacy Deficits of the Human Rights Judiciary: Elements and Implications of a Normative Theory", *Theoretical Inquiries in Law*, Volume 14, No. 2, 2013.

该在司法解释领域中占有一席之地。无论如何,我们不应忽视这样一个事实,即国际标准的加入提供了合法性,并加强了宪法司法在制度薄弱领域的作用。[1]

---

[1] Saiz Arnaiz, Alejandro. En: Asociación de Letrados del tribunal Constitucional. Op. Cit., p. p. 140 y ss.

第五章

合约性审查在国家司法管辖中的适用:秘鲁案例

一 导言

在秘鲁裁决制度中,合约性审查已达到公民宪章级别。在20世纪90年代阿尔韦托·藤森独裁统治时期①,在恢复民主和宪法法院的多项裁决之后,曾有过原始经验,宪法法院接受了人权条约的直接适用和美洲人权法院裁决的约束力,这一国内法审查机制已渗透到共和国最高法院的推理当中。

因此,为了对其在国家司法机构的适用情况进行评估,本章介绍一系列由宪法法院和司法机构解决的案件,在这些案件中,无论是否明确地适用合约性审查。在介绍案件后,将根据其特殊性得出一些最终思考作为结论。

二 宪法法院实施的合约性审查

自2000年恢复民主后的早期判决以来,秘鲁宪法法院坚定地将美洲

---

① 在20世纪的最后10年,安东尼娅·萨奎库雷法官的裁决宣布,支持和阻止对科利纳集团成员进行调查和起诉的大赦法不适用。该集团成员对杀害恩里克·古兹曼·瓦勒—拉坎图塔大学的9名学生和1名教授,以及杀害在阿尔托斯居民区举行的一次会议("Pollada")的与会者负有责任。值得补充的是,这些案件后来被美洲人权法院审理,对阿尔托斯居民区诉秘鲁案(2001年3月14日)和拉·坎图塔案(2006年11月29日)做出了判决。

基准(《美洲人权公约》和美洲法院判例)纳入宪法审查标准,作为其解决案件和保护人权的推理的一部分。

为此,一方面,根据《宪法》最终和过渡性条款第4条,承认权利和自由的宪法规定应根据秘鲁国家批准的人权条约做出解释①。另一方面,尽管程度较低,但被认为是关于未列举或未明确说明的权利条款的第3条,把在1993年《宪法》文本中没有明确承认的权利,又确立在国际文书(如获得新身份的权利)或美洲判例(如获得真相的权利)中有所表达的权利纳入其中。

(一) 军方和法官的民事审判

根据文件 N° 218-2002-HC 号的判决,宪法法院处理了豪尔赫·阿尔贝托·卡塔赫纳·巴尔加斯质疑军法对他犯有恐怖主义罪的判决的案件。

在此基础上,法院根据《宪法》第139条第3款和《美洲人权公约》第8条第1款的规定建立了默认管辖权或国家法官的基础。因此,在解决争端的实质内容时,法院指出:

> 1. 根据秘鲁1993年《宪法》第139条第3款,每个人都有权诉诸法官,因此"禁止使任何人偏离法律规定的司法审判。禁止使任何人经受此前未明确的司法程序"。此外,《美洲人权公约》的第8条第1款保障该权利,它指出,每个人都有权"在适当的保证下和在一个合理的期限内由事前经法律设立的独立和公正的主管法院进行审讯,以判定对该人具有犯罪性质的任何指控,或者决定该人的

---

① 在这方面,宪法法院很早就曾指出:"根据《国家政治宪法》最终和过渡条款第四条,《宪法》承认的权利和自由必须根据秘鲁国家签署的国际人权条约进行解释。根据人权条约,这种解释含蓄地包含了超国家保护机构遵守其解释对人类固有属性保护的行动,特别是美洲人权法院,保留地区权利的最终解释权。"从以下案件可以看出,这一判例原则一直保持不变:文件 N° 00218-2002-HC/TC、文件 N° 00026-2004-AI/TC、文件 N° 02798-2004-HC/TC、文件 N° 01417-2005-PA/TC、文件 N° 04677-2005-PA/TC、文件 N° 04587-2004-AA/TC、文件 N° 2730-2006-PA/TC 等。

民事、劳动、财政或者具有任何其他性质的权利和义务"。

2. 根据《宪法》最终和过渡性条款第 4 条,《宪法》承认的与权利和自由相关规定应依据《世界人权宣言》,以及秘鲁批准的有关国际条约和协议做出解释。这种符合人权条约的解释含蓄地包含了对超国家机构保护人类固有属性所作解释的遵守,特别是保留地区最终权力的美洲人权法院所作解释的遵守。

在类似于人身保护令所指控的案件中,美洲人权法院指出"任何在国家机构接受任何性质审判的人都必须得到该机构拥有管辖权、独立和公正的保证"(宪法法院案,第 77 段)。因此,与本案有关的是,获得主管法官的权利保证意味着任何人都不会在无权解决某一争端的当局面前接受诉讼。

从这个意义上说,甚至在美洲人权法院本身之前,宪法法院就根据合约化基准裁定,决定了军事法院对平民的恐怖主义定罪违反了《美洲人权公约》承认的法官的权利。

(二) 对侵犯人权行为的调查和惩罚

如上所述,在秘鲁,与侵犯人权有关的一些最具象征意义的案件是阿尔托斯居民区诉秘鲁案和拉·坎图塔案,这两个案件均由美洲人权法院裁决,法院本身在这些案件中实施了合约化审查,尽管不是以明确方式,因为这两个案件被认为违反了 20 世纪最后 10 年以藤森多数派为主的国会颁布的大赦法。

在这些判决之后,对科利纳集团成员的调查在普通刑事法院重新启动。

起初,圣地亚哥·马丁·里瓦斯通过宪法保护程序质疑军事司法机构的决定,该决定宣布此法院根据大赦法免除了他对拉·坎图塔案有关行为责任的判决无效。

在这种情况下,原告援引了一项被指控的赦免权的损害,宪法法院认为这一权利没有宪法依据,国会有颁布大赦法的特权,但这不是绝对的自由裁量权,无论如何,它受到一系列宪法限制,其中之一是尊重

《宪法》和国际文书保障的人权。有关内容的表述如下：

> 大赦法的颁布不能违背秘鲁国批准的国际人权条约和协定规定的国际义务。人权条约对大赦法实质性限制的能力基于《宪法》第55条及最终和过渡性条款第四条。根据前者，人权条约一经批准，就成为国内法的一部分，因此对公共当局具有约束力。根据后者，条约有助于划定宪法保障的基本权利领域（文件 N° 679-2005-PA 号判决依据28）。

根据这一基准，法院分析了原告援引的大赦法是否符合宪法限制，并根据阿尔托斯居民区诉秘鲁案和拉·坎图塔案的陈述得出结论：

> ……推论指出，美洲人权法院已宣布上述大赦法缺乏法律效力，因此对其做出的裁决具有普遍效力。在这种情况下，这一声明不仅适用于阿尔托斯居民区案引起的事件，而且还包括因其适用而阻碍了对严重侵犯《美洲人权公约》承认权利进行判决和惩罚的案件，例如拉·坎图塔案（文件 N° 679-2005-PA 号判决依据43）。

因此，那些法律将不具有法律效力，军事法院根据这些法律做出的裁决不构成宪法法院的裁决（文件 N° 679-2005-PA 号判决依据50）。

圣地亚哥·马丁·里瓦斯本人再次质疑在普通司法机构开启的调查，理由是他已经得到军事法院的无罪释放的裁决，因此，重新审理和重新审判案件的企图损害了获得既判力的权利，该权利禁止重启以最终司法判决结束的诉讼。宪法法院驳回了他的请求，理由是：

> 认为国家有义务调查美洲人权法院判决中宣布的侵犯人权行为并惩罚肇事者，这不仅包括在宣布这些法律没有法律效力后，适用第26479号和第26492号大赦法的诉讼无效，此外，还包括任何旨在阻止对侵犯生命权和人身完整权的行为进行调查和制裁的做法，其中包括最终驳回上诉的决定，例如有利于上诉人的决定（文件 N° 4587-

2004-PA 号判决依据63）。

根据上述情况，可以得出的结论是，在此案中，在审判基准范围内，美洲人权法院对阿尔托斯居民区诉秘鲁案的判决不是被用来推翻任何国家规则或做法，而是用以确认被质疑的行为是根据美洲人权法院的规定做出的。

因此，合约性审查不仅有助于排除违反美洲条约基准的规则或国家行为，而且有助于批准符合美洲条约基准的规则或行为。

（三）对国家选举陪审团决议的审查

1993年《宪法》第142条和第181条规定，禁止对国家选举委员会（JNE）发布的裁决进行司法审查①。

然而，宪法法院根据雅塔玛诉尼加拉瓜案中规定的美洲标准解释了该宪法立场。在此案中，美洲人权法院裁定，尼加拉瓜《宪法》禁止对选举当局的决定进行司法审查的规定违反了《美洲人权公约》第25条承认的上诉权。

在这方面，宪法法院在文件 N° 5854-2005-PA（里萨娜·普埃耶斯案）的判决中，按照上述美洲标准，对《宪法》第200条第2款做出了统一解释，承认宪法权利保护是保护基本权利的程序机制，并引用第142条和第181条，禁止对国家选举陪审团的决定进行司法审查。宪法法院就此在上述判决中指出：

……尼加拉瓜宪法第173条与秘鲁宪法第142条和第181条基本相似。尼加拉瓜最高选举委员会在秘鲁的国家选举陪审团中有对应机构。

坚持孤立地解释《宪法》第142条和第181条，声称国家选举

---

① 上述《宪法》第142条规定如下：国家选举委员会关于选举事项的裁决，以及国家司法委员会关于评估和批准法官的裁决不可由司法机构审查。第181条规定：全国选举委员会全体会议以良心标准评估事实。它根据法律和一般法律原则做出裁决。在选举、全民投票或其他全民协商事项上，其决议是最终确定决议，不可审查。不能对其提出上诉。

陪审团在选举问题上的决议通过宪法保护程序被排除在宪法审查之外,这意味着明显的不负责任,因为这将使秘鲁国家因违反《公约》第25条第1款而面临来自美洲人权法院的确定且迫在眉睫的谴责。根据《宪法》以及根据秘鲁所加入条约设立的国际人权法院的条约和裁决,秘鲁法院和司法机构不仅有权,而且有义务通过对上述规定的适当解释来防止这一点。

因此,对宪法条款的孤立解释不符合《世界人权宣言》第8条;《公民权利和政治权利国际公约》第2条;《美洲人权和义务宣言》第18条;以及《美洲人权公约》第8条第1款和第25条。

根据上述情况,法院对上段所述宪法规定做出以下统一解释:

宪法法院能够确认,公共当局对《宪法》第142条和第181条的任何解释,即认为国家选举陪审团影响到基本权利的决议通过宪法保护程序免于宪法审查,都是违宪解释。因此,由于国家选举陪审团发布了一项侵犯基本权利的决议,对其提出的宪法保护申请将是完全适当的(文件 N° 5458-2005-PA 号判决依据35)。

值得指出的是,法院在文件 N° 2730-2006-PA 号判决中批准了这一立场,时任奇克拉约市长的阿图罗·卡斯蒂略·奇里诺斯(Arturo Castillo Chirinos)先生因涉嫌犯罪而被免职,该决定在最高法院审理上诉时得到了国家选举陪审团的批准,最高法院在国家选举陪审团做出裁决后,最终撤销了对卡斯蒂略·奇里诺斯先生的判决;并且在文件 N° 0007-2007-PI 号判决中质疑修改《宪法诉讼法》的第28642号法令的合宪性,第28642号法令旨在阻止对国家选举陪审团决议的审查。

在后一项判决中,宪法法院从两方面接受了其与美洲人权法院裁决的联系:

……一方面是修复性联系,因为根据法院的裁决解释了被侵犯的基本权利,优化了向其提供充分和有效保护的可能性;另一方面是预防性联系，因为遵守这些规定可以避免美洲人权法院的判决对秘鲁国家法律安全的可怕体制后果（文件 N° 0007-2007-PI 号判决依据 26）。

在这种情况下，法院采用了美洲基准，以预防性方式避免国家对美洲人权体系可能承担的国际责任。

（四）私人通信保密与反腐败斗争

正如秘鲁公众所知，在前总统艾伦·加西亚政府（2006—2011 年）执政中期，一档周日播出的电视节目中播放了一段音频，其中包含了国有石油公司官员阿尔贝托·昆珀·埃雷拉（Alberto Químper Herrera）与一名与现任政府和挪威公司有联系的说客罗穆洛·莱昂·阿莱格里亚（Rómulo León Alegría）之间的电话交谈。

这段音频证实了为确保国家石油公司随后就石油批次举行的招标有利于以罗穆洛·莱昂为代表的挪威公司所做的协调和谈判。

这一被称为"石油音频"的案件除成为一桩政治丑闻外，还导致刑事部门以危害公共行政罪开启了调查。就目前的工作而言，阿尔贝托·昆珀质疑对此案提起刑事诉讼的决定，他提出了人身保护令，因为他认为刑事诉讼只是基于当地电视台播放的音频，而这些音频是在未经他同意的情况下被录制和播放的，构成被禁止的证据。

法院以美洲人权法院在艾斯彻等人诉巴西案中的判决为审判基准，该判决规定，通信秘密权来源于《美洲人权公约》承认和保护的隐私权。从这个意义上说，根据文件 N° 655-2010-PHC 判决的第 18 条内容，可以看出：

> 美洲人权法院在 2009 年 7 月 6 日对艾斯彻等人诉巴西案的判决中明确指出，《美洲人权公约》第 11 条规定的隐私权保护"通过安装在私人住宅或办公室电话线进行的对话，无论其内容是否与对话者的私人事务，还是他从事的业务或专业活动有关"。
>
> ……
>
> 美洲人权法院强调，"对隐私的保护具体体现在对话者以外的人

有权通过不违法手段了解电话交谈内容或通信过程的其他方面,如上述方面"。

在指出上述权利可能受到合法限制后,此种限制只需符合美洲人权法院在艾斯彻等人诉巴西案中规定的标准,法院得出结论,在此案中,该项权利可能受到了损害:

>……被质疑的用以启动调查的受益人的电话交谈没有被国家官员拦截,因此不应把任意干涉他的私生活归咎于被告法官或提出申诉的检察官。在这种意义上,必须强调的是,受益人的电话交谈不构成公共信息,因此,未经受益人授权,通过新闻媒体披露这些信息是违宪的。
>
>出于此原因,该法院认为,国家必须调查、审判并在必要时惩罚那些对侵犯受益人隐私权负有责任的人,其侵权做法包括拦截和传播他们的电话交谈,以及向媒体提供电话交谈。还应明确指出,披露电话录音需要录音中对话者的授权才能合法化(文件 N° 655 - 2010 - PHC 号判决依据 20)。

从此案中可以看出,法院没有充分分析美洲人权法院制定的标准,并完全排除了有关权利受到合法限制的可能性,因为根据《宪法》第 66 条规定,公众对属于国家遗产的自然资源管理高度关注。

此外,宪法法院在实践标准中禁止记者使用音频或其他类型工具(例如"Vladi Video"),以支持他们对国家资源管理不当的指控。虽然该判决就保障新闻界对具有公共意义的事件进行报道的权利的目标做出了澄清,但毫无疑问,该案在过去和现在都体现了秘鲁国内反腐败斗争遇到的严重挫折。

(五)应交税金与合约性审查

宪法法院行使合约性审查即便没有背离其目的和精神,也并非没有失误和错误。

合约性审查是一种禁止侵犯《美洲人权公约》所保障权利的国家做法的机制。尽管具有这一目的，但在秘鲁的经验中，它被二元化地用来支持一家对税务局有数百万美元债务的电视公司。

从这个意义上说，在泛美电视台案（文件 N° 4617－2012－PA 号的判决）中，由于概念上的近似（依据4—14条），2009年11月24日伊夫彻诉秘鲁案的判决审查决议被用作合约化基准。

在伊夫彻案中，通过判决审查决议，确定了受美洲人权法院判决支持的人不应承担上一届管理层所欠税收债务，在时任总统顾问弗拉基米罗·蒙特西诺斯·托雷斯（Vladimiro Montesinos Torres）的支持下，已将其从拉丁频率电视台的控制中剥离出来。关于这一点，美洲人权法院的实质性裁决规定，秘鲁国家必须恢复公民巴鲁什·伊夫彻行使其作为上述电视频道股东的权利，作为这些条件的部分事实是，当伊夫彻先生被剥夺股东权利时，相关公司没有向国家承担税收债务。

这些标准在泛美案的判决中得到了双重适用，因为在这种情况下，电视频道管理部门质疑国家本身通过预防措施征收的司法行政部门的税款的欠费产生了税收债务。从这个意义上说，在判决的依据20中可以读到以下内容：

> 根据美洲人权法院在本案中的说法，原告（泛美电视台）的税收债务过高。在这方面，不能忽视的是，如果债务成倍增加，这是因为以前的管理层故意停止偿还债务。我们不应忘记，前一届管理层被掌握在秘鲁国家通过其司法权力机构任命的司法行政长官杰纳罗·德尔加多·帕克（Genaro Delgado Parker）手中，也就是说，杰纳罗·德尔加多·帕克是被他所代表的共和国法官所任命，负责对泛美电视公司施加管理，但这并没有发生。因此，国家本身也应对债务的增加负责，这不仅是因为电视台的管理被法院的无效裁决所剥夺，还因为税收管理部门自身的疏忽导致了债务的增加；尽管税管部门有征税的必要工具，但当时却没有使用它们。
>
> 如果说行为人对财政部的债务达到了这样的水平，那正是因为国家本身的作为。因此，试图在不考虑这种情况的情况下向现任管

理层收取全部债务是随意的。

可以看出，巴鲁什·伊夫彻案的情况与泛美案不同，因为泛美案是由其股东在恢复民主后的框架内发生的争端引起的，而巴鲁什·伊夫彻案则是在阿尔韦托·藤森独裁统治的背景下发生的。在此种情况下，为了使电视台的方针与当时制度相吻合，伊夫彻先生拥有的反对派电视台被接管。乌尔维奥拉·哈尼法官通过他的特别投票权指出了案件之间的差异以及合约性审查的不当适用。

三 司法权力机构实施的合约性审查

秘鲁司法权力机构已逐渐将合约性审查作为有效保护个人权利的一项工具。

（一）《民法典》关于残疾人权利保护的非合约化规定

2015年6月15日在库斯科发布的关于文件 N° 01305-2012-0-1001-JR-FC-03 的第32号决议所载判决不适用《民法典》中适用于残疾人的民事禁令规定。这一决定具有标志性意义，有两个原因，一是因为它是由患有视力障碍的法官埃德温·贝亚尔·罗哈斯（Edwin Béjar Rojas）发布的，他曾在参加司法职业准入竞赛时，为国家司法委员会在竞赛框架内针对他进行适合其残疾能力参加的考试而做过司法程序斗争；二是因为对最初规定的民事规则的合约性审查是依职权实施的。

关于案件的事实，我们必须指出，在同一案件中，母亲要求对两名约40岁且患有偏执型精神分裂症的子女出具民事禁令，并要求任命她为子女的监护人。

在诉讼程序中，根据原告的陈述和社会保障标准化办公室的报告，法官认为，诉讼的真正原因与其说是原告子女的残疾状况，不如说是需要根据社会保障标准化办公室的要求出具民事禁令，以便获得孤儿养恤金和医疗保险。

该判决对残疾人的基本权利进行了广泛分析。为此，以联合国《残疾人权利公约》为规范基准,该公约第12条第2款规定,缔约国应当确认"残疾人在生活的各方面在与其他人平等的基础上享有法律权利能力"。综上所述,根据《宪法》最终和过渡性条款第4条,可以理解为对残疾人的待遇已从不承认残疾人自主性或决定能力的替代模式转变为支持模式,承认残疾人是可以就自己的生活做出决定的权利主体,为此,需要有一个适合其残疾条件的支持系统。

根据这一对合约性审查的非明确适用的意识形态上限,《民法典》关于绝对残疾和相对残疾的第43条第2款和第44条第2款、第3款①被宣布为不适用,并授权了民事禁令。

为该决定辩护的论证过程载于判决的第9条第2款依据,内容如下:

(1) 当《残疾人权利公约》第43条第2款的法律规定据此指出"因任何原因被剥夺辨别力的人"时,他们指的是被认为患有严重智力或精神缺陷的人,例如偏执型精神分裂症,其在"正常"条件下的"辨别力"通常受到质疑。

(2) 当《残疾人权利公约》第44条第2款、第3款分别指出"精神障碍者"和"精神障碍使他们无法表达自由意志的人"时,他们指的是包括唐氏综合征患者在内的智障人士以及中度心理社会残疾人士;此外,还对残疾人使用歧视性语言进行评价,从其内容可以看出,我国法律制度的前提是残疾人无法行使智力和心理社会能力,他们不能仅仅因为有残疾就无法做出自己的决定。

(3) 从对上述条款与现行《民法典》其他条款的联合及系统阅读中可以看出,一般规则是残疾人士的无能及其能力的例外性,因为第42条规定,年满18岁的人完全有权行使其公民权利;然而,第43条和第44条的内容是相互矛盾的。

(4) 应当指出,理论上,《民法典》采用的替代模式旨在保护智

---

① 1984年《民法典》第43条:以下人士为绝对残疾人士(……) 2. 那些因任何原因被剥夺辨别力的人。第44条以下人士为1. 相对残疾人士;(……) 2. 智障人士;3. 那些患有精神障碍,无法表达自由意志的人。

障和心理社会残疾者免受可能的虐待。决策中的替代情况在法律上通常具有保护主义（法律家长主义）的理由。然而，在实践中，替代模式为侵犯其权利打开了大门：它促进了制度化、强迫绝育、非自愿拘留等侵犯人权行为。

（5）如果我们对上述条款进行解释，即只有不能自食其力的人才有绝对或相对残疾，才受禁令限制，那么从根本上说，这一禁令仍然是一样的，即基于与联合国《残疾人权利公约》相反的替代制度，限制智障和心理社会残疾者的法律权利能力，正如已经说过的那样，该制度规定，缔约国应采取一种支持认可法律权利能力的制度，在限制行使法律权利能力之前，应促进并保护法律权利能力。

……

（8）考虑到上述情况，《民法典》中经常提到的条款，特别是其概念的起草方式，在承认心理社会和智力残疾者法律权利能力方面侵犯了其平等权利，不能以与已确定的基本权利相一致的方式进行解释，因为这些权利之间显然相互矛盾，因此，宣布部分或仅限于某些生活方面的禁令，不考虑残疾人的决定权和自主权，影响了残疾人的固有权利和联合国《残疾人权利公约》第12条的精神。

……根据这一思路，上述《民法典》第43条和第44条不符合联合国《残疾人权利公约》第12条规定，根据秘鲁1993年《政治宪法》最终和过渡性条款第4条，该条是平等承认所有残疾人的法律权利能力（享有和行使能力）的具有约束力的解释基准。

判决第9条第4项指出，"有必要对本案进行模糊的合约性审查，以维护对联合国《残疾人权利公约》的遵守和对残疾人人权的尊重，而《民法典》第43条第2款和第44条第2款、第3款的规定因不符合联合国《残疾人权利公约》第12条及其他规定而不予适用"。

值得补充的是，虽然没有用同样的术语表达，但法官还是对社会保障标准化办公室（ONP）的行政做法进行了某种合约性审查，即要求以残疾为由发出民事禁制令才能发放孤儿抚恤金。在此过程中，这一做法获得了原告声明的证实,并得到了社会保障标准化办公室的通知①,即为获得所申请的抚恤金,需要法院出具禁令和任命监护人的裁决。在这方面,法官根据联合国《残疾人权利公约》指出:

> ……将剥夺受益人的公民权利作为领取养恤金的一项要求,违反了承认法律权利能力和获得养恤金权利的平等权利,此外,这是极其反常的,因为它迫使该人"平民死亡",以便获得应向所有公民提供的社会保障福利。如上所述,这种条件导致了许多家庭去申请他们不想要或不需要的禁令……

关于第二个方面,在判决的第二个决议点中,法官确立:

> 心理社会和智力残疾者有权在充分符合联合国《残疾人权利公约》第12条规定的法律权利能力的情况下,不受任何残疾原因限制地获得包括残疾孤儿抚恤金在内的抚恤金。出于这个原因,根据1993年《政治宪法》和联合国《残疾人权利公约》对抚恤金规则进行了系统解释,必须确定,对于向社会保障标准化办公室或其他主管机构申请的 D. L. N°20530 号残疾孤儿抚恤金的处理和发放,任何要求提交禁止或丧失权利能力的司法裁决以及指定监护人作为该抚恤金受益人的法律规则都是不可执行的。

因此,在此案中,合约性审查被用于两个方面:一是作为一种抑制性审查,违反人权条约保障的权利的规定不予适用;二是作为对国内的国家做法是否符合国际法的适应性审查。

(二) 在因缺乏适当动机的国家警察局官员解职中实施的合约性审查

卡洛斯·塞莱斯蒂诺·卡斯特罗·阿拉孔(Carlos Celestino Castro Alarcón)是前秘鲁国家警察局官员,他质疑 1399-2001-IN/PNP 号最高

---

① 社会保障标准化办公室(ONP)根据法官依职权提出的要求发布了该报告。

决议和 FICTA 决议。FICTA 决议是对 2001 年 12 月 14 日决议提出上诉的否决，该决议要求他因秘鲁国家警察局的干部更新而退休。

在此案中，最高法院决定宣布先前的司法判决无效，因为在解决争端的实质内容时，司法当局没有评估合约性审查和有效的司法保护在本案中是否适用，因为"在注意到最高决议 1399-2001-IN/PNP 没有得到充分证实时，诉讼已被宣布为是有根据的"，这将对《美洲人权公约》第25条（序言第七段）造成影响。

同样，最高法院指出，先前的司法裁决在本案中，正当程序和获得正当理由的权利是否适用于行政程序尚未确定，此外，"没有考虑到根据秘鲁《政治宪法》第55条，国际条约是国内法的一部分，因此属于由下级法官分析《美洲人权公约》第8条第1款和第25条的规定是否适用于本案，也没有考虑到美洲人权法院在这方面给予的判例待遇。也就是说，有必要分析 0090-2004-AA/TC 号文件依据5所载的先例[1]，作为今后适用其中规定标准的命令（关于通过合理的决定让秘鲁国家警察局成员解职）是否妨碍对有争议的行政决定进行合约性审查"（序言第8段）。

（三）执行人权法院针对5名养老金领取者诉秘鲁案判决事件中的合约性审查

在此案中，最高法院宪法和社会法第二分庭裁定了对 N° 2777—2012 号撤回裁决的最高上诉。银行和保险监管局（SBS）通过该上诉对二审法院的裁决提出质疑，该裁决裁定其撤销行政行为的请求是没有根据的。

---

[1] 文件 N° 0090-2004-AA/TC 中的判决依据5指出：考虑到优化捍卫人的尊严原则与基本权利直接相关的评估准则的永久目标，该合议庭认为有必要为在该问题上采取新的判例标准制定指导方针；尽管，值得强调的是，此变化必须要在参与上述人员行动的有关机构能了解其范围并为其充分执行采取必要措施后才能实施，并且不会影响根据现有判例在体制上做出的既有决定。在比较法中，一种旨在宣布判例法未来变化的类似技术在英文中被称为"裁定后向适用"（Prospective Overruling），即，"一种在此基础上，任何司法方向的变化（推翻）对已裁决的案件无效，而只对在推翻新先例后核实的事实有效的机制"［阿尔贝托·卡多皮，"Introduzione allo studio del valore del precedente giudiziale nel diritto penale italiano"，Umberto Vicenti（A cura di），*Il valore del precedenti giudiziali nella tradizione europea*，CEDAM，帕多瓦，1998年，第126页］。正是基于这一点，本法院宣布，在本判决公布后，政府决定将武装力量和国家警察局官员因干部更新从在职状态转为解职状态的新案件将符合以下标准。

第五章　合约性审查在国家司法管辖中的适用:秘鲁案例　◀◀　109

在这一过程中,银行和保险监管局试图宣布 1995 年 4 月 7 日的 SBS 283-95 号决议无效,该决议规定根据受私营部门劳动制度(第 20530 号法律制度)约束的支付给银行和保险监管局工人的工资,应对被告卡洛斯·托雷斯·本维努托在此次诉讼中的失业养恤金给予无差别支付,并宣布 2002 年 3 月 2 日规定执行 SBS 283-95 号决议的 SBS 250-2002 号决议无效。

据银行和保险监管局称,有争议的裁决是无效的,直到二审程序得到解决时,第 23495 号法律仍没有得到考虑。根据该法律,抚恤金的统一必须考虑到受行政职业约束的公务员的薪酬情况(第 276 号法令)[①]。此外,根据第 20530 号法令第 14 条第 2 款[②]和《宪法》最终和过渡性条款第 3 条[③]的规定,第 20530 号法令制度的抚恤金水平无法统一是源于公共和私人劳动制度之间的矛盾关系。

在上述判决中,最高法院决定宣布二审裁决无效,银行和保险监管局的诉讼没有根据,因为缺乏适当理由,它仅仅指出,在该诉讼(银行和保险监管局五位退休人员诉秘鲁案)中受到质疑的裁决是根据美洲人权法院的命令做出的,如不考虑上段所述的法规框架,则该动机不恰当。

从这个意义上说,在序言第 11 段中可以看出:

……逻辑过程没有得到体现,因此得出的结论是,在本案中,在没有就主要和自主要求做出有效裁决的情况下,该请求是没有根据的……[上级]合议庭没有就有争议的问题做出裁决,也就是说,如果根据第 20530 号法令的规定,享有可统一养老金的养老金领取者有权获得的统一待遇得到解决,它必须参考在职工人在私人活动的

---

① 第 23495 号法律,逐步统一不受社会保障计划或其他特别计划约束的失业和退休公务人员的养老金。第 1 条规定服务 20 年以上的不受社会保障制度或其他特别制度约束的失业和退休公务人员的逐步统一,应根据从事相应类别工作的公务员薪酬进行。
② 第 20530 号法令第 14 条规定提供的服务不可累积:b)根据公共活动劳工制度向公共部门提供贷款,根据私营活动劳工制度向同一部门提供贷款,但第 19990 号法令第 15 条过渡性条款规定的情况除外。
③ 《宪法》最终和过渡条款第 3 条规定,只要私人和公共活动的工作制度存在区别,在任何情况下不得以任何项目累计在两种制度下提供的服务。任何违反行为或决议均无效。

劳工制度中获得的报酬，因为银行和保险监管局工人属于私人活动劳工制度。

最后，最高法院认为，"关于如何统一被告养老金的合理裁决并不意味着侵犯被告获得有效司法保护的权利，更不意味着剥夺对美洲人权体系的超国家保护……"（序言第12段）。

最高法官麦克·雷·泰斯（Mac Rae Thays）对这一以多数票通过的判决投出反对票。据他称，养老金领取者的养老金与受私人劳动制度约束的公务员薪酬相统一，已于20世纪80年代得到银行和保险监管局的批准，随后银行和保险监管局采取了一系列行政行动来规避支付养老金。鉴于此，受到影响的卡洛斯·托雷斯·本维努托提起了一系列法律诉讼，这些诉讼获得了具有既判力的法院判决，尽管如此，银行和保险监管局还是没有按判决执行。出于这个原因，受到影响的他本人和其他人根据美洲机制提出上诉，从美洲人权法院获得了一项保护他们领取养老金权利的判决。

鉴于上述情况，麦克·雷·泰斯法官，在引用宪法法院关于美洲人权法院裁决约束力的裁决（文件 N° 2730-2006-PA 号判决）后，认为"只要上述规则不能根据《维也纳条约法公约》第27条规定重新审查，就不能说上述规则被违反了……规定，缔约一方不得援引其国内法的规定作为不遵守条约的理由，因此上述规则没有被违反……"（序言第九段）

从上述情况可以看出，在此案中，最高法院以多数票做出裁决，偏离了美洲人权法院对秘鲁国家及其司法机关具有完全约束力的判决的规定。因此，即便不是通过直接方式，但在不一致投票中解释大多数人会犯错的原因会是有益的做法。因为现在这样做除不遵守国际判决外，还将违反《美洲人权公约》保护法院在此案中保障受影响人卡洛斯·托雷斯·本维努托的财产和养老金权利的规定。

（四）作为危害人类罪的酷刑类合约性审查与规定

该决议分析了国家刑事分庭2013年3月1日发布的判决的有效性，

该判决与将刑事诉讼中的重要事实定性为酷刑罪,并将其与严重伤害罪相适应,且与无罪释放被告古斯塔沃·席尔瓦·桑蒂斯特万·拉科(Gustavo Silva Santisteban Larco)的检察指控无关。

正在审理的事件涉及对古斯塔沃·席尔瓦·桑蒂斯特万·拉科的指控。他是万塔省海军陆战队支队队长,是何塞·贝拉米诺·纳瓦雷特·卡布雷拉(José Belamino Navarrete Cabrera)和塞莱斯蒂诺·亚兰戈·波佐(Celestino Yarango Pozo)被关押在万塔市体育场的海军陆战队总部三到四天,并遭受到的身心折磨的犯罪中间人。两名受害者分别于1984年2月3日和5日被带到这个地方。

在此案中,过渡刑事分庭从两方面分析了刑事分庭判决的有效性:一方面是关于酷刑类型与严重伤害类型的指控和相应的充分性,另一方面是关于时效的适用,因为事实被定性为严重伤害罪。

就这两个方面,最高法院刑事分庭使用不同的国际文书来支持酷刑类型及将其定为危害人类罪的有效性(《世界人权宣言》《公民权利和政治权利国际公约》《保护人人不受酷刑和其他残忍、不人道或自辱人格待遇或处罚宣言》《美洲防止和惩处酷刑公约》《战争罪及危害人类罪不适用法定时效公约》《国际刑事法院规约》)[①],还有美洲人权法院支持各国必须消除调查和惩处侵犯人权行为的包括法定时效在内的障碍的判决(阿尔托斯居民区诉秘鲁案、阿尔万·高尔奈侯等人诉厄瓜多尔案、拉·坎图塔案)[②]。

根据该分析基准,最高法院宣布上诉判决无效。

虽然判决在任何一方面都没有提到合约性审查,但通过阅读可以推断出,它是运用合约性审查的一个例子。在不影响上述内容情况下,必须强调最高法官萨拉斯·阿雷纳斯(Salas Arenas)的投票,他确实使用了"合约性审查"一词,用以支持在法定时效方面,国内法机构必须面对国际人权法的规范等级。从这个意义上说,上述最高法官在其投票的序言第5段中表示:

---

① 最高法院过渡刑事分庭裁决的根据2.3.2.1项至2.3.2.4项。
② 最高法院过渡刑事分庭裁决的根据2.3.2.14项和2.3.2.15项。

日常或普通刑法中的法定时效制度在此处于《战争罪及危害人类罪不适用法定时效公约》就此问题颁布内容的首要地位……以及美洲人权法院就这类罪行的时效做出的裁决之下。因此，在这种情况下，可以进行合约性审查，以便根据等级的普遍性选择国际标准。

此案表明，最高法院拒绝使用"合约性审查"一词，即便在实践当中有所运用。

（五）家庭权利和儿童身份保护的合约性审查

在此类案件中，最高法院通过协商①分析了裁决的有效性。该裁决允许在《民法典》第400条规定的期限外提出对承认非婚生父亲身份的质疑，并规定了对上述承认父亲身份提出质疑的90天期限。在引起协商的案件中，初审法院不适用上述规定，因此，根据《司法权力机构组织法》第14条，此类案件在协商中提出了一项决议，供最高法院通过。

从这个意义上说，法院必须决定《民法典》第400条规定的期限是否符合宪法。为此，法院根据家庭保护权和身份权两项权利确定了一个审查基准。

在这方面，最高法院裁决的序言部分7.2和7.3反映了此类案件援引国际文书来确定有效性基准（规范性前提）。从这个意义上说，它指出：

> 7.2 上述第4条中的秘鲁《政治宪法》第4条以及附加说明的国际文书同样保护家庭权利。《美洲人权公约》第17条规定，保护家

---

① 在秘鲁，协商程序适用于司法权力机构执行《宪法》第138条第2款规定的对合宪性进行模糊审查的决议。《司法权力机构组织法》第14条规定了这一程序：根据《宪法》第236条（请参阅1993年《宪法》第138条），当法官在对其管辖问题的实质做出裁决时，在任何诉讼类型或特殊类型中，发现某一项宪法规定和具有法律地位的规定对其解释不一致时，法官根据前者解决案件。如果做出的判决没有受到质疑，则将升至最高法院宪法和社会分庭进行协商。二审判决同样适用此规定，即使没有对其提出上诉。在所有这些案件中，法官仅限于在不影响其有效性的情况下，以宪法规定的方式宣布法律规则因与宪法不相容而不适用于具体案件。当涉及较低等级的规则时，适用同样原则，不需要升级协商，也不影响通过民众行动进行的诉讼。

庭是社会的自然和基本要素，必须得到社会和国家的保护，并承认人人有权建立家庭；同样，《公民权利和政治权利国际公约》第 23 条第 2 款、《世界人权宣言》第 25 条规定，人人有享有适当生活水平，以确保自己及家人的健康和福祉的权利；《经济、社会和文化权利国际公约》第 10 条第 1 款规定，国家有义务为家庭成员提供尽可能广泛的保护和援助，同时对照顾和教育儿童负责。

7.3 此外，还有基本的身份权，《儿童权利公约》第 7 条第 1 款规定，未成年人有在出生后立即登记的权利，有权获得姓名，并有权尽可能了解父母并受其照顾；《儿童权利公约》第 7 条第 2 款规定国家有义务根据国内法和国际文书规定的义务确保这些权利的执行；《儿童权利公约》第 8 条第 1 款规定，各国承诺尊重未成年人保留身份，包括国民身份、姓名和家庭关系的权利；第 8 条第 2 款规定了提供适当援助和保护的义务，以期在未成年人被非法剥夺其身份的某些要素时迅速恢复其身份。《儿童权利宣言》原则 6 从父母和社会获得理解和爱的权利，同时规定了未成年人充分和谐地发展其个性的权利，在可能的情况下，未成年人必须在父母的保护和负责下成长。

基于这些考虑，法院通过相称性原则分析了《民法典》第 400 条所载的规定。在这方面，法院做出的结论是，上述规定没有通过适当性分析，因此违宪。简而言之，虽然该措施被认为是旨在保护家庭状况，但它并不符合宪法，因为它限制了获得真正了解家庭和获得身份权的可能性，限制了未成年人了解其亲生家庭的机会，正如原告在诉讼中所提供的那样，可以通过 DNA 测试证实其亲生家庭：

……在 90 天有效期内对亲子关系提出质疑的国家行动立法措施损害了本判决第七部分所载的有关权利，根据本案特殊情况，包括家庭权、生物身份权和儿童最大利益原则等权利；为实现拟议的家庭保护手段与宪法目标脱钩，结论是立法者使用的手段是通过上述第 400 条实现的（这与其所追求的宪法目标相去甚远，不具有合理的因果关系，因为它最终影响到与它应该倾向于保护的机构有关的权利，因此没有通过资格审查，不适用于具体案件……）

从这个意义上说，虽然最高法院的推理没有提到对合约化的审查，但它不断提请注意这样一个事实，合约性审查已在实践中得到了运用。

在这方面，我们必须记住这种审查意味着使用国际文书作为国内法规则的有效性基准，从而使其符合承认人权的国际文书。

在这种情况下，已使用国际文书（《美洲人权公约》《儿童权利公约》）来制定基准，作为评估《民法典》第 400 条宪法有效性的参考。

因此，我们面临的是一个尽管没有明确提及合约性审查，却已经运用了合约性审查的案件。

四　结论

从本章概述的案例中，我们可以得出以下结论。

1. 就宪法法院而言，一方面根据其内在目的运用了合约性审查——保护由《美洲人权公约》所保障的人权；另一方面使国内法，包括宪法本身及其解释，符合美洲标准，以避免在美洲体系中被定罪。不幸的是，经验还表明，这种审查被人为使用，要么是为了促进或阻碍反腐败斗争，要么是为了使某些经济群体受益。

2. 就司法权力机构而言，在最高法院及其各专门分庭的角色中，很少运用该机制，即便在实践中有对该机制的使用，却不在表述中使用它。然而，这一表述已经开始渗透到特别选票，以及初审法官可以使用的选票中。

第六章

美洲人权法院的判例标准

一 概况

不同于英美法判例法国家，拉美国家的法治模式属大陆法系，法律来源于议会的决议，这也是国家主权归于人民的一种民主表达途径。与此同时，拉美地区最高法院判例也是法律来源[①]，类似于英美模式的法律来源于案例的模式一样。

发展到今天，该地区国家的宪法已经接纳了宪法审查模式，宪法对有关人权内容的条款，保持了开放性。这一趋势已发展为现代司法现象，国际条约中有关人权的规定，不仅纳入法律条款中；同时，也出现在判决以及宪法法院法令中。法律效力通过司法解释方式呈现，法院通过判决一部法律不具法律有效性，或是某条宪法规定无效，通过司法手段保障人权。

近似的过程也同样出现在美洲人权法院判决中。21世纪伊始，业已建立的司法理论，依据条约，审查拉美国家的国内法律与执行，就某些法条（包括宪法、法律、法规、司法与行政性决议）的有效性，通过司法的审查途径实现对国内法律约束作用。当人权受到国家侵害时，保护《美洲人权公约》中规定的权利。

对此，有几个关于美洲人权法院司法范围扩大的讨论，围绕保护人

---

① John Merryman, DK "Convergence of Civil Law and Common Law", En M. Cappelletti (editor), *New Perspectives for a Common Law of Europe*, Italy: European University Institut, 1978, pp. 210–213.

权,尤其是关于判决本身的司法权限以及民主合法性等议题,[1] 并就此提出了如下疑问:美洲人权法院形成的司法判例标准,对成员国具有怎样的约束力?

二 美洲人权法院所建立的（司法判例）标准

美洲人权法院判决建立的国际性司法判例标准,主要包括两个方面:一是为国家（内部）法官提供了解释性标准;二是对案件当事国家的国内法提供了法律效力标准。从这个意义上讲,可以将标准分为如下两类:解释性标准及规范性标准。

（一）解释性标准

美洲人权法院建立的解释性标准是:成员国在国内案件审理过程中,国内法院应当遵守的司法准则;同时,国内法院在保护人权领域,不仅受补充性司法原则约束;此外,美洲人权法院判例标准,对于立法与司法的合法性也具有约束力。因此,国内司法机构除履行地区法院判决义务外,还应当将地区法院判例作为司法审判依据。这一国际标准通常会被纳入国内司法。国内司法权力机构对于美洲人权法院的判决,不仅关注判决事实认定部分（综合性权衡）,而且注重司法判决的法律依据（判决的法律理由）。

当前主要的司法实践模式为:通过将与人权相关的法理以及美洲人权法院（基于美洲人权委员会和美洲人权法院）建立判例标准,纳入国内司法的方式实现。一个很好的例证是在秘鲁宪法法院,以司法命令对决议内容予以直接执行。将美洲人权法院具体执行的《美洲人权公约》的条约内容以及条约相关解释,纳入国家宪法框架内。[2]

---

[1] Ariel Dulitzky, "An Inter - American Court? The invention of the Conventionality Control by the Inter - American Court of Human Rights", En: *Texas International Law Journal*, Volume 50, 2015, pp. 45 – 93.

[2] 文件编号 N°4587 - 2004 - AA/TC 的宪法法院判决马丁·里瓦斯（Martín Rivas）案和文件编号 N°0217 - 2002 - HC/TC 的宪法法院判决克莱斯波·克拉嘎伊拉克（Crespo Cragayrac）案。

然而，对美洲人权法院建立的司法标准，也出现了案件当事国家的"不当"实践，甚至是对标准原意的滥用。此类司法标准的滥用模式，是将标准作为判决依据，但以曲解美洲人权法院判决原本意图构建的标准，以相去甚远的解释方式作为判决的司法依据，甚至在某些情况下，造成有悖于法律标准建立初衷的局面。

类似进程的还包括：就国家在判定新的军事司法法律违宪审查过程中，宪法法院大量援引美洲人权法院判决为司法依据，却遗漏了规范合法性内容的重要段落。对这些条款的不完全引用，实际是为了支持符合国内利益的判决，却是对判决标准的滥用。

此外，滥用方式不仅限于不完全引用，有时还出现了对美洲人权法院形成的判例标准，进行欺骗性解释。比如在泛美电视台一案中，巴鲁什·伊夫切将戴尔戈多·帕克尔（Delgado Parker）诉秘鲁案作为案例，援引该判决中有关国籍取消后不应支付税款的判决内容，据此要求免除其经营拉丁频率电视台（Frecuencia Latina）应付的营业税，这是对戴尔戈多所在的广播公司[①]对美洲人权法院支持性判决内容的错误理解，混淆了双方身份的法律性差异。[②]

另一个解释性判例的滥用是蒂尼奥·卡布雷拉案，宪法法院援引美洲人权法院对巴雷托·莱瓦诉委内瑞拉案，援引判决中关于刑法诉讼的保护内容作为司法依据，阻止议会有关前总统阿兰·加西亚腐败案讨论的进程。[③]

（二）规范性标准

美洲人权法院建立的标准，还包括被视为国家法律依据的有效标准，甚至作为宪法性条款的规范性标准。美洲人权法院尝试让缔约国履行补充性原则，基于尊重国际性和国内共同标准的理念，寻求获得国家法律

[①] 文件编号 N°001-2009-PI/TC 的宪法法院判决，FJ 37，（Ley de Justicia Militar）案。
[②] 文件编号 N°4617-2012-PA/TC 的宪法法院判决，FJ 20 和 24，泛美电视台（Panamericana Televisión）案。
[③] 文件编号 N°156-2012-HC/TC 的宪法法院判决，FJ 19，26，29 等，蒂尼奥·卡布雷拉（Tineo Cabrera）案。

保护。在穷尽国内司法途径后，当且仅当依旧存在侵犯人权的问题时，美洲人权法院才能宣布参与对该国国内法法律条款的司法审查，其依据是上述人权受到侵害情况，或是人权受到宪法条款损害，地区法院才能履行管辖权。

对此，有必要再次重申美洲人权法院判例，其约束力包含对国内法律甚至是宪法条款，具有审查职能。根据《美洲人权公约》第2条规定，当出现侵害人权基本权利的情况时，案件当事国应当接受美洲人权法院的司法管辖。判例包括两方面，一方面，美洲人权法院关于阿尔托斯居民区诉秘鲁案，宣布《大赦法》不具有法律效力；"基督最后的诱惑"案（欧梅多诉智利案），人权法院判定智利应修改宪法，增加在颁布法律前进行合宪性审查的内容。另一方面，在伯依赛（Boyce）诉巴巴多斯案中，人权法院判决——国家在死刑执行过程中侵犯了人权。法院认为应依据该国《宪法》，宣布相关法律无效。另一个例子是达高斯塔·卡多甘（Dacosta Cadogan）诉巴巴多斯案。此案中，美洲人权法院禁止该涉案国对人权受害者执行死刑。同时，法院对该国《宪法》提出了质疑（认为其沿用了18世纪法律传统），有悖于人权保护中对人身完整性的法律规定，缺乏对生命权的尊重和保护。

三　美洲人权法院判例作为国际标准

美洲人权法院通过司法判例进行的标准构建，逐步形成了"国际人权法"的法源。因为，国家有责任履行美洲人权法院判决，而美洲人权法院通过判决对《美洲人权公约》进行的司法解释，也对第三国有法律约束力。在此意义上，条约约束力通过美洲人权法院司法判例和构建的国际标准得以实现，逐步成为约束地区、国家人权相关法律内容的条约性机制。

今天，判决标准的责任性或劝说性价值，涉及关于美洲人权法院法官的问题讨论：他们是否创建法律，或者法官们的职能与司法权限可以延伸到何种程度。

其一，传统理论中，坚持法律应由国内或国际的立法者建立，法官仅负责特殊案件中的法律执行，通过相对效力原则执行进行判决。

其二，现代理论中，认为法官在每次进行法条的解释工作中，可以创制法律。就是说，这一理论赋予了法官在具体情况下进行解释的权利/义务；但是，效力不仅是对案件当事人的，而是具有同等效力，也适用于其他同类案件。

其三，当代理论中，根据法官在法律规定的情况下，不创制法律。但是，在极特殊情况下，例如，需要填补具体法律规定空白或弥补法律规定不足而进行的解释；认为应赋予法官解释一般法内容的立法职能，甚至进行普遍性适用。也就是说，对所有人有条约性要求。①

从美洲人权法院判决性质角度看，判决效力对于国家来说是个容易产生紧张关系的问题。目前，美洲人权法院判决构建的责任或司法效力范围可归纳为如下三类：第一，对于案件参与国家一方，是必须执行的判决内容；第二，在一个案件建立了明确的"镜面效应"时，所有相关国家应当达到相关判决标准，即便它们并非案件当事国；第三，作为遵循第三国判决的裁判标准的权力或义务（Können）。②

因此，可以将判决归类为具有条约性质的及存在解释性作用的两类。③ 具有条约性质的，对国家法律有调整性、规范性效力；而另一类，则仅具有解释性或法律诠释效力。

判决建立的标准，应当为国家建立法律保障，并成为国内司法先例。作为法律先例，美洲人权法院的判决，"必须"、"应当"或"能够"实现在国内司法体系作为判例被援引，强调实现其在国内司法中的同案同

---

① Eugenio Bulygin, "Los jueces ¿crean derecho?", En: Jorge Malem, Jesús Orozco y Rodolfo Vásquez（compiladores）, *La función judicial*, Barcelona: Gedisa, 2003. p. 21; Francisco Rubio Llorente, DK "La jurisdicción constitucional como forma de creación del Derecho", *Revista española de derecho constitucional*, Año 8, N？ 22, enero – abril, 1988, pp. 9 – 51.

② Aulis Aarnio, DK "Lo racional como razonable: un tratado sobre la justificación jurídica", Madrid: CEC, 1991, pp. 134 – 143; Alexander Peczenik, *Grundlagen der juristischer Argumentation*, Wien – New York – Cambridge: Springer Verlag, 1983, pp. 57 ss.

③ César Landa, "Los precedentes constitucionales: el caso del Perú", En *Teoría y práctica de la justicia constitucional*, （C. Escobar, editora）, Ecuador, Ministerio de Justicia y Derechos Humanos, 2010, pp. 16.

判原则。同时，美洲人权法院案件作为相关先例，应当在所有具有近似特点的案件中，作为法律标准加以遵守，保障司法平等原则和法律稳定。

对此，还应指出的是标准不是恒定的，而是以对人权进行更好保护而进行修订的，因而在新的类似案件中，将根据情况而有所不同。在此意义上，美洲人权法院有权决定将一个标准与一个特殊案例加以区分，但这一决定应当以无过失理由为基础。

此外，诚如上文提到的延续了部分英美法判例原则，不仅是国家法院判决应当遵循此原则，所有国际法院也应遵循先例判决。由于美洲人权法院也属国际法院，国家需让渡一部分主权用于接受其司法管辖；同时对法院判决以及咨询性意见构成具有约束力的先例。美洲人权法院随后就同一事项做出裁决时必须横向考虑，这些先例，从纵面的执行效力上看，作为美洲人权公约缔约国的其他地区国家，国内法院在作相应判决时，也应遵循判例原则，尊重地区法院判决先例。

综上所述，具有较强效力的先例，大都有助于国际标准的明确。这类案例在今后同类案件中，优先成为判决的法律标准；而具有中等效力的先例，对其他国家未来司法审判的影响，主要介于上下两种情况之间；较弱效力的先例，可以作为法律依据，至今对此还未形成明确的规范。大体上，上述先例基本保障了国际标准的稳定性与严肃性，同时实现了条约内容的可诉性。

四　在合约效力框架下分析美洲人权法院先例（判决）

2013年在赫尔曼诉乌拉圭案的审判中，美洲人权法院在此案中促进了判决约束力与强制力问题。首先，再次强调了合约化审查机制的含义，即执行机制不仅包含对国际人权宪章和《美洲人权公约》的执行，同时也包括对美洲人权法院判例的执行。[①] 其次，在判决第66条中指出，法院强调当国家成为国际条约缔约方，包括成为美洲人权公约缔约国，这

---

① 2013年3月20日，赫尔曼诉乌拉圭案的监督执行判决，第65段。

意味着国家机构受条约"约束"。据此,国家应当保障条约条款的实际执行,不应仅局限于尊重法律文本。换言之,《美洲人权公约》对缔约国具有法律约束力。①

因此,每个缔约国的国内法,应当符合《美洲人权公约》的规定。为此,美洲人权法院负有审查缔约国条约执行②的责任。现在,这一审查职能已经通过法院进行条约解释性司法实践,或者法条合约性审查司法实践③等不同司法手段来实施。同时,法院承担对国家具体行为,或国内法规定的合约性审查职能。

《美洲人权公约》的基本内核,通过执行如上判决对法院职能的规定获得保障。然而,这一约束力同任何法律文本一样,由一系列具体内容组成,其内容对国内法法官来说,却不甚明确。在承认对国内法官的解释性工作无偏见的前提下,条约规定,美洲人权法院承担对《美洲人权公约》④的最高解释权。上述解释性行为的效力,或者说条约解释的意义和价值,将由该法院宣布的判决而日渐具体。

国内法官执行合约性的审查权时,有必要加入其他平行审查机制。地区法院的判决希望实现的法律效力是依据《美洲人权公约》进行的解释性效力。2006年在阿尔莫纳希德·阿雷亚诺诉智利案中,美洲人权法院判决内容指出:"……国内司法机构,应当执行有关国内法的'合约化审查'职能……"在此案中,"司法机关的法律依据不仅是条约(《美洲人权公约》)本身;同时,也应符合美洲法院就同等情况进行的司法解释……"⑤

综上所述,依据法理学理论,国内法院履行合约性审查责任的法律

---

① Xiomara Lorena Romero – Pérez, *Vinculación de las resoluciones judiciales de la Corte Interamericana*, Bogotá: Universidad Externado de Colombia, 2011, p.72.

② 2013年3月20日,赫尔曼诉乌拉圭案的监督执行判决,第66段。

③ 关于国内法条约执行审查概念,参见 Miriam Lorena Henríquez Viñas, "La polisemia del control de convencionalidad interno", *Revista Colombiana de Derecho Internacional*, número 24, 2014, pp. 132 – 133。

④ 根据美洲人权法院章程:"第一条法院……是自治司法机构,职能为执行和解释美洲人权公约……"

⑤ 2006年9月26日,阿尔莫纳希德·阿雷亚诺诉智利案的判决,第124段。

依据，应包括美洲人权法院解释。至今，对案件非当事国还未形成明确的判决执行模式先例，也没有形成判决对其他国家豁免与否的司法效力。换言之，国家面对国际责任[①]，可划分为如下不同效力：如上文提到的美洲人权法院判决的绝对效力、一般效力或特殊效力。

在寻求美洲人权法院判决的实用性与有效性过程中，法院在赫尔曼诉智利案件的判决实施过程中，依据判决第67条和第69条，建立了关于自我审查效力的规范。因此，部分实现了判决内容的执行，并建立司法执行的部分国际标准。在美洲地区层面，构建司法先例或准则，随后进行解释和评论。

美洲人权法院指出，对于执行条约司法审查后判决的实施，有两种主要模式。选择模式的关键在于国家是不是地区司法判决中的当事国。当国家是当事国时，美洲人权法院具有司法效力的判决，应当对受案国家有约束力。在此种情况下，合约性审查作为一种国际法的执行机制，国家也应完整执行判决内容。[②]

在第一种情况下，司法责任的效力是指具体案件中，被告国家应当接受美洲人权法院做出的具体判决。同时，被告国有完成法院判决的具体责任。[③] 但是，在赫尔曼诉乌拉圭案中，美洲人权法院判决的执行，不仅涉及判决当事方，而且也对"所有基础、动机、溯及力和效力……包括（判决的）相似的情形，具有广泛性约束"。[④] 总之，正如费雷尔·麦克格雷格（Ferrer MacGregor）法官评价的，美洲人权法院判决在实现对当事国的特殊约束效力的同时，具有了一般性约束力。[⑤]

在第二种情况下，即国家不是美洲人权法院国际司法进程中的一方

[①] George Rodrigo Bandeira Galindo, *El valor de la jurisprudencia de la Corte Interamericana de Derechos Humanos*, DK "*Los sistemas interamericano y europeo de protección de los derechos humanos. Una introducción desde la perspectiva del diálogo entre tribunales*", Lima: Palestra, 2015, p. 243.

[②] 2013年3月20日，赫尔曼（Gelman）诉乌拉圭案的监督执行判决，第67和68段。

[③] Xiomara Lorena Romero-Pérez, *Vinculación de las resoluciones judiciales de la Corte Interamericana*, Bogotá: Universidad Externado de Colombia, 2011, p. 18.

[④] 2013年3月20日，赫尔曼诉乌拉圭案的监督执行判决，第62段。

[⑤] 2013年3月在赫尔曼诉乌拉圭案完成情况审查裁决中，爱德华多·费雷尔·麦克格雷格法官投票认为合理，第68段。

时，也存在地区法院对公约执行的审查。这里的审查效力执行包括"美洲人权法院，依照司法程序或标准，从条约本身出发，判定特殊情况和具体案件中的决定、判决及其具体判决内容，做出取消或执行内部法律，就其有效性以及是否符合条约等判决"。[①]

此外，还有第三种公约执行审查方式，也应纳入研究范围，即美洲人权法院判决作为解决一个案件的解释性标准，但并未明确宣布为判例标准；但是，对国家司法部门来说，完成判决应当是一个持续性义务，主权国家在国家层面应一直尊重并履行判决内容。

同时，就有关尊重判决内容以及判决的具体实施问题，学界已在探讨如何实现国家民主决定赋予或限制某项权利并同时符合国际标准间的平衡，欧洲的相关进程发展最早。因此，依照国际标准执行补充（Subsidiaridad）原则的机制，该原则也是美洲人权法院行使职能的依据。[②]

综上所述，美洲人权法院通过判决形成司法判例的模式有助于合约性审查，其判决不仅对具体案件的当事方有约束力，法律的解释效力还包括非直接效力，甚至绝对效力。[③]

据此，我们可以将美洲人权法院的其中一项机制或职能总结为：为了更广泛地实现人权，对缔约国实施合约性审查。同时，为国内法法官及其司法实践，提供应当遵守的、由美洲法院建立的国际判例标准。

五　依据美洲人权法院判决效力，建立条约标准或先例判决的价值

（一）强制级别（条约性效力）

此类美洲人权法院判决，诸如《大赦法》不具有法律效力（如阿尔

---

① 2013年3月在赫尔曼诉乌拉圭案完成情况审查裁决中，爱德华多·费雷尔·麦克格雷格法官投票认为合理，第43和69段。

② Andrew Legg, *The Margin of Appreciation in International Human Rights Law: Deference and Proportionality*, Oxford: OUP, 2012, pp. 102 ss.

③ 2013年3月在赫尔曼诉乌拉圭案完成情况审查裁决中，爱德华多·费雷尔·马克格雷格法官投票认为合理，第43和69段。

托斯居民区诉秘鲁案);也有要求明确修改《宪法》一项条款,使之符合《美洲人权公约》规定(如奥梅多·布斯多思等人诉智利案);还包括具体判决因与《美洲人权公约》相抵触或不一致,要求取消《宪法》中的一项条款(如伯依赛诉巴巴多斯案)。同时,美洲人权法院裁定,虽然乌拉圭的到期法律经国会批准,又在全民公报时通过,但违反公约规定。国内法律无效,判决理由是其内容违反公约规定。尽管该法在经国会审议通过,同时在全民公投中通过。判决认为,尽管法律的制定是基于民主原则,但该法内容应以不违反人权公约为前提,法律条款的合约性与民主原则同等重要。

由上述判例可知,美洲人权法院对宪法条款执行的审查超越了国家范畴,是真正建立了国际法律秩序一元论,而且这一司法实践具有有效性。它在现实领域统一了国内法与国际公法间的关系[1],并且符合《维也纳条约法公约》第 27 条有关国际条约与国际人权法的规定。

然而,基于统一的国际人权标准也有不足之处,当基于民意的国家法律条款被宣布违反公约时,人们也会质疑美洲人权法院自身的民主性与合法性。[2] 尽管如此,同样不应忽视的事实是,在很多拉美国家存在具有威权特点的独裁以及民众主义制度,也获得了公民意愿的支持,甚至以侵犯少数人人权为代价(见表 6-1)。

表 6-1 判决(内容)

美洲人权法院判决	判决(内容)
2001 年 2 月 5 日 "基督最后的诱惑" 案(奥梅多·布斯多思等人诉智利)	判决第 4 条:"[法院]决定国家应当修改国内法律条款……并应当在……自本判决公布后六个月内,应提交相关问题解决措施的报告……"

---

[1] Hans Kelsen, *Les rapports de systeme entre le droit interne et le droit international public*, Paris: Libraire Hachette, Académie de Droit International, 1927, pp. 33 ss.

[2] Roberto Gargarella, DK "La democracia frente a los crímenes masivos: Una reflexión a la luz del caso Gelman", Revista latinoamericana de Derecho Internacional, http://www.revista la-di.com.ar/numero2-gargarella/.

续表

美洲人权法院判决	判决（内容）
2007年11月20日伯依赛诉巴巴多斯案	判决第8条："在合理时间内，……国家应当采取法律措施或其他类别必要方式，保障巴巴多斯《宪法》和法律符合《美洲人权公约》规定，特别应当取消《宪法》第26条规定，并废除依据该条宪法内容制定的'现行法律'。"
2009年9月24日达高斯塔·卡多甘诉巴巴多斯案	判决第9条："国家在合理时间内，应依据本判决第104段内容，通过法律或其他必要手段，保障巴巴多斯《宪法》和法律符合《美洲人权公约》规定，特别是该国《刑事诉讼法》第2章和巴巴多斯《宪法》第26章内容。"
2001年3月14日阿尔托斯居民区诉秘鲁案	判决第4条："宣布第26479号《大赦法》及第26492法不符合公约规定……，因此不具有法律效力。"
2011年2月24日赫尔曼诉乌拉圭案	判决法律依据第32条："存在违反《美洲人权公约》内容：在《老年人法》中，包含对严重侵害人权行为不允许调查或起诉等内容，不具有法律效力……"
2012年10月25日马查多及周边地区屠杀（Masacres de El Mozote）诉萨尔瓦多案	判决法律依据第296条："存在违反《美洲人权公约》事实：在本案中，《和平统一大赦总法》禁止对侵犯人权行为的调查与起诉，不具有法律效力。因此，不能据此终止本案的实际调查……"

资料来源：作者根据美洲人权法院判决整理。

（二）中间级别（条约/解释性影响）

美洲人权法院判决，成为国内法的国际标准的规劝性模式已基本形成。美洲人权法院认为，应当在合理时间内，采取立法性措施，对国内法条款进行合约化调整。相关案例包括：在叶安（Yean）、博西格（Bosico）诉多米尼加共和国案中，依据该国法律规定，这些海地非法移民后代，不能获得该国身份。法院审理后认为，该国应调整法律，保护非法移民后代的基本人权。美洲人权法院也通过柯美尔诉阿根廷案，明确了诽谤和污蔑罪行的法律含义，及其与保护言论自由间的区别，填补了法律空白。此外，在戈麦斯·鲁德（Gomes Lund）诉巴西案中也明确了刑罚的限制。

各国对判决的回应不尽相同：在多米尼加案中，国家并未进行任何立法调整。但是，在阿根廷一案对《26.551 法》做出判决后，阿根廷修改了法律，取消了诽谤和污蔑公共利益的表述。[①] 在巴西案中，该国没有接受国际标准的相关规定要求。与此同时，秘鲁宪法法院宣布《反恐法》违宪，理由为——该法和/或相关重新修订内容应当符合国际标准与宪法规定。[②]

在其他案件中，美洲人权法院提出国家应当修改国内法律法规和行政性命令，与习惯法相协调（如阿瓜斯·提格尼诉尼加拉瓜案）。此外，还有包括需采取法律手段填补言论自由保护的法律空白（克劳德·雷耶斯诉智利案）；调整军事法符合国际标准具体规定（拉迪亚·帕切科诉墨西哥案）；以及订立行政项目议案，民事和军事部门公务员纳入印第安人权利保护的国际标准中（如萨拉亚库案）。

美洲人权法院关于合约化的不同判决中，也有一些案例的国家具体执行对法律和宪法的发展有所贡献，以具体形式体现在国家法律规范上。如智利共和国国会通过了 20.285 法《关于获取公共信息权的透明法》，尽管这一权利并未在《美洲人权公约》中承认，美洲人权法院从言论自由权的衍生性解释出发，对该权利予以认可。

又如，拉迪亚·帕切科案及卡斯塔聂塔·顾特曼（Castañeda Gutman）诉墨西哥案，对墨西哥法律发展起了重要作用。墨西哥共和国国会完成了 2011 年 6 月 10 日的修宪工作，规定了人权受国家保护和国际保护的内容。同时，国家最高法院对履行美洲人权法院判决工作发布了多项合约性司法解释（912/2010），在一定时期内促进了国内法合约化进程。尽管随后的司法解释文本又从法理学角度转而支持宪法本身，出现了合

---

① Eduardo Bertoniand Agustina Del Campo, DK "Calumnias e injurias: A dos años de la reforma del Código Penal Argentino", Buenos Aires: Universidad de Palermo, setiembre 2012, pp. 2 - 3.

② 文件编号 N°0010 - 2002 - AI/TC 的宪法法院判决，FJ. 107.

约性宪法解释的一定倒退。①

在阿瓦斯·提格尼（Awas Tigni）诉尼加拉瓜案（见表6-2）中，尼加拉瓜修改了《土地法》以及《宪法》中保障印第安共同体公用地使用、享有和支配权问题。同时，最高法院在2007年2月27日的判决中宣布：关于阿瓦斯·提格尼共同体印第安人土地，政府的林业开发的土地占有行为违宪。②

美洲人权法院在萨拉亚库案中，秘鲁行政机关2012年7月19日通过了第1247号最高法令规定："在资源性地块开发权投标与公布中标过程中，执行事前咨询自由和应当信息公开。"

表6-2　　　　　　　　　　判决（内容）

美洲人权法院判决	判决（内容）
2001年8月31日阿瓦斯·提格尼诉尼加拉瓜案	判决第3条："国家应对其国内法，依据《美洲人权公约》第2条有关人权内容，采取必要的法律、行政以及任何其他必要手段，构建有效机制划分权限并对印第安共同体所有权进行公证，依据习惯法以及印第安人的价值观与使用习惯，执行本判决第138段和164段内容。"
2005年9月8日儿童叶安和博西格诉多米尼加共和国案	判决第8条："国家应在其国内法中，在合理时限内依据《美洲人权公约》第2条规定，采取立法、行政和任何其他必要手段，规范多米尼加共和国国籍取得过程与申请程序，包括出生地国籍取得方式……"

---

① Héctor Fix-Zamudio, DK "la necesidad de expedir leyes nacionales en el ámbito latinoamericano para regular la ejecución de las resoluciones de los organismos internacionales", En *Impacto de las sentencias de la Corte Interamericana de Derechos Humanos*. （coordinadores E. Corso, J. Carmona, P. Saavedra）, México: Tirant lo blanc, 2013, pp. 247-248.

② Grenheth Sierra, DK "República de Nicaragua", En *Derechos Humanos en contexto en America Latina: El impacto del sistema interamericano de derechos humanos en los Estados parte* (Colombia, Ecuador, Haití, México, Nicaragua, Perú, República Dominicana, Uruguay, Venezuela), （Coordinadora L. Bourgorgue-Larse）, México: Titant lo Blanch, 2016, pp. 615-616.

续表

美洲人权法院判决	判决（内容）
2006年9月19日克劳德·雷耶斯诉智利案	判决第161条："法院认为同样重要的是国家依照《条约》第2条内容，如果未能在法律执行和保护自由时达到条约的保障标准；有必要采取立法或其他必要手段，实现上述符合条约的法律和自由权的全面执行。" 判决第163条："……智利应当采取必要手段，在国家审查下，保障信息获取权。其中，应当有效保障在适当行政程序下，实现信息请求的申请与办理。应当在一定期限内解决并提交相关信息……"
2008年5月2日柯美尔诉阿根廷案	判决第11条："国家应当在合理时间内，依据《美洲人权公约》关于人权规定，对其国内法进行相应修改，对国家不明确承认的（特别是前述第18、127和128段），进行修改，以满足法律保障要求，同时，不影响表达自由权的执行。"
2009年11月23日拉迪亚·帕切科诉墨西哥案	判决第10条："国家应当在合理时限内，采取立法改革，使《联邦刑法》第215条符合国际相关标准和《美洲人权公约》有关强迫失踪的规定……"
2010年11月24日戈麦斯·鲁德等人诉巴西案	判决第15条："国家应当在合理时限内，采取必要措施，明确强制失踪罪标准，使之符合美洲标准，履行本判决第287段所述内容……"
2012年6月27日萨拉亚库诉厄瓜多尔案	判决第4条："在合理时限内，国家应当采取法律、行政以及其他必要手段，完全执行并有效实现公民及印第安共同体及部落的事前咨询权，对完全阻碍或影响自由执行该权利的条款进行修改，保障共同体自身参与权，并执行判决第301段内容。"

资料来源：作者根据美洲人权法院判决整理。

（三）较低级别（解释性影响）

美洲人权法院的最后一类判决影响是：建议调整内部法规的解释性内容，使国内法符合国际标准，推动司法职能发展。同时，避免因质询职能的执行，造成观点性偏颇。类似案件如佩特鲁齐（Petruzzi）诉秘鲁案。美洲人权法院判决中（Exp. N°0010-2002-AI/TC），提出应当采取必要措施：一方面，宣布《反恐法》部分内容违宪；另一方面，《刑法》相关条款应当符合宪法和《美洲人权公约》规定。

此外，另一个更具代表性的案件是阿尔托斯居民区诉秘鲁案，尽管美洲人权法院宣布秘鲁两部《大赦法》无效；但在西蒙案中，判决的第23条至第29条，明确提出了一系列对阿根廷国家最高法院的合约性建议，希望通过这些判决促进和推动判决生效。其中宣布对阿根廷军政府时期的法院最终判决与判决核准无效，因为这些判决支持犯下反人类罪而不受惩罚。

又如在雅塔玛（Yatama）诉尼加拉瓜案中，美洲人权法院宣布尼加拉瓜违反《美洲人权公约》，没能对反对最高选举法院决议权利提供简便、快速和有效的法律保障。尽管《宪法》明确规定禁止将选举决定提交司法审查，然而，尼加拉瓜没有遵守美洲人权法院的裁决。事实上，（非案件当事国）秘鲁却通过了符合国际标准的进程，依据相关性原则，通过宪法法院判决实现（文件编号 N°5854-2005-PA/TC，FJ. 29）。在里萨娜·普埃耶斯（Lizana Puelles）案中，尽管秘鲁宪法也禁止对选举决议进行司法审查。

在黄海勇诉秘鲁案中，美洲人权法院最终裁定将以损害国家利益罪而受到刑事起诉的中国公民引渡到中华人民共和国。因为该中国公民当时犯罪时，可判处死刑，但现在，中国在修改了《刑事诉讼法》后，已经取消了对其所犯罪行的死刑刑罚，他不再有死亡的危险。

据此，秘鲁宪法法院依据新判决，2016年4月26日（文件编号 N° 01522 2016-PHC/TC），宣布前次拒绝引渡的判决无效（文件编号 N° 02278-2010-PHC/TC），其解释性依据为：没有明确证据表明，引渡该公民回中国接受司法审判，会受到此前申诉中涉及的死刑刑罚判决。因为中国已对刑法相关规定做出了修改。在美洲人权法院和宪法法院最新判决中认为：依据刑法的有益追溯原则，会对罪行采取有益判决，因此决定引渡黄海勇回国（见表6-3）。

表6-3　　　　　　　　　　判决（内容）

美洲人权法院判决	判决内容
1999年5月30日卡斯蒂略·佩特鲁齐诉秘鲁案	判决第14条："要求国家采取具体措施，对在此次判决中，认定为不符合《美洲人权公约》的法律进行修改，保障所有公民享有《美洲人权公约》规定权利，任何人不应被排除其外。"
2005年6月14日西蒙案，17.768案	判决第24条："美洲人权法院有关阿根廷'高街区'案的结论，做了强制性解释，因为国际法院的援引依据善意原则，决定是司法决定。"
2005年6月3日雅塔玛诉尼加拉瓜案	判决第9条："国家应当，在合理时限内，采取必要立法措施，建立简单、快速和有效的司法途径，允许审查最高选举委员会所做决议中涉及人权内容（包括政治权等），尊重法律和条约保障内容，废除干预或禁止上述审查机制的法律法规……。"
2012年11月28日阿尔塔维亚·穆里略（Artavia Murillo）等人（"生命权以妊娠开始"）诉哥斯达黎加	189段："综上所述，法院将'概念'认定为从执行时刻开始，认为在此前不应执行《美洲人权公约》第4条……。"
2015年6月30日黄海勇诉秘鲁案	204段："法院……认为国家应就其国内法，在面对要求黄海勇先生时，应合理解决，在现行法律并不威胁其生命权及个人诚信情况下，考虑在此案中对其进行引渡。"

资料来源：作者根据美洲人权法院判决整理。

六　结论

美洲人权法院建立的国际标准并非以系统模式发展演进的。这主要由于它是不同时期判决的转化性结果，也因为判决涉及的国家各异。尽管国际标准并非以统一进程进行创制；但在人权保护领域，美洲人权法院判决为国家内部判决建立了司法解释标准。而且，美洲人权法院已在国家内部通过国内法院执行地区法院司法判决模式，对侵犯人权情况实现了修改和调整；在国内法律条款和/或宪法条款侵犯人权时，宣布废除相应违反公约的法条、法律。

在此意义上，美洲人权法院对人权管辖权的扩大，实现了依据具体人权条款，对地区国家法律执行条约规范内容的司法审查职能。判定某项权利受到侵犯，美洲人权法院实现了深入的审查。此外，法院还曾判定反人权的国内法《大赦法》完全不具有法律效力；决定对国内具体法条判决与公约规定相悖；建议当事国司法机关，废除或宣布该内容违宪。

可以说，在具体司法进程中，美洲人权法院有权宣布一个国家内部条款违反公约。这与国内宪法法院承担的审查国内法的职能近似。这一司法权限引发了所有国家的讨论——内容涉及司法自主化、法官自身职权约束等相关问题。美洲人权法院法官主要依据补充性原则，在国家维护国内法律秩序的前提下，就国内法是否符合国际标准或先例进行合约性审查。

第七章　美洲人权法院判决的执行机制

一　概况

美洲人权体系的决定对国家法律制度的影响已逐步深入，这受两个因素的影响：一是该地区民主进程开放程度的高低，及该地区宪法机构的强弱；二是美洲人权体系机构对其决定的执行能力，这不仅基于其根据国际文书产生的管辖权，还基于其权威性或合法性。

我们将在不忽视美洲人权委员会通过其预防措施、建议和年度报告等开展的重要工作的情况下，讨论执行美洲人权法院判决的国家法律问题。

在这一层面，有人指出，国际判决具有法律约束力，但缺乏可执行性。一方面，由于不具有国际行政机构，执行权不能转移给国际司法机构；另一方面，在国内秩序中执行国际判决是国家主权的例外，因此，国家在执行手段上应该有一定的国家裁量权。①

美洲人权法院判决有三个性质：强制性、确定性及原则上不具有执行力。这是因为美洲人权法院只对国际责任做出裁决，不对有责任遵守裁决的国家机关作具体说明，且其不具有废除法律、取消行政行为或判决的权力。

因此，《美洲人权公约》规定，各国承诺在其参与的所有案件中遵守

---

① Andrea Giardina, DK "La mise en oeuvre au niveau national des arrets et des décisions internationaux", En RCADL, t. 165, 1979, pp. 233 ss.; asimismo, Carlos Ruiz Miguel, *La ejecución de las sentencias del TEDH*, Madrid: Tecnos, pp. 28 – 29.

美洲人权法院的决定（第68条第1款），在赔偿方面，应按照国家规定的执行判决程序执行（第68条第2款）。

同样地，在全面赔偿的概念下，《美洲人权公约》给予美洲人权法院很大程度的酌处余地来决定对受害者的赔偿。当确认受害者受《美洲人权公约》保护的权利或自由受到侵犯时，《美洲人权公约》会保证受害方享有他们被侵犯的权利或自由，以及裁决，"造成侵犯此种权利或者自由的措施，或者局势而产生的后果将得到救济，并应当给予受害一方以公平的补偿"（第63条第1款）。

鉴于上述情况，针对国家有意或无意侵犯人权的行为，美洲人权法院制定了辅助性和互补性原则，以及国家法官对国家规范秩序的合约性审查原则；其中，要求"公约缔约国承诺尊重本公约所承认的各项权利和自由"（《美洲人权公约》第1条第1款），各缔约国承诺根据它们各自的宪法程序和本公约的规定采取为使这些权利或者自由生效所必需的立法或者其他措施（《美洲人权公约》第2条）。[1]

因此，在判例实践中，美洲人权委员会显然已成为第四审级：依据实际情况审查或取消国家判决，核实已证明的事实和解释的国内法律是否符合《美洲人权公约》。它还纳入了对"立法真空"、法律的有效性、甚至是宪法规范的合约性审查。最后，为了人权的至高无上，使国家民主原则相对化。[2]

在美洲人权法院转型的这种情况下，我们将分析以下内容：第一，各国为允许执行国际判决而进行的规范性变化是什么？第二，与执行法院判决最相关的国家判例是什么？第三，判决对法律和宪法规则的修改产生了什么影响？

---

[1] Ariel Dulitzky, DK "An Inter-American Constitutional Court? The invention of the Conventionality? Control by the Inter-American Court of Human Rights", *Texas International Law*, Volume 50, Issue 1, 2015, pp. 62 ss.

[2] □ *Natalia Torres*, El control de convencionalidad de las normas constitucionales: Impacto de las sentencias de la Corte Interamericana de Derechos Humanos en la teoría del cambio constitucional, Saarbrücken: Editorial Académica Española, 2015, pp. 39 y ss.

二 执行美洲人权法院判决的国内程序性机制

拉丁美洲国家的经验表明,在一些情况下,有明确规定的执行美洲人权法院的裁决体制和法律机制。在另一些情况下,也有根据国家法规的特点,通过国家法院的司法途径执行的裁决。

(一) 执行美洲人权法院判决的体制机制

体制机制意味着行政部门努力协调负责执行美洲人权法院裁决的不同机构或实体。

在秘鲁,第1068号法令创建了由各理事会负责的国家法律保护体系。它汇集了所有国家机构,同司法权力机构、公共部、宪法法院、共和国总审计长办公室、外交部和秘鲁国家警察局保持特殊关系,以实现其宗旨和目标。

在执行美洲人权法院的判决时,赔偿将由其自身自愿担付。如果判决没有确定负责和有责任支付的国家实体,理事会将通过各自的协议来确定。

在墨西哥,值得一提的是,1997年和2003年总统创建了工作委员会,其职权包括协调联邦公共行政机构和实体的行动,以执行国际人权机构发布的判决、决议和建议。

2008年8月29日的总统令加强了对这一领域的干预。该总统令通过了《2008—2012年国家人权方案》,方案对所有公共行政实体均是强制性的,其行动战略之一是"促进对国际机构在人权领域的建议、一般性意见和咨询意见采取后续行动,并执行国际法院的判决"。[1]

---

[1] Héctor Fix-Zamudio, DK "La necesidad de expedir leyes nacionales en el ámbito latinoamericano para regular la ejecución de las resoluciones de organismos internacionales", *Impacto de las sentencias de la Corte Interamericana de Derechos Humanos* (E. Corzo, J. Carmona y P. Saavedra), México: Tirant Lo Blanch, 2013, pp. 263 - 268; también Jorge Carmona, DK "Panorama y problemática de las fórmulas latinoamericanas para la atención de recomendaciones y ejecución de sentencias internacionales en materia de derechos humanos", Consulta: 27 de marzo de 2016, http://www.juridicas.unam.mx/wccl/ponencias/13/217.pdf.

在哥伦比亚，外交部负责同执行美洲人权法院判决的国家进行协调，即人权和国际人道主义法局相协调。在与其他实体协调中，根据规定的义务，执行美洲人权法院判决的具体任务。

一方面，内政和司法部负责履行保护义务，对人权保护方案的受益人进行资格审查，并为证人、人权维护者、社会领导人、政治家及其他受威胁者提供安全保护措施；另一方面，总检察长办公室履行调查严重侵犯人权行为的义务。为此，设有国际事务局，作为负责官员与外交部之间的沟通渠道，并向后者通报美洲人权法院下令进行的刑事调查的进展。

最后，总检察长办公室有责任根据美洲人权法院的裁决，要求审查国家判决，并对负责侵犯人权方面工作的公务员进行纪律调查；并有责任在外交部的协调下，与主管官员联络，将能够充分执行美洲人权法院对哥伦比亚的判决所需的资金纳入预算。①

（二）执行美洲人权法院判决的法律机制

2002年修订的《墨西哥宪法》第113条第2款规定，"国家对因其非法行政活动对个人财产或权利造成的损害承担客观且直接的责任。个人有权根据法律规定的依据、限制和程序获得赔偿"。

基于《墨西哥宪法》规定，2004年通过的《国家财产责任法》第2条指出，为履行国家对其违规行政活动的责任而制定的程序将适用于执行美洲人权法院的裁决及建议。只要建议被墨西哥接受，就应适用于支付赔偿。上述条款还规定，经宣布负有责任的联邦实体需接受并执行美洲人权法院的建议和关于赔偿的裁决。

在这方面，应该注意到上述法律的两个不足之处。一是美洲人权法院的判决不是只包含国家应承担的金钱义务（赔偿）。因此，对于其他

---

① Rosmerlin Estupiñán Silva, DK "República de Colombia", En: Laurence Burgorgue - Larsen (coordinadora), *Derechos Humanos en contexto en Latinoamérica. El impacto del sistema interamericano de derechos humanos en los Estados partes* (*Colombia, Ecuador, Haití, México, Nicaragua, Perú, República Dominicana, Uruguay, Venezuela*). Volumen 1. México: Tirant lo Blanch, 2016, pp. 137 - 141.

类型的措施，该法律将不适用。二是法院的判决书确定了国家作为一个整体在美洲人权体系面前的责任，但没有确定或明确哪个实体、机关或政府级别对侵犯《美洲人权公约》的权利负责。因此，该法律在这方面的实践中可能不适用。

在哥伦比亚，通过1996年第288号法律，"根据某些国际人权机构的规定，制定了对侵犯人权行为的受害者进行赔偿的文书"，并由1998年第1818号法令规范，哥伦比亚有一个法律框架来执行联合国人权委员会和美洲人权委员会的决议。

虽然这一规范性框架对于在国家层面实现对人权的尊重具有重要意义，但它没有包括美洲人权法院发布的决定。

因此，上述法律的第2条规定：

> 就本法而言，只有在符合以下要求的侵犯人权案件中，才可以进行调解或清偿损失：
>
> 《公民权利和政治权利国际公约》下的人权事务委员会或美洲人权委员会事先做出书面的明确决定，就哥伦比亚国家侵犯人权的具体案件做出结论，并规定必须对相应的损害进行赔偿。
>
> 现有一个初步概念，即组建委员会以执行国际人权机构的决定，组成人员包括内政部长、外交部长、司法和法律部长以及国防部长。

阿根廷的情况较为特殊。因为作为联邦制的国家，不仅联邦政府会侵犯人权，地方政府也会侵犯人权。在这个意义上，对于《美洲人权公约》体系来说，在联邦制的国家，联邦政府要承担责任。《美洲人权公约》第28条规定：

> 1. 任一缔约国成为一个联邦国家时，该缔约国的国家政府应当对它所行使立法和司法管辖的对象，贯彻执行本公约的所有规定。
>
> 2. 关于该联邦国家各组成单位管辖的对象所适用的各项规定，

第七章 美洲人权法院判决的执行机制

该联邦的国家政府应当按照其宪法和法律，立即采取适当的措施，使其各组成单位的主管当局能够制定适当的规定以便保证本公约的履行。

这项规定明确说明，它允许对不同司法机构的责任进行区分和界定，但并不免除联邦国家执行美洲人权法院的判决的责任。还需指出，尚不存在法律框架允许联邦政府和各州采取联合及协调行动以执行美洲人权法院的判决。在这方面，阿根廷已特别采取友好解决方式，并在适当情况下承认国际责任。①

就阿根廷而言，曾出台过一项法律草案（1999年4月17日第1830/99号），虽然并未通过，但其旨在建立一个法律框架，以便在阿根廷国内执行美洲人权委员会和美洲人权法院的裁决。②

值得注意的是，智利执行判决实现了真正的体制变革，甚至包括《宪法》改革。这符合美洲人权法院在奥梅多·布斯多思等人诉智利案中的裁决。

尽管如此，在智利，和该地区的其他经验一样，没有具体的立法来规范对美洲人权法院判决的执行。虽然可以使用《智利民事诉讼法》中规定的财产审判（关于命令智利财政部支付款项的司法行动）和领事认可（关于承认和执行外国判决），但这不适合执行美洲人权法院的判决。③

秘鲁的情况很特殊，它是美洲人权法院所审查的判决数量最多的国

---

① Juan Carlos Hitters, DK "Los efectos en el derecho interno de las sentencias de la Corte Interamericana de Derechos Humanos", En*Impacto de las sentencias de la Corte Interamericana de Derechos Humanos*, (E. Corzo, J. Carmona y P. Saavedra), México: Tirant Lo Blanch, 2013, pp. 297 – 302.

② Héctor Fix – Zamudio, DK "La necesidad de expedir leyes nacionales en el ámbito latinoamericano para regular la ejecución de las resoluciones de organismos internacionales", En *Impacto de las sentencias de la Corte Interamericana de Derechos Humanos*, (E. Corzo, J. Carmona y P. Saavedra), México: Tirant Lo Blanch, 2013pp. 258 – 260.

③ Santafelices, Tábata y Mayra Feddersen, DK "Ejecución de sentencias internacionales sobre derechos humanos en chile", pp. 104 – 107. Consulta: 26 de marzo de 2016, http: //www.udp.cl/descargas/facultades_ carreras/derecho/pdf/anuario/2010/07_ Santelices_ Feddersen.pdf.

家，而且尽管有法律框架，但取决于政治和司法因素的判决执行超出了《圣何塞公约》缔约国必须表现出的诚意。

原则上，应指出，国家法院与美洲人权法院裁决的联系已经在立法层面上得到承认。在这方面，《宪法诉讼法》（由 2004 年第 28237 号法律通过）沿用了 1993 年《宪法》最终和过渡性条款第 4 条中规定的开头条款，规定：

> 《宪法》承认的与权利和自由相关规定应依据《世界人权宣言》，以及秘鲁批准的有关国际条约和协议做出解释。

这一规定无疑是指美洲人权法院的决定。此外，这项立法规定是宪法法院更早建立的判例法的结果。事实上，该法院已指出：

> 根据《宪法》最终和过渡性条款第四条，《宪法》承认的与权利和自由相关规定应依据《世界人权宣言》，以及秘鲁批准的有关国际条约和协议做出解释。根据人权条约进行的这种解释，隐含着超国家机构保护人类固有属性的目的，特别是美洲人权法院，它是该地区权利的最终监护人（EXP217 - 2002 - PA/TC 号判决第 2 条）。

从以下案例中可以看出，这一判例法是不变的：EXP 00218 - 2002 - HC/TC、EXP 00026 - 2004 - AI/TC、EXP 02798 - 2004 - HC/TC、EXP 01417 - 2005 - PA/TC、EXP 04677 - 2005 - PA/TC、EXP 04587 - 2004 - AA/TC、EXP 2730 - 2006 - PA/TC 等。

然而，关于执行美洲人权法院的判决，上述法典第 115 条规定：

> 对于秘鲁接受其明确管辖的司法机构的决定，其有效性和效力不需要任何承认、审查或事先审查。这些决定由外交部传达司法部长，司法部长转达已穷尽国内管辖权的法院，并由主管法官根据第 27775 号法的规定下令执行，该法规定了执行超国家法院判决的程序。

因此，美洲人权法院的判决必须依照国家层面的程序来执行。

这一程序由第27775号法律规定。该法律规定了2002年执行超国家法院发布的判决程序，并由2008年第1068号立法令默示修改，该法律建立了国家法律保护体系（该内容见报告038-2013-JUS/CDJE-ST）。

在此意义上，规定判决书将由外交部送交司法权力机构主席，以便转交给已用尽国家管辖权的司法机构。

2010年，司法机构通过第089-2010-CE-PJ号行政决议，将利马第48民事法庭改为执行超国家判决的专门法院，具有超省级管辖权。

尽管努力在司法机构层面使有效执行美洲人权法院决定的渠道制度化，但根据2015年5月16日在《官方公报》上公布的第098-2015-CE-PJ号行政决议，上述司法机构除履行超国家判决的职能外，还负责处理民事案件。因为在该行政决议发布之日，人们注意到上述法院只负责正在处理的18个案件。

我们认为这一行政性质的决定是不明智的。因为尽管上述司法机构在数量上可能有很低的程序负担，但美洲人权法院的判决具有复杂性。这有必要让一个或多个国内司法机构负责判决执行。

这是因为执行美洲人权法院的裁决可能需要修改立法、进行结构改革及采取象征性的赔偿措施。这不仅涉及行政官员，而且更多的是涉及不愿执行这些决定的政治官员。

该法最初规定，司法和人权部有责任通过相应的预算来执行包含赔偿金的判决。然而，随着第1068号立法令的颁布，这些义务改由助推侵犯或侵犯权利的实体或部门负责。

在确定负责金钱判决的国家实体或部门后，法官将向其发送一份判决书副本，期限为10天，以执行判决中的命令。

如果金额尚待确定，则应将有关请求与证据一并转交。被传讯的实体或部门只能对要求的金额进行辩驳。无论是否有异议，法官准备调解听证会所需证据的期限均为不超过30天，并在随后的15天内宣布裁决。可以提出上诉，上诉具有中止效力，高等法院必须在15天内做出裁决。

如果判决确定国家对判决书以外的其他权利造成了损害，相关方可以根据《民事诉讼法》的规定，通过简易程序要求相应的赔偿。

关于临时措施，法律规定，法官必须在收到来文后 24 小时内立即执行这些措施。

该法第 5 条规定，国家检察官有权向那些对国际判决中归咎于国家侵权行为负有个人责任的人进行追诉。

最后，该法规定了仲裁的可能性，以解决对赔偿确定及判决之外权利的相关争议。

尽管有这一法律框架，但秘鲁尚未完全执行美洲人权法院的裁决。

（三）根据判决规定执行美洲人权法院的判决

在判例实践中，美洲人权法院确定了以下几类措施，旨在纠正侵犯人权行为：

1. 恢复原状措施，旨在尽可能恢复至权利被侵犯前的状况。

一方面，已规定释放被拘留者（洛艾扎·塔马约诉秘鲁案，他在判决后一个月被释放）；恢复股东权利（巴鲁什·伊夫彻诉秘鲁案，其股份被重新估值；同时，在监督判决过程中，将可能危及他作为电视频道所有者权利的税收措施宣布无效）；以及恢复就业和/或保障工资及社会和劳动权益（宪法法庭诉秘鲁案中，这一措施在美洲人权法院判决发布前执行）。

另一方面，执行事先协商，以及清除属地内的爆炸物（基奇瓦·德·萨拉亚库诉厄瓜多尔案，由于厄瓜多尔政府在判决发布前撤销了授予的特许权，该协商没有得到执行；爆炸物的清除工作仍在进行中）；或归还祖传属地（亚克耶·阿克萨诉巴拉圭案中，尽管下令归还祖传属地并授予其所有权，受害者还是接受了替代属地。但迄今为止，国家仍未授予其所有权并修建道路以方便受害者进出）。

2. 赔偿措施。美洲人权法院自判决以来，规定在无法完全恢复受损权利的情况下，支付物质损害（间接损害、收入损失或财产损害）的补偿性赔偿（洛艾扎·塔马约诉秘鲁案中，法院承认生活规划损害这一新概念。这一概念也体现在内拉·阿莱格里亚、卡斯蒂略·派兹、杜兰德和乌加特、塞斯蒂·乌尔塔多诉秘鲁案中）。

3. 补救措施，旨在补救非物质损失，如侵权行为造成的痛苦和折磨，对个人非常重要的价值观的损害，以及对受害者生活条件的任何金钱性质的改变。

在这方面，有承认责任和赔偿受害者的公共行为（阿尔托斯居民区诉秘鲁案）；公布和分发美洲人权法院判决（赫尔曼诉乌拉圭案，基奇瓦·德·萨拉亚库诉厄瓜多尔案）；纪念受害者或事实（卡斯特罗·卡斯特罗诉秘鲁刑事案）；以及被认为是赔偿形式的公布判决（阿尔托斯居民区、戈麦斯·帕洛米诺、米格尔·卡斯特罗·卡斯特罗诉秘鲁刑事案）。

应指出，这些措施在某些情况下会导致一些困难。例如在哥伦比亚，受害者和国家代表在国家高级当局参与问题方面缺乏协调（伊图安戈屠杀以及19位商人和全部村民诉哥伦比亚案）。

4. 康复措施，旨在提供必要的医疗和心理护理，以满足受害者的身体和心理健康需求。该措施须立即且免费进行，包括提供药品，并在适当时提供物资和服务。已在杜兰德和乌加特、洛瑞·贝伦森（Lori Berenson）、惠尔卡·泰克塞（HuilcaTicse）等诉秘鲁案中确定了这类措施。

5. 保证不重犯，防止案件中侵犯人权行为再次发生。

美洲人权法院已下令调整国内立法，包括废除自我赦免法（阿尔托斯居民区诉秘鲁案），采取适当程序以赔偿受损害的权利（阿瓦斯·廷尼诉尼加拉瓜案）以及合约性审查（阿尔莫纳希德·阿雷亚诺等人诉智利案）。

同时，武装部队成员、法官和检察官（包括军事人员）应接受人权和国际人道主义法的培训（格尔曼诉乌拉圭案、卡斯特罗·卡斯特罗诉秘鲁刑事案、拉迪亚·帕切科诉墨西哥案）。

最后，为了避免有罪不罚现象发生，保证受害者或其亲属了解真相的权利，美洲人权法院规定各国有义务调查、起诉并酌情惩处那些侵犯《美洲人权公约》和美洲人权体系其他文书所保障的人权的人（洛艾扎·塔马约和内拉·阿莱格里亚诉秘鲁案）。

（四）通过国家法院的判例执行美洲人权法院的判决

正如我们所指出的，墨西哥没有适当的法律框架来执行美洲人权法院的裁决。然而，尽管存在这一不足，但自 2008 年卡斯塔尼达·古特曼（Castañeda Gutman）和 2009 年拉迪亚·帕切科（Radilla Pacheco）案件以来，提出了这些判决在墨西哥的执行问题。在第一个案件中，美洲人权法院对国家进行了谴责并下令：

……规定国家必须在合理时间内完成国内法与《美洲人权公约》的适应工作，根据 2007 年 11 月 13 日宪法改革的规定，调整二级立法和规范保护公民权利的审判规则。通过这一途径，有效保障公民对选举权法律规定的合宪性提出质疑的权利……

在第二个案件中，美洲人权法院宣布，墨西哥违反了《美洲人权公约》第 2 条规定的使其国内法符合《美洲人权公约》的义务，因为：

……《军事司法法典》是军事法院干预上述三起案件的依据。该法典允许军事法院审判任何仅因服役而被指控犯有普通罪行的军事人员。关于上述侵权行为，法院在这三起案件中命令该国采取类似的赔偿措施，包括使国内法符合《美洲军事刑事管辖权公约》，并建立一种补救措施，以质疑该管辖权……

遵照这一决定，2011 年 6 月 10 日进行了改革，使《宪法》与《美洲人权公约》协调一致，使条约中的人权在墨西哥法律体系中具有更高的规范地位。

然而，判决的其他方面需要联邦司法机构的干预，因此影响争论时效，特别是在最高法院于 2011 年 7 月 14 日对 912/2010 号案卷就拉迪亚·帕切科判决①的执行情况做出裁决之后。

在上述判决中，自1995年《宪法》改革以来，墨西哥最高法院一直承担宪法法院职责，包括该法院在内的所有墨西哥法官都受美洲人权法院的判决和解释标准的约束。

在这方面，法院指出，在墨西哥作为美洲人权法院诉讼方的案件中，联邦司法机构的法官受判决和"判决中包含的所有标准"的约束（序言19条）。对于墨西哥不是诉讼方的其他判决，将作为"墨西哥法官所有判决的指导标准，但始终保持对个人最有利"。

对墨西哥最高法院来说，执行美洲人权法院在拉迪亚·帕切科案判决第339段中确立的标准是一个挑战。其中规定，"司法机构必须在其各自的权力和相应的程序规定框架内，对国内规范和《美洲人权公约》之间的合约性进行审查。在这项任务中，司法机构不仅要考虑到条约，还要考虑到美洲法院对条约的解释"。

这项任务在墨西哥合宪性控制体系的体制工程方面是一个真正的挑战，必须将合约性审查和美洲人权法院的标准纳入其中。

此外，必须补充的是，2011年的改革使《宪法》与《美洲人权公约》相一致，规定了所有当局促进、尊重、保护和保障人权的义务。

为了将其与合约性审查相结合，墨西哥最高法院对合宪性审查模式进行了分析，结果为在美洲人权法院给予的国家裁量范围内，制定了一种合宪性和合约性审查的一般模式。②

最后，根据美洲人权委员会的裁决，墨西哥最高法院对军事管辖权的属人管辖权范围做出解释，规定"任何情况下都不得在侵犯平民人权的情况下运作"。

尽管取得了这一进展，但近年来，墨西哥最高法院的判例法出现了一定的倒退。在这个意义上，在293/2011号驳斥令中，确立了《宪法》和人权条约中承认的人权具有相同的等级地位。但是，如果《宪法》中

---

① José Ramón Cossío Díaz, DK "Primeras implicaciones del caso Radilla", *Cuestiones Constitucionales Revista Mexicana de Derecho Constitucional*, número 26, junio – diciembre de 2012, pp. 31 – 63.

② 2010年7月14日第912/2010号Varios文件。

对权利有明确的限制，须以限制优先。该驳斥中规定，普通的或受联邦宪法保护的法官适用于对他们具有正式约束力的司法标准，即使该标准违宪或不符合宪法。因为不遵守标准是司法委员会纪律制度所惩罚的过失。

在1046/2012号受审保护令中指出，只有在当事方提起诉讼或在例外情况下由法官提起诉讼时，才能对规定的合约性或合宪性进行审查，即不能按照人权法院的规定控制职权的合宪性。

最后，在Varios 1396/2011号判决中重申，谴责墨西哥的判决具有约束力，但墨西哥不作为当事方的判决必须符合某些要求，例如，墨西哥不是当事方的美洲人权法院的判决只有在案件涉及墨西哥宪法承认的权利（"镜像"权利）、基于相同的理由以及先前已与国家标准协调的情况下才会适用。

哥伦比亚方面，尽管没有规范性框架，但根据宪法文本及国际人权法的规定，宪法法院已接受美洲人权法院的判例，将其作为解释哥伦比亚宪法所承认权利的来源和规范性参考。

在这方面，哥伦比亚宪法最高法院在2000年C-010号判决中指出：

> 法院同意干预者的意见，即美洲人权法院是受权对《美洲人权公约》进行权威性解释的司法机构，它所制定的理论在这一问题上具有突出作用。事实上，正如宪法法院多次指出的，《宪章》第93条规定，宪法权利和义务必须"根据哥伦比亚批准的国际人权条约"来解释。毫无疑问，负责解释这些条约的国际机构的判例构成了确定宪法基本权利规范含义的相关解释标准。

虽然哥伦比亚法院赋予美洲人权法院的决定以规范性价值，并遵循其对《美洲人权公约》的解释标准来解释哥伦比亚宪法中关于基本权利的规定，但根据人权最大保障原则，解释者必须选择最有利于实现人权的规范，它指出：

> 这一领域的公约（保护人权）通常包含一个有利的解释性条款，

根据该条款，国家根据其国内立法或其他国际条约承认的任何权利都不得受到限制或损害，并以有关公约不承认这些权利或承认程度较低为借口。哥伦比亚法院在几项判决中承认了这一解释规则在哥伦比亚法律体系中的约束性。根据这一规则，如果体现或发展人权的不同规范之间发生冲突，解释者必须倾向于更有利于实现权利的规范。在这方面，法院的结论是，第93条第2款将哥伦比亚批准的所有涉及《宪法》所规定权利的人权条约纳入宪法。根据有利性的解释规则，解释者必须选择和适用最有利于实现人权的规定（2001年T1319号判决依据12）。

据此指出，"美洲标准的纳入不是自动或直接的，因为国内法官必须进行解释工作，只有发现国家标准优于或更有利于充分实现人权时，才能偏离我所称的美洲先例"。[①]

因此，在哥伦比亚，虽然美洲人权法院的标准对权利的解释具有规范性，但在国家法官的判断范围内，以更好实现哥伦比亚宪法宪章所承认的权利为目的，可决定选择国家或国际标准。

然而，宪法法院在不同的裁决中接受了美洲标准。由于国内法需要与《美洲人权公约》的要求协调一致，其中一些裁决尚存争议。

哥伦比亚法院在解决与受害者权利有关的案件时指出，除经济赔偿外，受害者还有权了解事实真相，并对责任人提出审判：

> 国际法认为仅给予受害者和受害方损害赔偿不足以有效保护人权，因为真相和正义是一个社会避免重复发生严重侵犯人权情况所必需的。此外，由于承认所有人的固有尊严、平等和不可剥夺的权利，各国的司法补救措施应着眼于对受害者和受害方进行全面赔偿，包括损害赔偿和诉诸司法，以了解所发生事件的真相，并通过机构渠道寻求对责任人的公正惩罚（2002年C系列228号判决依据4.2）。

[①] Vargas Silva and Luis Ernesto, DK "Los efectos de las decisiones de la Corte Interamericana de Derechos Humanos: una visión desde el nivel nacional", *mimeo*, p. 13.

在上述判决中，除国际人权法其他来源外，美洲人权法院在委拉斯开兹·罗德里格斯（Velásquez Rodríguez）诉洪都拉斯案和阿尔托斯居民区诉秘鲁案中的判决被用作解释参考，以证明受害者的权利。

同样，美洲人权法院的标准也被用来评估所谓的和平法律框架。在这方面，我们可以列举以下判决（见表7-1）。

表7-1　　　　　　　　　　判决（内容）

宪法法院判决	判决对象	哥伦比亚判决（内容摘录）	所参考的美洲人权法院判决
2012年C-715	2011年第1448号法律违宪，该法律规定了对国内武装冲突受害者的关心、援助和全面赔偿措施，并做出了其他规定（关于受害者的权利）	"应重申，美洲人权委员会的判例强调了赔偿权与了解真相和正义的权利之间的内在联系，并多次指出受害者了解事件的权利，了解事件的代理人，其亲属遗体的位置，以及调查相关事实和惩罚责任人的权利，是对受害者赔偿的一个组成部分，构成国家使受害者、其亲属和整个社会满意的必要权利。"（依据4.3）	卡斯蒂略·帕兹诉秘鲁案；阿洛埃博托（Aloeboetoe）等人诉苏里南案；卡瓦列罗·德尔加多（Caballero Delgado）和桑塔纳（Santana诉哥伦比亚案；委拉斯开兹·罗德里格斯诉洪都拉斯案
2013年C-099	2011年第1448号法律违宪，该法律规定了对国内武装冲突受害者的关心、援助和全面赔偿措施，并做出了其他规定（关于归还流离失所者的土地和行政赔偿）	该判决提到了2012年C-715号判决中列出的受害者权利目录	没有直接参考，可将2012年C-715号判决作间接参考

续表

宪法法院判决	判决对象	哥伦比亚判决（内容摘录）	所参考的美洲人权法院判决
2013 年 C–579	2012 年第 01 号立法法案违宪性，该法案在《政治宪法》第 22 条的框架内制定了过渡司法的法律文书，并做出了其他规定	根据美洲人权法院的各项判决，判决的依据 7.1 列出了受害者的权利（赔偿、了解真相、获得有效的司法补救）和国家的相关义务（防止和惩罚侵犯人权行为、调查和惩罚责任人、不接受《大赦法》或时效法规）	戈丁内斯·克鲁兹（Godínez Cruz）诉洪都拉斯案；阿尔托斯居民区诉秘鲁案；米尔纳·麦克·张（Myrna Mack Chang）诉危地马拉案；戈麦斯·帕基亚里（Gómez Paquiyauri）兄弟诉秘鲁案；马皮里潘（Mapiripán）屠杀诉哥伦比亚案；莫伊瓦那（Moiwana）社区诉苏里南案

在另一个同样与受害者权利有关的案件中，法院审查了《刑法》第 8 条的合宪性，该条承认"除国际文书规定的外"（2001 年 C–554 号判决）禁止双重审判的权利。

为理解该案，须阐明的是，《哥伦比亚宪法》第 29 条承认哥伦比亚人享有"不因同一行为被审判两次"的权利；而《刑法》第 8 条规定："除国际文书规定的情况外，任何人不得多次因同一应受处罚的行为被指控，无论其法律名称如何。"

初读时，《宪法》和《刑法》之间的矛盾是显而易见的。然而，法院认为，这一禁令并不是绝对的，特别是在国际上普遍认识到，面对侵犯人权的行为，一罪不二审不能成为调查和惩处这种行为的障碍。甚至强调，"美洲法院已指出，一罪不二审原则并不妨碍其行使管辖权"（2001 年 C–554 号判决第 4.6 条）。

就土著人民权利而言，在 2011 年 T–235 号判决的第 2 条第 3 款中，采用美洲人权法院就社区与土地在物质和精神方面联系的标准，来承认他们的集体财产权〔马雅哥那·阿瓦斯·廷尼（Mayagna Awas Tingni）诉尼加拉瓜案〕。

在另一个案件中，关于国家主权的限制以及适用刑法的属地原则和治外法权原则，宪法法院引用了美洲人权法院的判例。通过举例指出，国家的主权可以受到限制，特别是当哥伦比亚等国家已经接受美洲人权委员会和美洲人权法院的权限时。据此指出：

> 立法权和管辖权受到了哥伦比亚等承认美洲人权委员会和美洲人权法院权限的国家的限制。关于行使旨在排除酷刑和即决处决的刑事责任的立法权力方面，美洲人权法院认为，这种排除违反了《美洲公民权利和政治权利公约》。关于管辖权，美洲人权法院表示，一罪不二审原则并不妨碍同一法院在行使管辖权免除其代理人的刑事责任后，对相同的事实进行裁决，以评估是否存在违反《美洲人权公约》的行为。显然，上述对这一原则的考虑只是主权限制的一个例子。事实上，这一原则取决于每个案件中相应条约的内容和强制法（2001 年 C-621 号判决依据 5.1）。

在一个因其政治影响而引起争议的案件中，哥伦比亚宪法法院分析了 1991 年《宪法宪章》第 277 条第 6 款、《美洲人权公约》第 23 条第 2 款和美洲人权法院对洛佩斯·门多萨（López Mendoza）诉委内瑞拉案判决之间的兼容性（该案分析了罚款和取消三年竞选公职资格的行政处罚与《美洲人权公约》的兼容性）。

上述宪法规定，国家总检察长有权"对公职人员，包括普选公职人员的官方行为进行高级监督；行使优先纪律处分权；提前进行相应的调查，并依法实施相应的制裁"。由此可见，检察官甚至可以对民选官员行使纪律处分权。

在这一框架内，检察官对参议员皮达·埃斯内达·科尔多瓦·鲁伊斯（Piedad Esneda Córdoba Ruíz）发出了开除令，取消其十八年内担任公职的资格，原因是他参与了哥伦比亚革命武装力量——人民军的宣传和合作。该参议员提起监护诉讼，2013 年 SU-712 号判决对诉讼予以拒绝。

对此，法院须评估上述宪法规定与《美洲人权公约》第 23 条第 2 款的兼容性。规定：只有根据年龄、国籍、住所、语言、教育、文化能力和智力，或者在刑事诉讼中基于主管法院的判决，法律才可以限制上述各款所规定的权利和机会的行使。

根据《美洲人权公约》的这一规定,对民选官员的初步制裁只能由法官通过有适当保障的刑事诉讼程序实施。因此,原则上,检察官对科尔多瓦参议员实施的撤职和取消资格的制裁可以被定性为违反《美洲人权公约》。

然而,法院驳回了这一论证,理由如下:(1)《美洲人权公约》没有限定国家对政治权利施加限制的可能性,如行政限制;(2)洛佩斯·门多萨诉委内瑞拉案是在与科尔多瓦参议员不同的事实和法律背景下决定的。

关于第二个论证,哥伦比亚法院考虑到,美洲人权法院在分析洛佩斯·门多萨诉委内瑞拉案时认为,根据委内瑞拉宪法,中止政治权利只能通过最终判决来确定。据此指出:

> 本案发生的事实和法律背景与目前正在审查的案件不同。委内瑞拉宪法要求进行"司法判决"以取消公职资格。但在哥伦比亚的案件中,宪法并未作此要求,而是赋予国家总检察长对包括普选在内的公职人员的官方行为进行高级监督的权限。
>
> 在任何情况下,即使《美洲人权公约》提到"由主管法官在刑事诉讼中定罪",也应注意到法院本身也承认行政和纪律制裁的可能性,这些制裁"与刑事制裁一样,是国家惩罚权力的体现,有时具有与刑事制裁相似的性质",只要尊重适当程序的保障(2013年SU-712号判决依据7.6.2和7.6.3)。

在阿根廷,阿尔托斯居民区诉秘鲁案后,最高法院于2004年8月24日对阿兰西维亚·克拉维尔(Arancibia Clavel)和理查德·劳塔罗(Ricardo Lautaro)严重故意杀人、非法结社等案的裁决中指出,在危害人类罪案件中,不能援引国内法。因为依该案情况,国内法包括刑事时效。

同样,在赫克托·胡里奥·西蒙(Simon Julio Héctor)非法剥夺自由案的判决中,废除了美洲人权法院在阿尔托斯居民区诉秘鲁案中确立的全面停止1986年12月24日公布的第23492号法律和适当服从1987年6

月 8 日公布的第 23521 号法律，并明确提出论证：

(23) 美洲法院在阿尔托斯居民区诉秘鲁案的判决中澄清了关于阿根廷国家在"全面停止"和"适当服从"方面具体责任范围的疑点……

(24) 如果要将上述国际法院的裁决解释为判例准则，就必须将美洲法院阿尔托斯居民区诉秘鲁案的裁决适用于阿根廷的案件……相反，决定性因素是，"全面停止"和"适当服从"法具有相同缺陷，致使美洲法院拒绝秘鲁的"自我赦免"法。因为两者在一定程度上都是特设法律，目的是避免对人权造成严重损害。

……显然，后继政权通过的法律使前政权的肇事者逍遥法外，从而没有履行对侵犯人权行为进行刑事起诉的义务……

(26) 在这个意义上，阿尔托斯居民区诉秘鲁案对国会大赦的权力规定了严格限制，去除诸如"全面停止"和"适当服从"法所涵盖的行为。同样，任何国内法律条例，如果以"和解"理由给予任何形式的赦免，使涉及的政权严重侵犯人权行为不受惩罚，就违反了国际法明确且强制性的规定，必须切实予以废除。

这一判决使赫克托·胡里奥·西蒙（Héctor Julio Simón）被判处 25 年有期徒刑并剥夺政治权利终身。这导致了一千多起刑事案件的开庭，以调查安全部队中与 1976—1983 年镇压有关的军人及退役军人的责任。[1]

同样地，在 2007 年 7 月 13 日利利奥·胡里奥·马泽奥（Lilio Julio Mazzeo）等人诉废除和违宪案中，阿根廷最高法院撤销了对圣地亚哥·里韦罗斯（Santiago Riveros）将军的总统赦免。此外，还有阿尔托斯居民区诉秘鲁案和阿尔莫纳希德·阿雷亚诺诉智利案。

---

[1] Leonardo Franco, DK "Recepción de la jurisprudencia interamericana en el ordenamiento jurídico argentino", en García Ramírez, Sergio y Mireya Castañeda, En *Recepción nacional del Derecho Internacional de los Derechos Humanos y admisión de la competencia contenciosa de la Corte Interamericana de Derechos Humanos*, México: UNAM, Secretaría de Relaciones Internacionales, Corte Interamericana de Derechos Humanos, 2009, p. 167.

众所周知，智利迄今已因以下案件（见表7-2）受到谴责。

表7-2　　　　　　　　　　　　判决（内容）

判决	相关权利	相关事实
2001年2月5日奥梅多·布斯多思等人诉智利案	言论和思想自由	根据宪法规定，禁止放映电影《基督的最后诱惑》（La úLtima tentación de Cristo）
2005年11月22日帕拉马拉·伊里巴内诉智利案	言论和思想自由	退役军人亨贝托·帕拉马拉（Humberto Palamara）因出版《道德与情报服务》（Ética y Servicios de Inteligencia）一书而被军事法庭定罪
2006年9月19日克劳德·雷耶斯诉智利案	言论和思想自由，获取国家信息	起诉人被非理阻止获取国家掌握的一项影响环境的林业项目的相关信息
2006年9月26日阿尔莫纳希德·阿雷亚诺诉智利案	司法保障	1973年逮捕和杀害路易斯·阿尔弗雷多·阿尔莫纳西德·阿雷拉诺（Luis Alfredo Almonacid Arellano）教授的武警先后在民事法庭和军事法庭被起诉，根据第2191号法令（《大赦法》），停止审理
2002年2月24日阿塔拉·里福（Atala Riffo）案	平等和不歧视	阿塔拉夫人因女同性恋身份被法院判决脱离对其女儿的照顾

在某些情况下，由于案件有成为政治因素的可能，其判决执行情况良好；而在其他情况下，执行则具有不确定性。

在这方面，奥梅多·布斯多思等人诉智利案的判决通过1974年宪法改革得以执行，取消了《宪法》规定的事先审查制度，该制度的批准于选举过程中推出并获得全体候选人的同意。而早在美洲人权法院判决发布的前一段时间，就已经提出了相关的改革法案。①

阿尔莫纳希德·阿雷亚诺诉智利案的判决命令智利调整国内立法，即废除第 2191 号法令（大赦令法），以便对军事独裁期间侵犯人权的案件进行调查；帕拉马拉·伊里巴内案的判决命令调整有关军事管辖权个人范围的国内立法，因议会没有达成政治共识而未得以实施。②

尽管如此，在克劳德·雷耶斯等案件中，由于无法提供起诉人要求的信息，判决得到了完全执行。无法提供的原因是国家不掌握相关信息，也没有法律权力要求投资者提供这些信息。此外，还进行了宪法改革，将公开原则纳入《宪法》第 8 条（2005 年 8 月 26 日第 20050 号宪法改革法）。随着 2008 年 8 月颁布的第 20285 号法律《公共服务透明度和国家行政信息获取法》的颁布，制定立法允许公民获取国家信息的任务已经完成。③

在阿塔拉·里福案中，尽管美洲人权法院没有就智利立法与《美洲人权公约》在性取向平等方面的兼容性做出正式裁决，但智利国家通过了 2012 年 7 月 24 日第 20609 号法律，制定了反对歧视的措施。

根据秘鲁的经验，宪法法院已承认其与美洲人权法院决定的联系；然而，近年来有一些案件显示出对《美洲人权公约》精神的背叛。在侵犯人权的案件中，最高法院的行为也较为异常。

在宪法法院的案件中，采用了美洲人权法院在圣地亚哥·马丁·里瓦斯案中的标准，驳回了用以适用于阿尔韦托·藤森政府 1995 年颁布的《大赦法》或军事法院做出无罪判决的宪法保护程序。

---

① Bárbara Ivanschitz, DK "Un estudio sobre el cumplimiento y ejecución de las sentencias de la Corte Interamericana de Derechos Humanos por el estado de Chile", en *Estudios Constitucionales*, año 11, número 11, pp. 290 – 292.

② Tábata Santelices y Mayra Feddersen, DK "Ejecución de sentencias internacionales sobre derechos humanos en chile", pp. 109 – 111.

③ Barbara Ivanschitz, "Un estudio sobre el cumplimiento y ejecución de las sentencias de la Corte Interamericana de Derechos Humanos por el estado de Chile", en *Estudios Constitucionales*, año 11, número 11, pp. 292 – 294.

在这些案件中，明确援引了阿尔托斯居民区诉秘鲁案的判决，该判决确定《大赦法》违反了《美洲人权公约》（参见 EXP4587-2004-PA，特别是 EXP679-2005-PA 判决）。

尽管如此，在弗朗顿案（EXP 3173-2008-PHC）中，宪法法院无视美洲人权法院下令调查并惩罚严重侵犯人权行为的判例，决定驳回一项人身保护令，该保护令旨在停止对军人特奥多里科·伯纳贝·蒙托亚（Teodorico Bernabé Montoya）的审理，其涉及被称为"弗朗顿监狱的屠杀"。

这一决定是由负责该案的时任总统阿兰·加西亚的政府以多数票通过的。在该案中，签署人留下了一张反对票，为与美洲人权法院标准的联系进行辩护。

在另一个可能比上述更有争议的案件（EXP00001-2009-PI/TC 的判决）中，宪法法院以多数票通过了军事司法规则，由于这些规则不符合美洲人权法院在这一问题上制定的标准，甚至错误使用了美洲人权法院的某些判决摘录，对此，签署人提请注意（参见兰达·阿罗约法官的反对投票，第 16 段）。

在 EXP04617-2012-PA/TC 案中，决定取消税务局对泛美电视台司法管理人停止缴纳税款的要求。国家通过司法机构任命了管理人，由于其在支付税款债务上的疏忽，不能从任命官员的行为中获益。

在此案中，以摩尼教的方式采用了伊夫彻诉秘鲁案的审查性裁决。应补充的是，这项裁决内容是请求撤销，被宪法法院的新组成人员以法律确定性为由驳回（2014 年 11 月 18 日命令）。

在此案中，宪法法院的多数人以摩尼教的方式使用了合约性审查，并在一个案件中以惠利一家电视公司为出，采用了并不适用于案件事实的标准。

共和国最高法院则从保守和过度尊重军事部门的立场出发，明显违反了阿尔托斯居民区诉秘鲁案的裁决，宣布在该案中犯下的罪行不能归类为危害人类罪（参见常设刑事分庭 2012 年 7 月 20 日对第 4104—2010 号撤销上诉案的裁决）。

然而，在美洲人权法院的干预下（2012 年 9 月 7 日的监督决议），最高法院在 2013 年 3 月 20 日的决定中宣布上述决议无效。在该决定中，最高法院接受了其与美洲人权法院决定的联系，并将事实归类修改为危害人类罪。

最后，秘鲁法院考虑到美洲人权法院的阿尔塔维亚·穆里略诉哥斯达黎加一案，对从受精卵开始的生命法律保护范围做出了裁决。[①] 这使得利马的一位宪法法官通过合约性审查，废除了宪法法院的裁决[②]，该裁决宣布国家在受精后分发"事后避孕药"是违宪的，因为它可能具有堕胎或抗植入的作用。

宪法法院的裁决认为，对生命权的保护从受精开始，而美洲人权法院的解释是，在《美洲人权公约》的框架内，保护从受精卵着床开始。因此，国家法官以阿尔塔维亚·穆里略诉哥斯达黎加案的判决为解释参考，对宪法判决进行了合约性审查，使其不具效力。《宪法》最终和过渡性条款第 4 条指出，这符合国际条约解释的权利和自由的范围。

三　结论

一方面，拉丁美洲国家已建立体制结构，旨在通过行政部门的协调，将参与执行美洲人权法院判决的各国家实体联系起来，但缺乏相适应的法律框架来规范和保证美洲人权法院判决的执行。

另一方面，美洲人权法院的判决能否有效执行往往取决于每个国家的内部政治因素。只有当国内政治因素有利于判决执行时，如智利的情况所示，调整国内法适应《美洲人权公约》的规定才能得以执行；否则，执行速度会减缓并遇到困难。

美洲人权法院使国内法律符合《美洲人权公约》规定这一决定走的是一条曲折的道路，主要原因是国内缺乏用来规范执行美洲人权法院判决的（具有法律性质的）机制。

虽然一些改革是通过内部机制取得进展的，具体为宪法改革（如墨

[①] Cfr. 利马第一个宪法专门法院 2016 年 8 月 19 日第 30541 - 2014 - 18 - 1801 - JR - CI - 01 号文件。FJ 10。

[②] Cfr. 文件编号 STC 2005 - 2009 - PA/TC。

西哥、智利）和制定法律，但在其他情况下，则是通过法律程序实现的（如哥伦比亚、阿根廷）。值得注意的是，在一些案件中，《美洲人权公约》的精神和美洲法院的判例被歪曲或公开背叛（如秘鲁）。

附件一

秘鲁《宪法》[*]

(1993年10月31日由公民投票通过,1993年12月29日由民主立宪大会批准,1993年12月31日生效)

序言

民主立宪大会以万能上帝的名义,遵照秘鲁人民的要求,并谨记世世代代为我们国土浴血牺牲的先辈,决定颁布本部秘鲁《宪法》。

第一章 人和社会

第一节 人的基本权利

第1条 保护个人并维护其尊严是社会和国家的最高目标。

第2条 所有人均有以下权利。

1. 有生存权、有自己的身份和道德观、身心完整能自由发展和享受福利的权利。在任何有利于即将出生者的情形下,他们也被视作受到保护的对象。

2. 法律面前人人平等的权利。所有人都不能因出身、种族、性别、

---

[*] 本版宪法中文系张斌根据2009年《秘鲁共和国宪法》所做翻译,在《1993年秘鲁政治宪法》基础上的已修改条款请参见脚注。《宪法》后的《最终和过渡性条款》及《特别过渡性条款》系本书译者翻译。

语言、宗教信仰、见解、经济状况或其他原因而受到歧视。

3. 所有人都可以以个人或社团的形式自由奉行道德观念和宗教信仰。任何人不得因思想或信仰而受到迫害，没有因观点而带来的犯罪。在不危害公共道德或破坏公共秩序的情况下，每个人可自由地从事各种公开信仰活动。

4. 所有人都有在事先无须受到批准、检查或阻碍的情况下，通过任一社会传播媒介，以口头、书面、图像或其他方式报道情况、发表意见，表达和传播思想的自由，但须按照法律规定的方式。

通过书籍、报刊或其他社会传播媒介而触犯的罪行由《刑法典》规定，并且由法院审判。

造成某种传播思想的媒介中止或停止的行为，或妨碍其自由发行的任何行动，将构成犯罪行为。报道情况和发表意见的权利包括创办传播媒介的权利。

5. 依据法律规定的相关条款，可不经特定原因而向任一公共机构要求并得到相关信息的权利。但影响个人隐私、明确被法律禁止或涉及国家安全的信息除外。

若银行机密或纳税准备金的信息涉及正在接受调查的案件时，按照法律规定，应法官、总检察官或议会特别委员会的要求，这些信息应被提供。

6. 确保无论是电子化或非电子化、公共或私人的信息机构，都不得提供涉及个人或家庭隐私的信息的权利。

7. 维护自身荣誉和声誉、个人和家庭隐私及本人声音和肖像的权利。因不实言论受到伤害或因任一传播媒介而受到侮辱的任何人，在不影响法律责任的情况下均有权要求进行免费、及时、恰当的纠正。

8. 进行思想、艺术、科学和技术创作的自由，并对这些创作拥有所有权和从中获得利益的权利。国家应拓展获取文化的渠道并鼓励文化的发展和传播。

9. 住宅不受侵犯的权利。未经居住人同意或法律授权，任何人不得进入，更不得进行调查或搜查居所。

但发生现行犯罪行为或有发生现行犯罪行为的紧迫危险情况除外，

由法律规定的健康和严重危险的情况除外。

10. 私人通信和文件不受侵犯和对其保密的权利。

只有在得到法官指令并按照法律规定的情况下，通信、电讯或相关个人隐私才可被打开、扣留、拦截或没收。一切与正被审查的案件无关的事项应被保密。以违反此项规定的手段而得到的私人信件无法律效力。

书籍、收据、账户和行政文书应受到法律规定的相关主管部门的检查和审计。除经授权外，针对此方面采取的行动不包括免职或扣押。

11. 自由选择居住地点、在国家领土内迁徙和出入境的权利。但因健康、许可证或移民申请等原因而受到限制的除外。

12. 不携带武器和平集会的权利。私人或对公共开放的此类集会无须事先告知。在广场和公共道路上举行的此类集会须事先通知相关部门，相关部门只有根据批准的安全和公众健康原因方可予以禁止。

13. 按照法律相关规定，有结社、成立基金会及设立其他形式的非营利合法组织的权利，而无须事先征得批准。此类组织不得因行政决议而被解散。

14. 在不违背法律规定的公共秩序情况下，有以合法目的签订合同的权利。

15. 按照法律规定自由工作的权利。

16. 财产权和继承遗产的权利。

17. 以个人或组织的方式参与国家政治、经济、社会和文化生活的权利。符合法律规定的居民拥有选举权、罢免权、废除公共部门权、立法动议权和公投权。

18. 保护政治、哲学、宗教以及其他方面信仰和专业秘密的权利。

19. 维持民族和文化特性的权利。国家要确认并保护民族和文化的多样性。每个秘鲁人均有权在当局面前通过翻译使用属于自己的语言，外国人在被任何机构传唤时同样享有此项权利。

20. 以个人或集体的形式向主管当局提出书面请愿的权利，主管当局根据其职责有义务在法定期限内给有关个人或集体以书面答复。武装部队和警察部队成员不得以个人的方式行使请愿的权利。

21. 拥有国籍的权利。不得剥夺任何人的国籍，也不得剥夺任何人在共和国领土内外取得或更换护照的权利。

22. 安宁、平静、享受悠闲时光的权利,并在和谐环境中建设人生的权利。

23. 自我防卫的权利。

24. 追求自由和人身安全的权利。因此:

(1) 不得强迫任何人做法律未予规定的事情,也不得阻挠任何人做法律未予禁止的事情;

(2) 除法律规定的情形外,不准以任何方式限制人身自由。废除奴隶制、农奴制以及任何形式的人口交易;

(3) 不得因债务而进行人身监禁。拒不履行法庭命令所规定的赡养义务者,不受此限制;

(4) 任何行为或失职,在发生之时法律未予事先明确无误地定为该受惩罚的违法行为,或者并不构成法律所惩罚的违法行为,不得对其起诉和判罪;

(5) 任何人在未被证实有罪之前均应视为无辜;

(6) 非经法官发出书面命令或在现行犯罪时由警察当局执行,任何人不得被逮捕。

在任何情况下,被捕者均应在 24 小时以内或这段时间结束时被送交有关法院处理。

涉及恐怖、间谍和非法贩毒交易的案件时此期限不再适用。在这类案件中,警察当局可对嫌疑人实施不超过 15 个自然日的预防性逮捕,并负责向检察机构和法官报告,法官须在期限届满之前行使司法权。

(7) 除非为澄清罪行并按照法律规定的方式和时间,任何人不受监禁。当局必须立即以书面形式说明被捕人所在的地点,否则应承担责任。

(8) 任何人均不应受到道德、身体或心灵的迫害,也不应受到虐待、非人道对待和羞辱。在受到伤害的人员无法自行要求当局进行医疗诊断时,任何人均可立即替其提出要求。通过暴力方式获取的声明无效。采用相关申请的人也将承担责任。

第 3 条 本节列举的上述各项权利并不排斥宪法所保障的其他权利,也不排斥具有类似性质,或基于人的尊严、人民主权、法律的民主原则和政府的共和形式而派生出的其他权利。

第二节 社会和经济权利

第4条 社会和国家为被遗弃的儿童、青少年、母亲和老人提供特别保障。社会和国家保护家庭并提倡婚姻，因其被视作社会的自然的和基本的制度。

缔结婚姻的方式、夫妻分居和解除婚姻的原因由法律确定。

第5条 没有婚姻障碍的男女双方组成事实上的家庭，因这种稳定结合带来的财产关系，受到夫妻共同财产制度的约束。

第6条 国家人口政策的目标是弘扬和提倡负责任的母子关系和父子关系，保障家庭和个人的权利。基于此，国家需提供适合的教育、信息项目以及获得这些资源的渠道，只要不伤害到生命或健康。

父母有抚养、教育和保障子女安全的权利和义务。子女有尊敬和帮助父母的义务。

所有子女享有同等的权利。禁止在民事登记或任何其他身份文件中提及父母的公民地位及其与子女关系的类型。

第7条 所有人均有权保护健康、家庭环境和社区环境，同时也有责任为其发展和保护贡献力量。

任何因身心障碍不能照顾自己的个人均有权要求尊重自己的尊严，有权获得法律的保护、照料、康复和社会保障。

第8条 对非法贩毒行为国家应予以打击和惩处。此外，对社会药品也应予以监管。

第9条 国家应确定全国的医疗政策。行政部门设定标准并监督其实施。行政部门负责拟定并通过多元化、分散化的方式给每个人提供平等的医疗服务。

第10条 国家保障所有人在法律规定的紧急情况下得到全面和不断进步的社会保障权利，以提升自身的生活质量。

第11条 国家保障公民可通过公立、私立或公私合营机构自由获得健康福利和抚恤金，并监管以上机构的有效运作。

由法律规定的政府机关代表国家管理养老金体系。

第 12 条 社会保险基金和储备金是无形资产,通过法律规定的方式和责任予以使用。

第 13 条 教育的目的是全面发展人的个性。国家明确并保障教育自由。父母有教育子女的义务和选择学校及参与教育过程的权利。

第 14 条 教育应提升对人文、科学、技术、艺术、体育教育和体育运动的知识、认知和实践,教育为工作、生活做好准备,并促进团结。

国家负有促进科学技术发展的责任。

在民事教育或军事教育的过程中,都要进行道德和公民训练,宪法和人权教育。宗教教育在不侵犯良知自由的前提下进行。

依据宪法原则和相关教育机构的宗旨,在各个阶段实施不同的教育。

传播媒介在教育以及文化与道德塑造方面需与国家合作。

第 15 条 公共学校的教师属于公职人员。法律规定学校校长或教师应具备的条件、权利和义务。国家和社会对其进行持续的评定、培训、职业化和晋升。

学生有资格接受尊重其身份、满足其心理及身体条件的教育。

任何自然人或法人均有权开办和经营教育机构,并按照法律规定转移教育机构的所有权。

第 16 条 教育制度及其管理实行非中央集权制。

国家负责统筹教育政策,设定学校课程的一般指导原则,以及学校组织的最低要求,并对其执行情况及教育质量进行监督。

国家有义务确保没有人因经济状况、身心障碍而被拒绝给予恰当的教育。

教育在共和国国家预算分配一般资源中享有优先的权利。

第 17 条 幼儿、小学、初中教育属于义务性教育。公立学校实行免费教育。在公立大学,对好学上进但因无经济来源而无力支付学费的学生,国家应保障他们能得到免费的教育。

为确保教育最大限度地选择和帮助不能支付学费的学生,法律对各种形式的私人教育机构,包括集体的或合作的,规定补助的办法。

国家鼓励在有需要的地方设立学校。

国家确保扫除文盲,并可根据各地实际情况鼓励双语和跨文化的教育，确保整个国家文化和语言的多样性，促进民族融合。

第 18 条 大学教育的目的包括进行专业训练、文化传播、思想和艺术创作、科学和技术研究。国家保障学术自由，反对学术专制。

大学可由公共或私人机构赞助办学。由法律规定授权其经营的情形。

大学由在校教师、学生和校友组成。大学理事也可按法律规定参与其中。

每所大学在管理、治理、学术、行政和财务制度方面有自主权。在宪法和法律框架内，大学根据自身的条例进行管理。

第 19 条 鉴于大学的教育和传播文化的目的，大学、学院及其他依据法律设立的教育机构，可免除就资产、活动和服务征收的直接税或间接税。涉及进口税时，针对特殊资产的税收分配可进行特别安排。

用于教育用途的奖学金和补助金免予征税，并在法律规定的范围和方式内享受税收优惠。

对上述机构及满足上述要求和条件享受同样免税优惠的文化中心，法律规定相应的税收管理条款。

私人教育机构根据法律所界定的利润收入纳入所得税征收范围。

第 20 条 依据公法，行业组织属于自治机构，由法律决定强制加入组织的情形。

第 21 条 已明确宣布或理应是文化资产的遗址、遗迹、建筑、古迹、名胜、文献资料、档案、艺术物品、具有历史价值的文物等，不论是国家或私人拥有，都是国家的文化遗产，受到国家的保护。

法律保障这些文化遗产的所有权。依据法律规定鼓励私人参与保护、维修、展出、宣传这些文化遗产，在被非法运出国时也鼓励私人将其送返国内。

第 22 条 劳动既是权利也是义务，是获得社会福利的基础，也是实现自我的方式。

第 23 条 劳动多样化是国家优先考虑的事项，国家对职业母亲、未成年和残疾人予以特殊保护。

通过旨在鼓励生产性就业和职业教育的政策，国家促进经济和社会发展的条件。

任何工作都不得妨碍劳动者行使宪法权利，否认或贬低劳动者的尊严。

不得强迫任何人提供无偿或未经其自由同意而从事劳动。

第 24 条 劳动者有权得到使其本人及其家庭享受物质和精神发展的合理报酬。

支付劳动者的报酬和社会福利优先于雇主的任何其他义务。

在劳动者和企业主组织代表参与的情况下，最低工资由国家调整。

第 25 条 一般工作日为每日 8 小时，一周不超过 48 小时。采取累计工作或不规律工作的情况下，相同时期内的平均工作时间不得超过最高值。

劳动者有权得到每周和每年有报酬的休假，这项福利和补偿由法律或协议规定。

第 26 条 以下原则在劳动关系中必须得到执行。

1. 不被歧视的平等机会。

2. 宪法和法律明确不得被剥夺的权利。

3. 对规定的含义遇到无法解决的疑问时，做出有利于劳动者的解释。

第 27 条 法律保障劳动者在被不公平辞退时得到适当的保护。

第 28 条 国家保障劳动者加入工会，进行集体协定和罢工的权利。确保以下民主权利的行使。

1. 国家确保组织工会的权利。

2. 鼓励通过集体讨论及和平方式解决劳动纠纷，集体协议对与其条款有关的事项具有约束力。

3. 调整罢工权以使其符合社会公益，并对特殊情况和有关限制做出规定。

第 29 条 国家承认劳动者参加企业分红及其他形式的参与权利。

第三节　政治权利与义务

第 30 条 所有年满 18 岁的秘鲁人都是秘鲁公民。为行使公民权利，需在选举登记处注册。

第 31 条 所有公民可通过行使公投权、立法创制权、罢免权、撤销部门权和要求承担责任等方式参与国家事务。公民有被选举权，也可按照选举法规定的条件自由选出自己的代表。

法律规定并鼓励居民直接和间接参与辖区内市政府事务的权利。所有享有公民权的公民均有投票选举权。为行使此项权利，公民需进行恰当的登记。

对 70 岁以下的公民实行本人参加、平等、自由、秘密和强制性的投票。对 70 岁及以上公民实行非强制性投票。法律规定相应的机制以保障国家在选举和公民参与的过程中保持中立。

任何旨在禁止或限制公民参与国家政治生活的行为均属无效并应受到惩罚。

第 32 条 公投适用于以下情形。

1. 对宪法进行部分或全部的修订。
2. 对必须遵守规定的批准。
3. 市政条例。
4. 有关分权进程的事项。

对个人基本权利、税收和预算条例、现行国际条约的废除或限制不进行公投。

第 33 条 有下列情况之一的，暂停行使公民权。

1. 遭到司法机关禁止。
2. 被判处刑罚的。
3. 被剥夺政治权利的。

第 34 条 当承担积极的执法义务时，现役武装部队和国家警察成员可行使选举权和公民参与权，但没有被选举权，不得参加政治活动和政治集会，不得参加劝诱改变信仰的活动。①

第 35 条 按照法律规定，秘鲁公民可通过私人方式或通过如政党、政治运动、政治联盟等政治组织依法行使权利。这些组织应致力于发展和表达人民的意愿，通过正当注册后可被赋予法人资格。

法律应规定旨在确保各政党民主运作，使其财政资金来源透明和按

---

① 根据 2005 年 3 月 30 日 28480 号法令修改。

照上次大选结果的成比例自由接触国有社会媒体的相应条款。

第36条 国家承认政治避难权。国家接受收容国政府提供的避难者的资格证书。在政治避难者受到驱逐的情况下，不将其交给政府正在迫害他的原国家。

第37条 只能由行政部门在事先得到最高法院同意后，按照法律和国际条约规定及对等原则进行引渡。

如有充分证据认为引渡是以宗教、国籍、政见或种族为理由进行迫害或惩罚时，则可拒绝引渡。

因政治犯罪或与政治犯罪有牵连的犯罪遭到迫害的不在引渡之列。种族灭绝、行刺政治人物和恐怖主义同样不在引渡之列。

第38条 所有秘鲁人都有为秘鲁争光、维护和保护国家利益，尊重、履行和维护国家宪法和法律规定的义务。

第四节 公务员

第39条 所有官员和公务员为国家服务。总统是为共和国服务的最高级别官员，其次分别为国会议员、内阁成员、宪法法院成员、地方议会议员、最高法院大法官、国家检察院总检察长或同级别监察专员，再次是分权化机构的代表及市长等。

第40条 公务员的招录、权利、义务和责任由法律规定。担任政治或委任职务的官员不列入公务员。任何官员或公务员不得担任一种以上有报酬的职务，但担任另一种教育职务除外。

受雇在国有企业、合营企业或私人公司工作的劳动者不属于公务员。

因职务的强制性，按照法律规定，高级官员和其他公务员应定期在官方公报上发布所有收入的情况。

第41条 法律规定的官员和公务员，或经营、掌管由国家财政支持的公共基金或机构的人员，应在就职、卸任时说明个人财产和相应职位的收入情况。按照法律规定的条款和情形，相关的公告应在官方公报上进行发布。

国家总检察长在怀疑有人非法获利时，可根据任何人的控告、第三方政党的控告或依职权向法院提出指控。

法律规定官员或公务员的责任，以及不再胜任公共职务的固定时段。

法律应对侵犯国有资产罪行的处罚限制期限予以加倍处罚。

第42条 法律承认公务员有组织工会和罢工的权利。有决策权利或担任、委任或管理职务的政府官员以及武装部队和警察部队的成员不适用于此。

第二章 政府和国家

第一节 政府、国家和领土

第43条 秘鲁是民主、社会、独立和主权的共和国。

国家统一不可分裂。

国家实行统一的、代议制的和非中央集权的政体，并按照权力分立的原则组织。

第44条 维护国家主权，保障充分享有人权，确保居民免受安全威胁，促进建立在公正和国家安全而且均衡发展基础之上的普遍富裕，是国家的首要义务。

按照外交政策，国家同样有责任促进边境政策的确立和实施，以推动拉丁美洲的一体化，促进边境地区的发展和团结。

第45条 权力来自人民。行使权力的人均应代表人民并按照宪法和法律规定的限制和责任而行使。

任何个人、组织、武装部队或警察部队以及人民团体均不得盗用这一权力。盗用这一权力即是造反或叛乱。

第46条 对于篡权上台的政府或违反宪法和法律规定的程序行使国家职责和职务的人，任何人均不应服从。

人民有发动起义维护宪法秩序的权利。

任何篡权上台执政的行动一律无效。

第47条 按照法律规定，国家检察官有责任维护国家利益。国家免于支付司法成本和开支。

第48条 共和国的官方语言为西班牙语，但依据法律规定，克丘亚语、艾马拉语和其他土著语言，在作为当地主要语言时也可作为官方语言使用。

第 49 条 秘鲁共和国的首都是利马城，历史首都是库斯科。

法律规定由红、白、红三条竖条组成的国旗及国徽、国歌是祖国的标志。

第 50 条 国家在独立自主制度的范围内承认天主教会是秘鲁历史、文化和道德形成中的重要因素。国家与天主教会进行合作。

国家尊重其他形式的宗教，并且规定与其他宗教合作的形式。

第 51 条 宪法高于任何其他法律规则，法律高于任何其他低级的法律规定，依此类推。公布是执行任何国家法律规则的必要条件。

第 52 条 凡在秘鲁共和国领土出生的人都是因出生而获得国籍的秘鲁人。秘鲁籍父母在国外所生的子女，只要在未成年时期在有关户籍上进行登记即是秘鲁人。

通过归化或选择而获得秘鲁国籍的人，只要在秘鲁拥有居所就是秘鲁人。

第 53 条 获得或恢复秘鲁国籍的方式由法律规定。除非向主管政府部门明确表示放弃秘鲁国籍，秘鲁国籍一概不会丧失。

第 54 条 秘鲁共和国领土不可侵犯。领土包括地面、地下、海域及其上的空间。

国家的海域包括毗邻海岸的海洋以及海床和底土，直到从法律规定的基线算起 200 海里的距离。

在其海域内，秘鲁可根据法律和经共和国批准的条约，在不妨碍国际交通自由的前提下行使主权和管辖权。

根据法律和经共和国批准的条约，秘鲁可在不妨碍国际交通自由的前提下，对领土上面的空间和 200 海里界限以内的毗邻海洋行使主权和管辖权。

第二节 条约

第 55 条 国家缔结且有效的条约是法律的一部分。

第 56 条 若涉及下列事项，条约在被共和国总统正式批准之前须经国会同意。

1. 人权。
2. 国家的主权、领土和完整。
3. 国防。
4. 国家的财政义务。

设立、修改或取消税收的条约，需要修改或取消任何法律的条约，需要通过立法的方式实施的条约同样要事先经国会同意。

第 57 条 若不涉及上述事项，共和国总统可不事先经国会同意而废除、批准或同意条约，但无论何时，都必须告知国会。

当条约影响宪法的规定时，需经与修改宪法同样的程序通过，方可由共和国总统批准。

在向国会尽到告知责任后，共和国总统有权谴责条约。但若是需国会批准的条约，这种谴责同样需经国会提前同意。

第三章　经济制度

第一节　总则

第 58 条 私人创业自由。私人创业在社会市场经济制度下进行。在此机制下，国家引导全国的发展，并主要在促进就业、健康、教育、安全、公共服务和基础设施方面发挥作用。

第 59 条 国家鼓励创造财富并确保工作、企业、贸易和产业自由。行使这些自由时，不能有损公共道德、健康或安全。国家促进遭受不平等机会部门的发展，即鼓励各种类型小企业的发展。

第 60 条 国家承认经济的多元制。国民经济以多种形式的所有制和企业的共存为基础。

只有经公开法律的授权，为了提升重要的公共利益或明显的国家便利，国家方可直接或间接地附带从事商业活动。无论公共还是私人的商业活动，都应受到同样的法律对待。

第 61 条 国家促进和监督自由竞争。对任何限制自由竞争、滥用操纵或垄断的行为予以打击。任何法律或协议不得授权或建立垄断。

报纸、电台、电视和其他的传播和社会沟通方式，以及其他一切与自由表达和交流有关的企业、商品和服务，不能成为国家或私人部门直接或间接独占、垄断或专营的对象。

第 62 条 合同自由确保当事人可按照签订合同时的规定进行有效的协商。合同条款不因法律或其他任何规定而改变。按照合同中设立的保护机制或法律规定，因合同关系产生的纠纷只能通过仲裁或司法途径解决。

按照合同法规定，国家应提供保障并确保安全。这些不会因立法而被修改，对前述章节所提到的保护也没有影响。

第 63 条 本国和外国的投资服从相同的条件。商品和服务的生产、外汇的兑换自由。若另外一国或多国采取贸易保护主义或差别对待的方式，造成秘鲁的利益受损，秘鲁政府为自卫可采取同样的措施。

在国家和公共企业同外国人签订的一切合同中，必须专门载明外国人服从共和国的法律和具有管辖权的法院并放弃一切外交权利的要求。金融性的合同可不受国家管辖。

国家和公共企业可将因合同关系产生的争端提交根据条约组成的司法特别法庭裁决，也可按照法律规定的方式将其提交给国家或国际仲裁。

第 64 条 国家确保居民有拥有和支配外国货币的自由。

第 65 条 国家保护消费者和使用者的利益。为此，国家确保居民获得市场上的商品和服务信息的权利。同样，国家还应特别注意全体居民的健康和安全。

第二节 环境和国家资源

第 66 条 可再生和不可再生的自然资源均为国家财产。国家具有独立自主的使用权。

法律规定资源的开采及授权给私人部门应具备的条件。按照这些法律规定，这种特许权赋予权利人物权。

第 67 条 国家应制定国家环境政策，并促进自然资源的持续利用。

第 68 条 国家有义务促进生物的多样性并保护自然风景区。

第 69 条 国家按照相应法律规定，促进对亚马孙河流域的持续开发。

第三节　财产权

第 70 条　财产权不可侵犯。国家保障财产权。财产权的行使应符合公共利益和受到法律的限制。除非出于依法决定的国家安全或公共需要，并以现金支付包括潜在损害的估价，不得剥夺任何人的财产。在征收财产的过程中，对国家所确立的财产价值，可以通过诉讼程序向司法机关起诉。

第 71 条　在财产权方面，外国的自然人和法人均与秘鲁的自然人和法人处于同等地位，在任何情况下不得要求例外或外交保护。

但是，外国人在边界 50 公里以内的地区不得以任何名义直接或间接、个人或合伙取得和拥有矿山、土地、森林、水源、燃料和能源；否则，取得的权利应收归国有。但按照法律规定，由内阁通过的行政命令明确为公共所需时，不受此限。

第 72 条　出于国家安全的原因，法律可临时性地对某种财产的取得、拥有、开采和转让做出特别的限制和禁令。

第 73 条　政府所属的财产不可转让和剥夺。按照法律规定，为促进经济效益的提高，公共所有的财产可授权给私人部门管理。

第四节　特别的税收待遇和预算体系

第 74 条　捐税的设立、修改、取消或免除只能根据法律或立法机关的授权命令规定。但关税和税率可由行政法令规定。

地区和地方政府可在管辖范围内与法律规定的界限内设立、修改和取消税收和税率，免除税收等。在行使税收权力时，国家应尊重法律保留的原则、平等的原则、保障公民基本权利的原则。所有税收不能带有没收的性质。

预算法和应急命令不得包含税收条款。有关年度税收的法律在获得正式通过后，于每年 1 月 1 日开始生效。一切违背此条规定的税收条款无效。[①]

[①] 根据 2004 年 11 月 17 日 28390 号法令修改。

第 75 条　根据宪法和法律，国家只保障偿还历届立宪政府欠付的公共债务。

国家举借内外债务的活动须经法律批准。

地方政府可根据自己的资源和财产做抵押举借债务，不需要法律授权。

第 76 条　利用公共资金或资源进行公共工程建设、取得物资或购置或转让财产，都必须通过合同和公开投标进行。

法律所规定的超过已定数额的重要服务和项目合同必须通过公开招标进行。有关程序、例外和各方的责任由法律规定。

第 77 条　国家通过由国会每年批准的预算法案管理国家的经济和财政。公共部门的预算结构由两部分组成——中央政府和地方机构。

预算以平等的方式分配公共资源。预算的编制和实施以效率为标准，关注社会的基本需求和分权。按照法律规定，对于国家以开采权益为名就每个地区自然资源的利用所取得的全部所得和收入，每一固定区域都应当获得足够的份额。[①]

第 78 条　共和国总统应于每年 8 月 30 日前将预算法案提交国会。

在相同日期内，总统还应同时提交负债和财政稳定法案。预算草案应实现收支平衡。

秘鲁中央储备银行或国家银行的贷款不作为财政收入。

贷款不能用来弥补经常性支出。

没有一定拨款用于公共债务还本付息款项的预算不得通过。

第 79 条　国会议员不得提议设立或增加公共开支，除非是有关预算的事务。

国会不得通过已预先确定目的的征税法案，除非是应行政机关的要求。在其他情况下，涉及补贴或免税的税法需提前向经济与财政部报告。

只有经国会 2/3 以上成员通过的法律明示，才能选择性或暂时性延长针对国家特定地区的特殊税收待遇。

第 80 条　经济与财政部部长在共和国国会全体会议之前对收入报告

[①] 根据 2004 年 11 月 17 日 28390 号法令修改。

进行确认。各部部长应对各自领域的开支报告进行辩解，之前还要对前一年预算的决算结果和目标，以及相关财政年度预算的执行进展情况进行说明。

最高法院首席大法官、国家总检察长和国家选举委员会主席对各自机构的报告进行说明。

若签署后的预算法未能在 11 月 30 日前递交总统，相关法案应生效并由立法命令颁布。

辅助性的贷款和拨款，以及转账和其他相关安排事宜，在议会上以预算法同样方式办理；议会休会期间由常设委员会处理，且需要其成员法定人数的 3/5 投票赞成才能予以核准。

第 81 条 共和国总决算，连同总审计署的审计报告，由总统在预算决算下一年的 8 月 15 日前递交国会。

共和国总决算由修订委员会于 10 月 15 日前进行检查并报告。国会在 10 月 30 日前进行决定。若国会在此期限内没有做出任何决定，修订委员会的意见将被送交总统，以便其做出一项包含共和国总决算的法令。

第 82 条 总审计署作为公法的分权机构，享有宪法所规定的自治权。它是国家监督体系的最高机构，负责对国家预算、公共债务活动、应接受管理的公共活动实行监督。

依据总统的推荐，国会任命总审计长，任期 7 年。如总审计长犯有重大错误，国会可进行撤换。

第五节　货币和银行

第 83 条 共和国的货币制度由法律确定。发行纸币和金属货币是国家的专有职权。通过秘鲁中央储备银行行使该项职权。

第 84 条 秘鲁中央银行是公法法人，依照法律享有自主权。

秘鲁中央银行的目标是保持货币体系的稳定，职能是调节金融体系的货币和信贷，管理国际储备和法律规定的其他职能。

该银行应定期、准确地向全国报告其董事会负责的国家金融状况。

中央银行不能对国库进行融资，除非在法令限定的范围内在二级市场上购买由财政部发行的债券。

第 85 条 中央银行可进行信贷业务或签订信贷协议，以克服国家国际储备暂时不平衡的现象。

当这类业务或协议的总金额超过公共部门预算所规定的限度时，中央银行需经法律授权并负责报告国会。

第 86 条 秘鲁中央银行由 7 名成员组成的董事会负责管理。4 名成员，包括行长，应由行政机构任命，其中行长还需国会批准。

另外 3 名成员由国会议员法定人数的绝对多数投票选举产生。

秘鲁中央银行的董事与共和国总统的宪法任期一致。他们不代表任何单位或个人利益集团，如犯有严重错误可由国会予以免职。在此情况下，新当选的董事只能在余下的任期内任职。

第 87 条 国家鼓励和保障私人储蓄。对吸收公共存款企业的责任和限制，以及保障的方式和范围，由法律做出规定。

银行、保险和企业年金管理总局负责对银行、保险、企业年金管理公司以及其他吸收公众储蓄的公司，或其他开展相关类似业务的公司实行监督。

法律规定银行、保险和企业年金管理总局的组织机构和自治职能。

银行、保险和企业年金管理局局长由行政机关任命，任期与该行政机关依据宪法获得的任期一致，由国会对其任命予以批准。[①]

第六节　农业、农村和原住民村社

第 88 条 国家优先关注农业部门的全面发展，确保私人、集体或其他方式参与的土地所有权。法律根据各个地区的特点划分边界和地域范围。根据法律规定，被遗弃的土地归政府所有，以便用于出售。

第 89 条 农民村社和原住民村社的存在是合法的并具有法人身份。按照法律规定，农民村社和原住民村社在组织结构、村社劳动、土地使用和遗弃以及经济和管理方面享有自主权。

原住民的土地所有权不得被剥夺，除非是前条所规定的遗弃。国家尊重农民村社和原住民村社的文化特性。

---

① 根据 2005 年 4 月 5 日颁布的第 28484 号法令修改。

第四章　国家结构

第一节　立法权力机构

第 90 条　国会拥有立法权，并由单一议院组成。

国会议员为 80 名。

按照法律规定的选举程序，国会每 5 年选举一次。共和国总统候选人不可以作为国会议员候选人。副总统候选人可同时作为国会议员候选人。

出生于秘鲁、年龄在 25 岁以上、享有选举权的秘鲁人，才可被选举为国会议员。

第 91 条　以下人员若在选举前 6 个月还未离职不得当选为国会议员。

1. 政府部长、副部长、总审计长。
2. 宪法法院法官、国家司法官员委员会委员、大法官、大检察官、国家选举委员会的成员和监察专员。
3. 中央储备银行行长，银行、保险和企业年金管理总局局长，国家税务总局局长。
4. 武装部队和警察部队的现役成员。
5. 本宪法规定的其他情形。①

第 92 条　国会议员是全职工作。因此，议员在国会运转期间禁止担任其他任何职务、从事其他任何职业或工作。

国会议员的职位与其他公职不可同时兼任，但在经国会事先同意的情况下，政府部长职务和国际事务特别委员会职务不受此限。

国会议员不可同时兼任与国家签有建设或供货合同，或管理公共收入，或提供公共服务的企业的经理代理人、代表、律师、理事、大股东和董事会成员。在担任国会议员职务期间，同样不得兼任获得国家特许权的企业或银行、保险和企业年金管理总局监管的财政信用体系中企业

---

①　根据 2005 年 10 月 4 日 28607 号法令修改。

的类似职务。①

第 93 条 国会议员代表国家，不受任何有约束力的命令或质询的限制。

国会议员在履行职能时的投票或发表的意见，不对任何行政机关或司法机关负责。

自其当选至停职 1 个月后，未经国会或常务委员会事先允许，国会议员不得被起诉和逮捕，但有现行犯罪行为时除外。在这种情况下应于 24 小时内交国会或常设委员会处理，以决定是否允许剥夺其自由和进行审判。

第 94 条 国会起草和通过其具有法律效力的章程按照法律规定选举参加常务委员会和其他委员会的代表，规定议会团体的组织和职责，管理经济，批准预算，任免官员和职员并给予他们依法应得的收益。

第 95 条 立法权不得放弃。国会对其议员执行包括停职在内的制裁不得超过议会会期的 120 日。

第 96 条 任何一位国会代表均可要求政府各部部长，全国选举委员会，总审计长，中央储备银行，银行、保险和企业年金管理总局，地区或地方政府，法律规定的其他机构提供他们认为履行职责所必需的报告。

此要求需以书面形式提出，并与国会章程一致。不作回应会导致法律责任。②

第 97 条 国会可发起设立任何有关公共利益的调查委员会。一旦有此要求，必须如遵守司法程序那样强制性即刻出席该委员会的传问。

为完成其职责，委员会有权获取任何信息，甚至包括银行秘密和纳税准备金信息，但影响个人隐私的信息除外。委员会的结论不受司法机关的限制。

第 98 条 共和国总统必须按照国会主席所要求武装部队和警察部队的兵力，如数调归国会使用。

非经国会主席许可，武装部队和警察部队不得进入国会的区域。

---

① 根据 2005 年 4 月 5 日 28484 号法令修改。
② 根据 2005 年 4 月 5 日 28484 号法令修改。

第 99 条 共和国总统、国会议员、政府部长、宪法法院成员、国家行政首长委员会成员、最高法院法官和高级检察官、监察官和总审计长，在任职期间因违反宪法或犯有任何罪行，应由常务委员会向国会提出控告，此种控告即使在他们离职后 5 年内仍可提出。

第 100 条 在未召开常务会议时，由国会负责决定是否中止受指控官员的职权或宣布其最长 10 年内不得担任公职，或在不影响其他责任的情况下免除其职位。

在此过程中，被指控的官员有权为其自身进行辩护，或在召开常务会议或国会时得到委员会的支持。

若是刑事诉讼，总检察长在 5 日内向最高法院提出刑事判决意见。主管刑事案件的最高法院法官再启动刑事指令。

最高法院宣告无罪时，应将政治权力归还受到指控的官员。

检察官指控的期限和要求启用司法程序的期限不得超过或减少国会控诉的期限。

第 101 条 国会应选举出常务委员会。成员应按照各自议院代表的比例组成，且不得超过国会议员总数的 25%。

常务委员会的职责是：

1. 根据总统的推荐任命总审计长；
2. 批准对中央储备银行行长和银行、保险和企业年金管理总局局长的任命；①
3. 在国会休会期间批准追加贷款、预算支付和追加份额等事宜；
4. 行使国会所委任的立法权，有关宪法改革、国际条约的批准、国家机构的基本法律、预算和总决算法案不由常务委员会代行；
5. 其他由宪法和国会章程所规定的责任；

第 102 条 国会有以下职责。

1. 通过法律和立法决议，并对其他法律进行解释修改或予以废除。
2. 监督宪法和法律的遵守情况，并做出适当规定以切实追究违法者的责任。

---

① 根据 2005 年 4 月 5 日 28484 号法令修改。

3. 依宪法规定终止国际条约或国际协议。

4. 批准预算和总决算。

5. 依宪法规定批准贷款。

6. 行使大赦权。

7. 批准行政机关提议的领土区划。

8. 在绝对不影响国家主权的情况下,同意外国军队进入国土。

9. 批准共和国总统可离开国家。

10. 行使宪法规定的和立法职能所固有的其他职权。

第二节　立法职能

第103条　特别法律可因事务的性质要求而发布,但不能因人的不同而发布。

一旦生效,法律适用于现行法律关系和情形的结果,没有追溯力,除非在两种情形下涉及刑事案件而对被告有利时。法律只能由另一部法律撤销。法律一旦违宪即可宣布无效。

宪法不保护权利滥用。[①]

第104条　国会可根据立法法令关于特殊事项的规定,授权行政机构按照此授权法规定的期限进行立法。

国会不得将不可委托立法的事项委托给常务委员会。

立法法令在颁布、公布、生效和效力方面应遵循的准则,与法律应遵循的相同。

共和国总统应就每部立法法令向国会或常务委员会报告。

第105条　未经相关管理委员会预先同意的法案不得通过,除非国会章程另有规定。由行政机关按紧急情况报送的法案在国会具有优先权。

第106条　宪法所规定的国家机构的结构和运作以及宪法所规定的其他由组织法调整的事项,由组织法调整。组织法案应与其他法律通过和修改的程序一致。需国会成员法定人数的一半以上投票同意才能通过或修改。

---

① 根据2004年11月17日28389号法令修改。

第三节　法律的制定与执行

第 107 条　共和国总统和国会议员有权提议制定法律。其他国家机构、自治公共机构、区域和地方政府、专业组织在涉及其本身的事务方面也有提出动议的权利。普通居民也有按照法律规定行使提出动议的权利。①

第 108 条　法律草案按宪法规定的方式通过后，即送交共和国总统在 15 日内颁布。否则，由国会主席或常设委员会主席颁布。

若共和国总统对国会通过的法律草案在整体或部分上持有意见，需在 15 日期限内向国会提出。

法律草案经重新审议后，只需得到国会议员法定人数一半以上的人投票赞成，即可由国会主席颁布。

第 109 条　法律在官方公报公布一日后即生效，除非法律本身在期限上对其整体或部分做出推迟的规定。

第四节　行政机构

第 110 条　共和国总统是国家元首，代表国家。必须是出生于秘鲁、享有选举权，提名时年满 35 岁的秘鲁人，方可当选为共和国总统。

第 111 条　共和国总统由直接选举产生，获得所投选票半数以上者方可当选。无效或空白投票不计入。

若任何一位候选人均未获得绝对多数票，需在第一轮选举宣布官方结果后 36 日内，在得票最多的两个候选人中进行第二轮选举。

在选举共和国总统的同时，以同样方式在同样期限内选举两名副总统。

第 112 条　总统任期 5 年。须间隔一届总统任期后方可再次当选。

同样，前总统在至少一个宪法任期后也可再次竞选。②

第 113 条　共和国总统职位可因下列原因空缺。

---

① 根据 2004 年 11 月 17 日 28390 号法令修改。
② 根据 2000 年 11 月 5 日 27365 号法令修改。

1. 共和国总统死亡。
2. 国会宣布总统因身体原因长期不能胜任或道德上不能胜任。
3. 国会接受总统辞职。
4. 总统未经国会允许离开国家领土或在所允期限届满后未返回。
5. 因犯有第 117 条所规定的某项罪行被判处刑罚后被罢免。

第 114 条 共和国总统职务因下列原因暂停行使。
1. 国会宣布其暂时不能胜任。
2. 依照第 117 条规定而接受司法程序审查时。

第 115 条 共和国总统临时或长期缺位时，由第一副总统履行其职务。第一副总统缺位时，由第二副总统履行其职务。在第一和第二副总统均不能履行时，由国会主席履行其职务。不管是否为长期空缺，国会主席都应立即召集选举。

共和国总统离开国家领土时，由第一副总统代行总统职务。在第一副总统缺位时，由第二副总统代行总统职务。

第 116 条 共和国总统应按照法律规定进行宣誓，并根据当年选举情况，于当年的 7 月 28 日在国会前宣誓就职。

第 117 条 共和国总统在任期内只有因叛国，阻挠总统、国会、地区或地方选举，在第 134 条规定的情形以外解散国会，阻挠国会、全国选举委员会和其他选举系统机关举行会议或行使职能时，方可被控告。

第 118 条 共和国总统有以下职责。
1. 遵守并执行宪法、国际条约、法律以及其他法律规定。
2. 在国内外代表国家。
3. 指导政府的总政策。
4. 维护共和国的国内秩序和国外安全。
5. 组织共和国总统、国会议员、市长、市议员及法律规定的其他官员的选举。
6. 召集国会举行特别会议并签署会议法令。
7. 可在国会每年第一次例行会议开始后，亲自或以书面形式，随时或必要时向国会发布国情咨文。年度国情咨文包括对共和国形势的详细说明以及总统认为必须或应该提交国会审议的改善和革新措施。除第一项内容外，总统的国情咨文需经部长会议事先通过。

8. 在不触犯和曲解法律的前提下行使调整法律的权力，并在此范围内发布法令和决议。

9. 遵守并执行司法机关的判决和命令。

10. 遵守并执行国家选举委员会的决定。

11. 指导对外政策和国际关系，缔结并批准国际条约。

12. 经部长会议通过并向国会报告后，任命大使和特命全权公使。

13. 接见外国外交代表，授权领事行使职责。

14. 领导国家防务体系，组织、分配和安排武装部队和警察部队的使用。

15. 采取为保卫共和国、领土完整和主权所必需的措施。

16. 在国会授权的情况下宣战和媾和。

17. 管理国家财政。

18. 协商借债。

19. 在国家利益需要时，以具备法律效力的紧急法令的形式，发布经济和金融方面的非常措施，并负责向国会报告。

20. 调整关税。

21. 给予免刑或减刑。

22. 根据部长会议的决定以国家名义授勋。

23. 批准秘鲁公民在外国军队中服役。

24. 行使宪法和法律授予的其他统治和行政职能。

第五节　内阁

第119条　对公共事务的行政和管理被委托给内阁，以及主管相关公务的部长。

第120条　共和国总统的法令未经部长签署无效。

第121条　内阁由作为集体的部长会议组成。内阁的组织和职能由法律规定。

内阁设主席。当共和国总统召集或出席内阁会议时，由共和国总统主持内阁会议。

第 122 条 内阁主席由共和国总统任免。

其余部长由共和国总统根据内阁主席的提议和同意任免。

第 123 条 内阁主席，即便不兼任部长，也具有以下职责。

1. 作为仅次于总统的政府官方发言人。

2. 协调其他部长的职责。

3. 副署立法法令和紧急法令，以及宪法和法律规定的其他法令和决议。

第 124 条 必须是出生于秘鲁、有权行使公民权利、年满 25 岁的秘鲁公民方可担任政府部长职务。武装部队和国家警察的成员也可成为部长。

第 125 条 内阁有下列职责。

1. 批准由总统提交国会的法律草案。

2. 批准总统颁布的立法法令和紧急法令，以及法律规定的其他法令、法案和决议。

3. 审议有关公众利益的一切事务。

4. 行使宪法和法律授予的其他职权。

第 126 条 内阁的一切决定均需要其成员的绝对多数投票赞成，并记录在案。

部长不得担任其他任何公职，具有立法性质的除外。

部长不得成为自身利益或第三方利益的经理人，不得从事营利性活动，也不得参与私人企业和私人团体的领导或管理工作。

第 127 条 不设代理部长。当某部部长不能胜任其职位时，共和国总统可委托另一部部长在保留原职的同时兼任该部部长职务，但此项委托不得超过 30 日，也不得转委托给其他部长。

第 128 条 部长个人应对自己的法案及副署的总统法案负责。

由共和国总统委托制定的法律或内阁会议决定的法案违反宪法时，虽然部长并未投票赞成，但只要没有立即辞职，就由各部长共同负责。

第 129 条 内阁全体或每位部长个人均可出席国会，并享有国会议员的特权参加辩论，若不是国会议员不能参与表决。

在受邀向国会报告时可出席国会。

内阁主席或至少一位部长应固定出席国会全体会议，以便接受质询。

第六节 与立法机构的关系

第 130 条 在就职后 30 日内，内阁主席应与其他部长一同出席国会会议，以便就政府的总纲领以及政府为进行管理所需的主要政治和立法措施发表意见和进行辩论。

若适逢国会没有开会，总统应召集一次专门会议。

第 131 条 内阁及其任何一位部长在国会召其质询时必须出席。

质询用书面形式提出。质询书应至少由国会法定人数 15% 的人提交。质询书至少需得到有效代表人数 1/3 的同意方可接受，并要在接下来的会议中再举行一次成功的投票。

部长答询的日期和时间由国会确定。答询或投票不得在接受质询书的第 3 日以前或第 10 日以后进行。

第 132 条 国会通过不信任投票或反对票以追究内阁或部长个人的政治责任。后者仅在由内阁主动提出时方可进行。

对内阁或任何一位部长的不信任动议，应由不少于国会法定人数 25% 的人提交。在提交动议后的第 4 日与第 10 日之间进行讨论和投票表决。动议需得到国会法定人数一半以上的票数方可通过。

受到指责的内阁或部长应提出辞职。

共和国总统应于接下来的 72 小时内接受辞呈。

部长的某项提议被否决并不一定要求部长辞职，除非提议的通过关乎信任问题。

对部长质询、指责和表示信任的权力为众议院独有。

第 133 条 内阁主席应代表内阁接受国会关于信任问题的质询。

当信任被驳回或内阁主席受到指责、辞职或被主席免职时，内阁危机即产生。

第 134 条 若国会已指责和拒绝信任两届内阁，共和国总统有权解散国会。

解散国会的法令应包括召集新国会选举的内容。此选举应在不对当前选举制度做出任何修改的情况下，在解散国会后的 4 个月内举行。

国会在当届的最后一年不可被解散。一旦国会被解散，由未被解散的常务委员会继续履行其职能。

除上述条款规定情形外，其他任何情形下均不得解散国会。

在戒严状态下，国会不可被解散。

第135条 新的国会召集后，在内阁主席向国会做出关于国会更迭期间行政机关法案的说明后，国会可对内阁进行责难或投不信任票。

在国会更迭期间，行政机关通过紧急法令而进行立法，提交常务委员会审核，之后于国会开始任职后再提交国会。

第136条 若选举没有在规定的时期内举行，被解散的国会依法恢复宪法权力，并对内阁进行免职，而且内阁任何成员在该届总统任期内均不得重新被任命为部长。

新选出的国会替代之前被解散的国会及常务委员会，并一直任期到被解散国会的宪法任期结束。

第七节　特殊情况

第137条 共和国总统可在内阁的建议及同意下，在一定期限内，在整个或部分领土上，决定本条规定的下列特殊状态并向国会或常务委员会报告。

1. 在和平局面或国内秩序受到扰乱、灾难或危害国家生活的严重事态的情况下宣布紧急状态。在这种意外情形下，可暂时停止第2条第9、11、12项和第2条第24项第（6）目规定的有关人身自由和人身安全、住宅不受侵犯、自由集会和在领土上迁徙自由的宪法保障。但在任何情况下任何人不得被流放。

紧急状态不得超过60日，延长期限需要新的法令。在紧急状态期间，经共和国总统决定，武装部队可以控制国内秩序。

2. 在发生入侵、对外战争或内战或迫在眉睫的危险时宣布戒严状态。但需说明基本权利不会受到限制或中止。戒严状态的期限不超过45日。戒严状态宣布后，国会依照法律举行会议。戒严状态需经国会批准方可延长。

第八节 司法机构

第 138 条 掌管司法的权力来自人民。司法权由按照宪法和法律规定建立的等级制度组织来行使。

在任何诉讼中，若在宪法和法律规则间出现不相容的情形时，由法官决定宪法适用。同样，法官决定法律规则高于其他低一级的规则。

第 139 条 司法职能有以下原则和权力。

1. 司法权的统一性和排他性。除仲裁和军事方面的司法权外，不得存在或建立其他任何独立的司法权。禁止通过委托机构或代表机构进行审判。

2. 行使司法权的独立性。任何机关不得接管已提交司法机构的未决案件，不得干扰司法机构行使其职能。亦不得对经过审判已具有权威性的决议宣布无效，不得打断诉讼程序，不得修改判决，不得拖延执行。享有行政豁免权和国会授予的调查权不受此项规定的约束，但行使时也不得干扰诉讼程序或产生任何司法后果。

3. 遵守正当的程序和司法保护。禁止使任何人偏离法律规定的司法审判。禁止以任何名义使任何人经受之前未明确的司法程序，或受到非专门为此目的而设立的特别司法机关或特别委员会的审判。

4. 除法律明文规定的例外情况外，保证诉讼程序的公开性。对涉及政府官员责任、通过媒体犯罪以及有关宪法保障的基本权利的司法审判，一律公开进行。

5. 除单纯的程序法令外，应对各级法院的判决做出书面说明，并明确说明可适用的法律及做出决定的依据。

6. 司法等级的多元化。

7. 在刑事案件和任意拘捕中发生司法错误时依法律规定予以赔偿，同时应承担规定的其他责任。

8. 不因法律有缺陷或不完善而不予执行。在这种情况下，适用一般法学原则和惯例法律。

9. 刑法和限制权利的法律不适用类推的原则。

10. 未经诉讼程序任何人不得被判刑的原则。

11. 在两个刑法条文间发生疑问或冲突的情况下，实行对犯人最有利的原则。

12. 不进行缺席判决。

13. 禁止重新审理已经终审判决的案件。大赦、赦免、延期执行和剥夺公权具有终审的效力。

14. 不得剥夺任何人在任意诉讼阶段进行自我辩护的权利。在被拘留时，每个人都应当及时被告知并收到书面的原因。此外，在被任何机关传唤或逮捕时，他还有权选择亲自或通过辩护律师进行沟通。

15. 在被逮捕时，每个人都应当及时被告知并收到书面的原因。

16. 为低收入者或法律规定的其他人员免除司法行政费和辩护费用的原则。

17. 按照法律规定，法官的任免需要公民的参与。

18. 行政机关有责任在审判中提供必要的协作。

19. 禁止未按宪法或法律规定的方式任命的人行使司法职能。司法机关不得授予这样的职位，否则应受到处罚。

20. 任何人均有权在法律限制的范围内就法庭的决议或判决提出分析和批评。

21. 被收监者和被判决者有权要求提供适宜的设施。

22. 刑事审判系统应秉持对犯人再教育、使其改过自新并重塑返回社会的目的。

第 140 条　根据秘鲁法律及参与的国际条约，死刑只适用于在战争时的叛国罪行和恐怖主义罪行。

第 141 条　按照法律规定，当上诉是在高等法院或最高法院本身进行时，最高法院可行使终审权。但按照第 173 条的限定，还需要遵守军事法庭有关上诉无效的规定。

第 142 条　国家选举委员会关于选举事务的决定无须接受法院的审查，同样适用于国家司法官员委员会关于法官的评价和肯定。

第 143 条　司法机关由代表国家行使司法职能的机构和其他行使管理和行政职能的机构组成。

司法职能机构包括：最高法院、组织法所规定的其他法院和裁判机构。

第144条 最高法院首席大法官是司法机关的最高领导。最高法院全体会议是司法机关的最高审议机关。

第145条 司法机构的预算草案需提交行政机构，并得到国会的认可。

第146条 司法职务不得与任何其他公私职务兼任，但工作之余在大学担任教职职务除外。

法官只能从总预算划拨的经费中获得报酬，从教学或法律明确允许的职位中挣取收入。

国家保障：

1. 法官的独立性。法官只服从宪法和法律；
2. 法官职务的不可罢免性。非经本人同意法官不得被调动；
3. 只要法官的表现和素质与其职务相称，可一直任职；
4. 有与其职务和级别相称的报酬，以确保法官得到体面的生活水平。

第147条 担任最高法院的法官需具备下列条件。

1. 出生于秘鲁的秘鲁人。
2. 有公民权的公民。
3. 年满45岁。
4. 在高等法院或高级检察院任职10年，或从事律师职业或在大学教授法律学科不少于15年者。

第148条 按照行政法，对任何最终的行政命令都可提出行政诉讼。行政诉讼的实行办法由法律规定。

第149条 按照惯例法，农村和土著村社当局应连同农民巡逻队，在其领域范围内共同行使司法职能，但不得侵犯任何人的基本权利。对此类司法职权与地方治安法庭和司法机关其他审级之间的协作，由法律规定具体的方式。

第九节 国家司法官员委员会

第150条 除民主选举外，国家司法官员委员会负责对法官、检察官进行选拔和任命。

国家司法官员委员会具有独立性，由自身组织法调整。

第151条 为选拔人才，作为司法机关一部分的司法官学院，负责对各个层次法官和检察官的教育和培训。

通过司法官学院所要求的特别教育是获得提拔的必备条件。

第152条 地方治安法官通过民主选举产生。

对选举的要求、司法职责、培训和履职时限，由法律进行规定。

法律确定对于初审法官的选举及相关的机制。

第153条 禁止法官和检察官参与政治、参加企业联合组织和参加罢工表达意见。

第154条 国家司法官员委员会有以下职责。

1. 经事先以素质考核为基础的招募、选拔程序和个人判断，任命各层级法官和检察官。此类任命需委员会法定人数2/3投票同意。

2. 每7年对法官和检察官进行考核。考核未通过者，不得重新被司法机关和总检察院接纳。考核过程独立于惩戒措施。

3. 对最高法院法官和高级检察官执行免职的处罚，或应最高法院或高级检察官委员会的各自要求，对各个层级的法官和检察官予以免职。在被调查当事人参与听审的情况下，最终和具体的命令不被起诉。

4. 授予法官和检察官委托其职务的官方职衔。

第155条 依据相关法律，国家司法官员委员会成员如下产生。

1. 1名通过最高法院全体会议无记名投票产生。

2. 1名通过高级检察官委员会无记名投票产生。

3. 1名通过国家律师协会成员无记名投票产生。

4. 2名通过国家其他的专业协会按照法律规定无记名投票产生。

5. 1名通过国立各大学校长无记名投票产生。

6. 1名通过国家各私立大学校长无记名投票产生。

国家司法官员委员会成员数量可经其自身决定扩大至9名。另外2名可由委员会从代表工人和企业的机构所提供的个人名单中秘密投票产生。

国家司法官员委员会正式成员及其继任者任期为5年。

第156条 除第147条第4项规定外，成为国家司法官员委员会的要求与最高法院法官一致。国家司法官员委员会委员享有同样的福利和权利，负有与最高法院法官同样的责任并同样不得兼任其他职务。

第 157 条　因严重过失，经国会法定人数 2/3 投票赞成，国家司法官员委员会委员可被免职。

第十节　总检察院

第 158 条　总检察院是自治组织，由高级检察官委员会选出的国家总检察长为其最高领导。国家总检察长任期 3 年，若重新当选，可再延长 2 年。总检察院的成员享有与同级司法机关的法官一样的权利和特权，负有同样的责任并不得兼任其他职务。同样，他们的任命的要求和程序需要与同级司法机关法官的任命相同。

第 159 条　总检察院的职责如下。

1. 根据职权自行或应一方的要求提起司法诉讼，以维护法治、维护受法律保护的公民权利和公共利益。

2. 监督司法机构的独立性和公正执法。

3. 在司法诉讼中代表社会。

4. 从起始阶段起参与对罪行的调查。为达此目的，国家警察有义务执行总检察院在其职责范围内的命令。

5. 根据职权自行或应私人诉讼提起刑事诉讼。

6. 在法律规定的情况下，在最高法院做出任何决议前提出意见。

7. 行使立法动议权，向国会和总统告知法律的漏洞或错误。

第 160 条　总检察院的预算草案需经高级检察官委员会批准，再提交给行政机关。草案需得到总统和国会的认可。

第十一节　监察院

第 161 条　监察院是自治组织。无论监察院何时要求帮助，国家机关均有义务配合监察院。国家层面监察院的组织结构由法律规定。

经国会成员法定人数 2/3 投票同意，监察官可当选或被免职。监察官享有与国会议员同样的免权和特权。

可当选为监察官的候选人，须是年满 35 岁的律师。监察官任期 5 年，且没有固定的职权，与最高法院大法官一样不得兼任其他职务。

第162条 监察院的职责是维护公民和社区的宪法基本权利，确保国家机关和公共机构对公民承担责任。监察官每年向国会提交一次报告，或应国会要求随时向国会提交报告。监察官可建议立法，可推行便于其改进职责履行的措施。

监察官向行政机关提交其预算草案，且需得到总统和国会的认可。

第十二节 安全和国防

第163条 国家通过国防体系保障国家安全。实行全面的和长久的国防，从内部和外部两方面增强国防。按照法律规定，所有自然人和法人均有义务依法参加国防。

第164条 国防的领导、配备和实施通过一整套体系进行，该体系的组织和职能由法律规定。共和国总统是国防体系的最高领导。

为达到防卫目的，实行动员的范围和程序由法律规定。

第165条 武装部队由陆军、海军和空军组成。武装部队的首要目的是保障共和国的独立、主权和领土完整。武装部队可依照第137条负责控制国内秩序。

第166条 警察部队的基本职责是维持国内秩序，维护和保护公共秩序，保障法律的执行、人身安全、公共和私人财产，防止、调查和打击犯罪活动，保卫和控制国家边界。

第167条 共和国总统为武装部队和警察部队的最高统帅。

第168条 武装部队和警察部队的组织、职能、专门化、训练、动用和纪律由各自法律和条例规定。

武装部队根据国防的需要，依法组织并支配其预备役人员。

第169条 武装部队和警察部队并非审议机构。它们必须服从宪法权力。

第170条 武装部队和警察部队各自用于后保障的资金，依法律规定拨付。此项资金只能在法律规定的机关的监管下，用于指定目的。

第171条 武装部队和警察部队参加国家的经济和社会发展，并依法参加民间防务。

第 172 条 武装部队和警察部队的人数每年由行政机关确定。所需资金列入预算法案。

依法对部队军官进行晋升。武装部队将官和海军将官及警察部队将官由相关部门推荐后，再由共和国总统批准晋升。

第 173 条 武装部队和警察部队成员涉嫌职务犯罪时，接受各自司法机关和军法审判。除犯法律规定的叛国罪和恐怖主义罪外，军法的规定不得适用于非军人。第 141 条规定的上诉只适用于判处死刑的情况。

违反义务兵役制者受军法审判。

第 174 条 武装部队和警察部队军官等级制固有的军衔、荣誉、报酬和退休金实行对等原则。对于没有军官军衔或等级的职业军事和警察人员如何实行对等原则由法律规定。在上述两种情况下，非经法律判决均不得取消拥有上述权利者的权利。

第 175 条 只有武装部队和警察部队才可持有和使用军用武器。国内现有的、制造的和进口的一切武器无须通过法律程序也无须进行赔偿而归国家所有。

经法律允许可制造军用武器的私人企业可免除这种限制。私人制造、买卖、持有和使用非军用武器的办法由法律规定。

第十三节 选举制度

第 176 条 选举委员会负责确保选举是公民意愿自由、真实和自愿的表达，确保选票是直接选举时投票者意愿真实和及时的反映。选举制度的基本功能是计划、组织并实施选举、公投或其他民主协商，维持和保护对投票者身份的统一登记及公民地位的变更记录。

第 177 条 选举体系由国家选举委员会、国家选举办公室、国家身份和公民地位登记处组成。这些部门是自治组织，按照各自职权互相配合工作。

第 178 条 国家选举委员会的职责是：

1. 监督投票、选举行为、公投、其他民主选举过程及准备选民花名册的合法性；

2. 维持和保持政治组织登记簿的安全；

3. 确保关于政治组织的规定及其他有关选举条款的实施；

4. 确保选举事务的公正；

5. 宣布选举的获胜者并发布委任书，公布公投或其他民主协商的结果；

6. 法律规定的其他职能。

国家选举委员会有权动议有关选举事务的立法，有权向行政机关递交附带选举体系中各个机关单独条目的预算草案，并得到总统和国会的认可。

第179条 国家选举委员会的最高职权被赋予由5名成员组成的全体会议。委员会成员产生如下：

1. 最高法院从其退休或现任法官中通过无记名投票选举出1名成员。在后者中，当选者被允许休假。来自最高法院的代表任委员会主席；

2. 高级检察官委员会从其退休或现任高级检察官中通过无记名投票选举出1名成员。在后者中，当选者被允许休假；

3. 利马律师协会从其成员中通过无记名投票选出1名；

4. 全国各公立大学法律系系主任从原系主任中通过无记名投票选出1名；

5. 全国各私立大学法律系系主任从原系主任中通过无记名投票选出1名。

第180条 国家选举委员会全体会议成员不能低于45岁，同时不得超过70岁。成员任期4年并可重新当选。法律规定每两年举行一次对其成员进行更新的交替选举。

此项工作是全职并有酬劳，除临时性的教学工作外，担任此职者不得兼任任何一项其他公职。

选举委员会全体会议成员、担任领导职务的公民，或在选举日期以前4年内曾担任过此类职务的公民，均不得作为候选人参加国家选举委员会成员之选举。

第181条 国家选举委员会全体会议成员通过自主判断的方式对事实进行调查，并按照法律和法律的一般原则解决争议。对涉及选举、公投或其他公众协商选举的事务，委员会的决定是最终确定的，且不得被推翻，不得就其决定提出申诉。

第182条 国家选举办公室主任由国家司法官员委员会每四年重新任命一次，其犯严重过失时，此职务可被国家行政首长委员会免除。与国家选举委员会全体会议成员一致，此职务同样具有不可兼任性。国家选举办公室主任的主要职责是组织选举、公投和其他大众协商性选举，准备办公室预算草案，设计选票，分发选举表格及选举需要的其他材料、宣布选举结果，在投票站的唱票开始后，负责不间断地提供有关计票的信息，同时履行法律规定的其他职责。

第183条 全国身份和公民地位登记办公室主任由国家司法官员委员会每四年重新任命一次，其犯严重过失时，此职务也可被国家司法官员委员会免除。与国家选举委员会全体会议成员一致，此职务同样具有不可兼任性。

全国身份和公民地位登记办公室负责对出生、结婚、离婚、死亡和其他变更婚姻状况的行为进行登记。其发布各种证明文件，准备并保持选举花名册的更新。同时，向国家选举委员会和国家选举办公室提供便于他们履行职能所需的信息，维护公民的身份记录，发布证明文件，履行法律规定的其他职责。

第184条 当所投选票有2/3无效或空白时，无论是联合选举还是单独选举，国家选举委员会可宣布该次选举过程、公投或大众协商性选举无效。对市一级的选举，法律可规定不同的比例要求。

第185条 在任何选举、公投或其他大众协商性选举中，计票工作均应在投票站公开且不间断地进行。只有在确有错误或受到指责时，计票结果才可被复查，且需依法解决一切问题。

第186条 全国选举委员会发布指令和规定，以维护选举活动中的选举秩序和选举自由。上述指令和规定由武装部队和警察部队强制执行。

第187条 在进行多人制选举时，可依据法律中规定的体系而实行比例代表制。

法律规定为生活在国外的秘鲁人进行投票提供便利的条款。

第十四节 分权[①]

第 188 条 分权是民主组织的一种形式,是国家政策的委托和延续,其最本质的目的是推动国家的全面发展。按照允许恰当分配管辖权和资源从中央政府转移给地方、地区政府的标准,分权的过程以渐进有序的方式,通过不同的阶段进行实施。

政府机关和国家自治机构,以及共和国总预算均应依照法律规定分权。

第 189 条 国土被划分为大区、区域、省和地区,在宪法和法律规定的期限内,单一的政府依据宪法和法律在国家、区域和地区的不同层面履行职能和进行管理,并保持国家和民族的统一和团结。

大区层级的政府由大区和区域组成,地方层级的政府由省、地区和乡村组成。

第 190 条 在具有历史、文化、行政和经济关系的相连地区基础上设立大区,并在此基础上形成稳定的地缘经济体。

大区化的进程始于依据卡亚俄宪法指定区进行的区政府选举。

按照法律规定,两个或两个以上相连区域,可通过公投形成一个大区。同样,两个或两个以上相连省或地区,也可按照相同程序变更选区。

大区的其他相关的机构和学院可按照法律规定设立。

当进行整合时,两个或两个以上大区间应建立合作机制。相关法律应对这种机制进行规定。

第 191 条 大区政府在其职权范围内的事务中享有政治、经济和行政自治权。它们与市政府进行合作,但不影响市政府的权力或职责。这些政府最基本的组织结构有:大区议会,作为调整和监督机构;大区政府,作为行政机构;大区协调委员会,由省辖市和民间团体代表组成,按照法律规定的职能和权力,作为协商机构协调各市之间的关系。

大区议会最少应包括 7 名成员,最多则包括 25 名成员,且每省至少 1 名。余下则按照选举人数的标准根据法律规定进行配置。

[①] 本节根据 2002 年 3 月 7 日 27680 号法令修改。

大区主席和 1 名副主席通过直接选举产生，任期 4 年并可重新当选。大区议会议员的选举程序和任期与此相同。依据法律，这些机关的指令可撤销但不可放弃，但宪法规定的情形除外。

在竞选共和国总统、副总统、国会议员或市长时，大区主席必须在相关选举前 6 个月辞去职务。法律应规定最低比例，便于妇女、农村和土著社区、土著人民在大区议会占有一定席位。此规定适用于市议会。①

第 192 条　大区政府应促进大区发展并提升经济鼓励投资，增强公共服务并完善其职责范围内的活动，与国家和地方层面的发展规划和政策保持一致。其职责如下。

1. 核准其内部组织制度和预算。
2. 经相关各市及民间团体同意，形成并实施大区发展规划。
3. 管理其财产和收入。
4. 管理并发布其职责范围内关于公共服务的授权、许可和权利。
5. 鼓励大区经济社会发展并执行相关计划和规划。
6. 就大区的管理发布相关规定。
7. 依据法律，就有关农业、渔业、工业、以农业为基础的工业、商业、旅游业、能源、矿业、道路、交通、教育、医疗和环境的行为或公共服务进行管理。
8. 鼓励竞争和投资，并为基础设施项目和大区层级工程的发展提供财政支持。
9. 就相关事务动议立法并在管辖权范围内进行发布。
10. 行使依法规定属于其固有的其他职权。

第 193 条　大区政府的财产和收入包括：

1. 自身财产和固定资产；
2. 年度预算法院拨付的特别资金；
3. 法律规定用于支持其的税收；
4. 按照法律规定，来源于私有化、特许权以及提供服务所带来的经济收益；

---

① 根据 2005 年 10 月 4 日 28607 号法修改。

5. 按照法律规定，来源于国家赔偿基金的收入，带有再分配性质；

6. 从开采权益中分配的收入；

7. 按照法律规定，从包括国家担保的方式中进行财政运作而获得的收入；

8. 法律规定的其他收入。

第194条 省级或地区市政机关属于地方政府机关。在其职权范围内的事务中享有政治、经济和行政自治权。可依照法律设立乡村当局。

地方政府构成为：市议会，作为规范和监管机构；市政府，作为行政机构。以上组织按照法律规定享有职能和权力。

市长和市议会议员通过直接选举产生，任期4年并可重新当选。依据法律，这些机关的指令可撤销但不可放弃，但宪法规定的情形除外。

在竞选共和国总统、副总统、国会议员、市长、区主席时，市长必须在相关选举前6个月辞去职务。①

第195条 地方政府应促进当地发展并提升经济，在其职责范围内提供公共服务，与国家和大区层面的发展规划和政策保持一致。其职责如下。

1. 核准其内部组织制度和预算。

2. 经民间团体同意，形成并实施地区发展规划。

3. 管理其财产和收入。

4. 根据法律规定，设立、修改或取消市级税收、税率、公益税、许可或权利等。

5. 组织、规范和管理其职责范围内的公共服务机构。

6. 制订其界限内的乡村和城镇发展计划，包括分区、城市和总平面规划。

7. 鼓励竞争和投资，并为地区基础设施项目和工程的发展提供财政支持。

8. 依据法律，就有关教育、医疗、住房、卫生、环境、自然资源的可持续、公共交通、交通循环和流量、旅游、古迹和遗迹的保护、文化、

---

① 根据2005年10月4日28607号法令修改。

休闲及运动的行为或公共服务进行管理并促进其发展。

9. 就相关事务动议立法并在管辖权范围内进行发布。

10. 行使依法规定属于其固有的其他职权。

第 196 条　市政当局的财产和收入包括：

1. 自身财产和固定资产；

2. 法律规定用于支持其的税收；

3. 依法由市政条例设立的市级税收、税率、费用特许和关税；

4. 按照法律规定，来源于私有化、特许权以及提供服务所带来的经济收益；

5. 按照法律规定，来源于市政赔偿基金的收入，带有再分配性质；

6. 年度预算法案拨付的特别资金；

7. 从开采权益中分配的收入；

8. 按照法律规定，从包括国家担保的方式中进行自身财政运作而获得的收入；

9. 法律规定的其他收入。

第 197 条　市政当局鼓励、支持和规范公民参与地方发展。此外，通过与秘鲁国家警察部队的合作向公民提供安全服务。

第 198 条　共和国首都所在的城市不属于任何大区，并在分权法和市政法案中享有特别待遇。利马大都市市政当局在利马省域内行使管辖权。

位于边界地区的市政当局同样在市政法案中享有特别待遇。

第 199 条　地区或大区政府受其自身监督机关、宪法和法令规定的其他机关的控制，受总审计署的控制和监督。总审计署分别并持续地进行监督。按照法律规定，在公民参与的前提下，这些机关形成自身预算并对其年度决算负责。

第五章　宪法保障

第 200 条　宪法保障如下。

1. 人身保护状：当任何一个当局、官员或任何人的行动或失职，损害或威胁个人自由或相关宪法人权时，均可提出人身保护状。

2. 公民权保护状：当任何一个当局、官员或任何人的行动或失职，损害或威胁宪法规定的其他权利时，均可提出公民权保护状。但在面对法律规则和一般司法诉讼的法庭判决时不适用。①

3. 人身数据保护状：当任何一个当局、官员或任何人的行动或失职，损害或威胁本宪法第 2 条第 5 项、第 6 项涉及的权利时，均可提出人身数据保护状。②

4. 违宪状：在法律、立法法令、紧急法令、国际条约、国会章程、大区一般规则、市政法令在形式或实体上违反宪法时，均可提出违宪状。

5. 一般法令状：当规定、行政条例、一般决议和法令违反宪法和法律时，不论这些规定由何机关颁布，均可提出一般法令状。

6. 训令状：当任何当局、官员拒绝遵守法律规定或行政法案时，均可提出训令状，且并不会因此影响该法律责任。

人身保护状和公民权保护状的执行，不因实施本宪法第 137 条规定的例外状态而中止。鉴于权利受到限制或中断，当此类宪法权利的申诉被立案时，相关司法机关将检查该限制法案的合理性和比例性。法官无权质疑紧急状态或戒严状态的宣布。

第 201 条 宪法法院是宪法的监督机构，是自治且独立的机关。法庭由 7 名成员组成，任期 5 年。

宪法法院成员须具备与最高法院法官一致的条件。宪法法院成员享有与国会议员一致的豁免权和特权，但此职务同样具有不可兼任性，亦不可连任。

宪法法院成员需经国会议员法定人数 2/3 以上投票赞成方可当选。法官或检察官未能提前 1 年辞去职务者，不得当选宪法法院法官。

第 202 条 宪法法院的职责如下。

1. 在初审中对违宪状进行听证。

2. 作为终审法院，对拒绝给予人身保护、公民权保护、人身数据保护、训令申诉的法令进行听证。

---

① 根据 1995 年 6 月 12 日 26470 号法令修改。
② 根据 1995 年 6 月 12 日 26470 号法令修改。

3. 按照法律规定，对事关管辖权争议及对宪法分配的权力进行听证。

第 203 条　下列人员和机构有权宣布违宪状。

1. 共和国总统。

2. 国家总检察长。

3. 监察长。

4. 国会议员法定人数的 25%。

5. 5000 名经全国选举委员会确认签名的公民。若受到质疑的法令是市政法令时，假设该地区 1% 的居民总数不超过前述规定所要求的签名总数，只需经相关地域内 1% 居民的质疑即可。

6. 大区区长在经大区协调委员会的建议和同意后，或省属市长在经其议会同意后，对其所管辖的事务宣布违宪状。

7. 专业组织针对其领域内的事务时。

第 204 条　宪法法院下令宣布一部法律违宪时，须在官方公报上公布。在公布次日起该法律失效。

宪法法院下令宣布一部法令整体或部分违宪时，该法令不具有追溯效力。

第 205 条　一旦国内司法机关提供的所有司法途径已被使用或被拒绝，若当事人认为其宪法承认的权利受到损害，可向依照秘鲁所参加的国际条约所组成的国际法庭或国际机构起诉。

第六章　宪法的修正

第 206 条　对宪法进行修正的任何动议，须经国会成员法定人数的绝对多数投票赞成方能采纳，且此修正须通过公投批准。当国会在两个连续的常规会议中都得到赞成票，且在每次会议中都得到其成员法定人数 2/3 以上同意时，可免予进行公投。共和国总统不得反对关于宪法修正的法律。

总统在经内阁同意后，有权向国会提出动议对宪法进行修正。经相当于全体选民 0.3% 的公民签名，并由相关选举机关确认其签名后，也可提议对宪法进行修正。

附件二

秘鲁《宪法》最终和过渡性条款

第1条 自本次宪法改革生效起，宣告第20530号法令的养老金制度终止。

禁止新加入或重新加入第20530号法令的养老金制度。

属于上述养老金制度的劳动者，如不符合领取相应养老金的条件，则必须在国家养老金制度或私人养老基金管理人制度之间做出选择。

出于社会利益原因，法律规定的养老金新规将立即根据情况对属于国家养老金制度的劳动者和养老金领取者适用。不应规定养老金与工资无差别，也不应规定减少低于一个税收单位的养老金数额。

本法将规定对超过一个税收单位的养老金适用累进上限。

根据法律，因实施新的养老金规则而节约的预算将用于提高最低养老金。在现行养老金制度中引入的任何修改，以及未来规定的新养老金制度，都必须以财政可持续性和非无差别的标准为指导。

授权国家政府主管单位采取相应法律行动，宣布非法获得的养老金无效，已根据既判力做出的明确裁定了案件是非曲直或相应诉讼已失效的判决所界定的案件除外。

第2条 国家管理的养老金支付和调整。

根据国家做出的养老金预算预测和国民经济的允许能力，国家保证及时支付并定期调整其管理的养老金。

第3条 向公共和私人活动提供的服务不可累计。

只要私人和公共活动的工作制度存在区别，在任何情况下不得以任何项目累计在两种制度下提供的服务。任何违反行为或决议均无效。

第 4 条　《宪法》承认的与权利和自由相关规定应依据《世界人权宣言》，以及秘鲁批准的有关国际条约和协议做出解释。

第 5 条　市政选举。

市政选举与大选交替进行，以便根据法律在总统任期的中期举行。为此，在下两次市政选举中当选的市长和市政议员的任期将分别为三年和四年。

第 6 条　1993 年当选的市长和市政议员任期。

在 1993 年选举进程及其补充选举中当选的市长和议员的任期将于 1995 年 12 月 31 日结束。

第 7 条　按单一选区进行选举。

自本《宪法》生效后的第一次大选进程，在开展权力去中央化的过程中，按照单一选区进行。

第 8 条　《宪法发展法》。

《宪法》中做出如下要求的规定是《宪法发展法》的内容。

以下规定优先：

权力去中央化规则，包括允许最晚在 1995 年前选出新当局的规定；

关于逐步消除在公共服务特许权和许可证中授予的法律垄断机制和程序的规定。

第 9 条　国家选举委员会成员换届。

根据本《宪法》安排的国家选举委员会成员的换届由利马律师协会和公立大学法学院选出的成员发起。

第 10 条　国家公民身份和婚姻状况登记处。

本法规定了地方政府民事登记处和选举登记处的办公室、官员和公务员如何加入国家公民身份和婚姻状况登记处。

第 11 条　宪法规定的逐步执行。

《宪法》中要求新增或提高公共支出的规定逐步执行。

第 12 条　行政区划。

共和国的行政区划包括以下大区：亚马孙（Amazonas）、安卡什（Ancash）、阿普里马克（Apurímac）、阿雷基帕（Arequipa）、阿亚库乔（Ayacucho）、卡哈马卡（Cajamarca）、库斯科（Cusco）、万卡维利卡

（Huancavelica）、瓦努科（Huánuco）、伊卡（Ica）、胡宁（Junín）、拉利伯塔德（LaLibertad）、兰巴耶克（Lambayeque）、利马（Lima）、洛雷托（Loreto）、马德雷·德·迪奥斯（Madre de Dios）、莫克瓜（Moquegua）、帕斯科（Pasco）、皮乌拉（Piura）、普诺（Puno）、圣马丁（SanMartín）、塔卡纳（Tacna）、通贝斯（Tumbes）、乌卡亚利（Ucayali），还有卡亚俄（Callao）宪法指定区。

第 13 条 地区行政过渡委员会。

在各地区成立和根据本《宪法》选举出地区主席之前，行政权力机构根据国家设立的各个大区的面积，确定当前正在运作的地区行政过渡委员会的管辖权。

第 14 条 宪法的有效性。

本《宪法》经民主制宪会议通过后，根据宪法规定的全民公投结果生效。

第 15 条 不适用于民主制宪会议的规定。

本《宪法》中关于议员人数、法定任期和常设委员会的规定不适用于民主制宪会议。

第 16 条 取代 1979 年《宪法》。

本《宪法》一经颁布，将取代 1979 年《宪法》。

特别过渡性条款

第 1 条 2000 年大选中当选的共和国总统和副总统将于 2001 年 7 月 28 日结束任期。同期当选的国会议员的代表权将于 2001 年 7 月 26 日结束。《政治宪法》第 90 条和第 112 条规定的期限不对其例外适用。

第 2 条 就 2001 年的选举进程而言，《宪法》第 91 条第一款规定的期限将为四个月。

第 3 条 全国选举委员会（JNE）在不影响现有全国席位分配的情况下，为利马省分配了 4 个席位，其余 6 个席位依法分配。

附件三

《美洲人权公约》

1969 年美洲人权公约

（一九六九年十一月二十二日订于哥斯达黎加圣约瑟城）

序言

签署本公约的美洲各国重申它们希望在本半球，在民主制度的范围内，巩固以尊重人的基本权利为基础的个人自由和社会正义的制度。

承认人的基本权利的来源并非由于某人是某一国的公民，而是根据人类人格的属性，因此，以公约形式来加强或者补充美洲国家国内法提供的保护而对上述权利给予国际性保护是正当的。

考虑到在《美洲国家组织宪章》、《美洲人的权利和义务宣言》和《世界人权宣言》中，都已经阐明了这些原则，并在其他涉及世界范围和地区范围的国际文件中都已重申和确定了这些原则。

重申根据《世界人权宣言》，只有创造了使人可以享有其经济、社会和文化权利以及享有其公民和政治权利的条件下，才能实现自由人类享受免于恐惧和匮乏的自由和理想。

考虑到第三届美洲国家间的特别会议（1967 年于布宜诺斯艾利斯召开）通过了将经济、社会和教育权利方面更广泛的准则纳入《美洲国家组织宪章》中，并且决定美洲国家间人权公约应当确定负责这些问题机构的结构、职权和程序，达成以下协议。

第一部分　国家义务和受保护的权利

第一章　一般义务

第 1 条　尊重权利的义务

1. 本公约缔约国承诺尊重本公约所承认的各项权利和自由，并保证在它们管辖下的所有人都能自由地、全部地行使这些权利和自由，不因种族、肤色、性别、语言、宗教、政治见解或者其他主张、民族或者社会出身、经济地位、出生或者其他任何社会条件而受到任何歧视。

2. 在本公约内，"人"是指每个人。

第 2 条　国内法律效力

遇有行使第 1 条所指的任何权利或者自由尚未得到立法或者其他规定的保证时，各缔约国承诺根据它们各自的宪法程序和本公约的规定采取为使这些权利或者自由生效所必需的立法或者其他措施。

第二章　公民和政治权利

第 3 条　法律人格的权利

在法律面前，人人都有权被承认是一个人。

第 4 条　生命的权利

1. 每个人都有使其生命得到尊重的权利。这种权利一般从胚胎时起就应当受到法律保护。不得任意剥夺任何人的生命。

2. 在尚未废除死刑的国家，只有犯了最严重的罪刑和按照主管法院的最后判决，并按照在犯该罪刑之前就已经制定的给予此项惩罚的法律，才可以处以死刑。执行这种惩罚不得扩大到目前并不适用死刑的犯罪行为。

3. 已经废除死刑的国家，不得恢复死刑。

4. 对政治犯罪或者有关的一般罪刑不得处以死刑。

5. 对犯罪时年龄在十八岁以下或者七十岁以上的人不得处以死刑，

对孕妇也不得处以死刑。

6. 每个被处以死刑的人都有权请求赦免、特赦或者减刑，对一切案件均得给予赦免、特赦或者减刑。在主管当局对请求做出决定之前不得处以死刑。

第 5 条　人道待遇的权利

1. 每个人都具有在身体上、精神上和心理上得到尊重的权利。

2. 不得对任何人施以酷刑或者残暴的、非人道的或者侮辱性的惩罚或者待遇，所有被剥夺自由的人都应当受到尊重人类固有的尊严的待遇。

3. 惩罚不得扩大到非罪犯的任何人身上。

4. 除特殊情况之外，被指控的人应当同已经定罪的人隔离开来，并应当受到适合其未定罪者身份的区别待遇。

5. 未成年人接受刑事诉讼时，应当同成年人隔离开来，并尽可能迅速地送交特别法庭，以便可以按照未成年人的身份来对待他们。

6. 剥夺自由的惩罚应当以犯人的改造和社会再教育为主要目的。

第 6 条　不受奴役自由的权利

1. 任何人不得受奴役或者从事非自愿的劳役，各种形式的奴役和劳役如同奴隶交易和贩卖妇女一样都应当予以禁止。

2. 不得要求任何人从事强迫劳动或者强制劳动。本条款不得被解释为，在那些对某些罪刑规定的刑罚是用强迫劳动来剥夺自由的国家中，应当禁止执行主管法院做出这种判决。强迫劳动不得有损于犯人的尊严、身体或者智力。

3. 为了本条的目的，下列情况不属于强迫劳动或者强制劳动：

（1）在押犯人根据主管司法当局所做的判决或者正式决定服刑时，正常需要从事的工作或者劳务。这种工作或者劳务应当在公共当局的监督和管制下进行。从事这类工作或者劳务的任何人不得置于任何私人党团、公司或者法人的支配下；

（2）兵役以及在许可拒绝服兵役的一些国家内由法律所规定的代替兵役的国家劳务；

（3）在威胁社会的生存或者幸福的危难或者灾害时期所要求提供的劳务；

(4) 属于正常公民义务组成部分的工作或者劳务。

第 7 条　个人自由的权利

1. 人人都享有个人自由和安全的权利。

2. 除非根据有关缔约国的宪法或者依照宪法所制定的法律预先所确认的理由和条件外，不得剥夺任何人的身体自由。

3. 不得对任何人任意进行逮捕或者拘留。

4. 应当将被拘留的原因通知被拘留的任何人，并迅速地将对该人的一项指控或者几项指控通知他本人。

5. 应当将被拘留的任何人迅速地提交法官或者其他经法律认可的行使司法职权的官员，该人有权在一个合理的期限内受到审讯或者予以释放而不得妨碍诉讼的继续。对该人可以保释以保证其出庭受审。

6. 被剥夺自由的任何人都有权向主管法院求助，以便该法院可以对逮捕或者拘留他的合法性不容延迟地做出决定，如果这种逮捕或者拘留是非法的，可以下令予以释放。在各缔约国国内，其法律规定认为自己将受到剥夺自由的威胁的任何人有权向主管法院求助，以便法院对这种威胁是否合法做出决定，不得对这种救济办法加以限制或者予以废除。当事人的一方或者代表他的另一个人有权寻求这些救济方法。

7. 任何人不得因欠债而被拘留，这一原则不得限制主管司法当局就未履行供养义务而发出的命令。

第 8 条　公平审判的权利

1. 人人都有权在适当的保证下和在一个合理的期限内由事前经法律设立的独立和公正的主管法院进行审讯，以判定对该人具有犯罪性质的任何指控，或者决定该人的民事、劳动、财政或者具有任何其他性质的权利和义务。

2. 被指控犯有罪刑的任何人，只要根据法律未证实有罪，有权被认为无罪。在诉讼的过程中，人人都有权完全平等地享有下列最低限度的保证：

（1）如果被告不懂或者不会说法庭或者法院所使用的语言，他有权无偿地接受一位翻译或者口译的帮助；

（2）将对被告的指控事先详细地通知他；

（3）为准备辩护所需要的适当的时间和手段；

（4）被告有权亲自为自己辩护或者由自己挑选的律师来协助，并自由地和私下里与律师联系；

（5）如果被告不亲自为自己辩护或者在法律规定的时间内未聘请自己的律师，他有不可剥夺的受到国家所指派的律师帮助的权利，并按照国内法律规定自付费用或者不负担费用；

（6）被告一方有权查询在法院出庭的证人，并有权请专家或者其他能说明事实真相的人出庭作为证人；

（7）有权不得被迫作不利于自己的证明，或者被迫服罪；

（8）有权向更高一级的法院提起上诉。

3. 只有在不受任何强制的情况下，被告供认有罪才能有效。

4. 经一项未上诉的判决而宣判无罪的被告不得因相同的原因而受到新的审判。

5. 除非为了保护司法利益的需要，刑事诉讼应当公开进行。

第9条 不受具有溯及既往效力的法律的约束的权利

对任何人的作为或者不作为，在其发生时按照现行的法律并不构成犯罪者，不得将该人宣判为有罪。所施加的刑罚不得重于发生犯罪时所适用的刑罚。

如果在犯罪之后，法律规定应当处以较轻的刑罚，犯罪者应当从中得到益处。

第10条 受赔偿的权利

如果由于错判而使其受到最后判决的，人人都有权按照法律得到赔偿。

第11条 享有私生活的权利

1. 人人都有权使自己的荣誉得到尊重，自己的尊严得到承认。

2. 不得对任何人的私生活、家庭、住宅或者通信加以任意或者不正当的干涉，或者对其荣誉或者名誉进行非法攻击。

3. 人人都有权受到法律的保护，免受上述干涉或者攻击。

第12条 良心和宗教自由

1. 人人都有权享有良心和宗教的自由。此种权利包括持有或者改变个人的宗教或者信仰的自由，以及每个人单独地或者和其他人在一起，公开地或者私下里宣称或者传播自己的宗教或者信仰的自由。

2. 任何人都不得受到可能损害持有或者改变其宗教或者信仰的自由的限制。

3. 表示个人的宗教或者信仰的自由，只能受到法律所规定的为保障公共安全、秩序、卫生、道德或者他人的权利或者自由所必需的限制。

4. 根据情况，父母或者监护人有权按照他们自己的信念，对其子女或者受监护的人进行宗教和道德教育。

第 13 条 思想和表达自由

1. 人人都有思想和表达自由。这种权利包括寻求、接受和传递各种信息和思想的自由。而不论国界，或者通过口头、书写、印刷和艺术形式，或者通过自己选择的任何其他手段表达出来。

2. 前款所规定的权利的行使不应接受事先审查，但随后应当受到法律明确所规定的义务的限制，其限制程度确保达到下列条件所必需：

（1）尊重他人的权利或者名誉；

（2）保护国家安全、公共秩序、公共卫生或者道德。

3. 表达自由不得以间接的方法或者手段加以限制，如滥用政府或者私人对新闻、广播频率或者对用于传播信息的设备的控制，或者采取任何其他有助于阻止各种思想和意见的联系和传播的手段。

4. 尽管有上述第 2 款规定，但是依照法律仍可事先审查公共开支的文娱节目，其唯一目的是对儿童和未成年人进行道德上的保护而控制观看这些节目。

5. 任何战争宣传和任何鼓吹民族、种族或者宗教仇恨，构成煽动非法暴力行为，或者以任何其他理由，包括以种族、肤色、宗教、语言或者国籍为由，对任何人或者一群人煽动任何其他类似的非法活动，都应当视为法律应予以惩罚的犯罪行为。

第 14 条 答辩的权利

1. 凡受到不确实的或者攻击性的通过合法控制的通信手段而被在公众中普遍传开的声明或者意见所损害的任何人，都有权在法律规定的条件下，用同样的通讯方法进行答辩或者更正。

2. 这种更正或者答辩在任何情况下都不得免除可能已经引起的其他法律责任。

3. 为了有效地保护荣誉和名誉，每一出版者和每一报纸、电影、广播和电视公司都应当有一位不受豁免权或者特权所保护的负责人。

第 15 条 集会的权利

承认有不携带武器进行和平集会的权利。除了依照法律和在民主社会中为了国家安全、公共安全或者公共秩序的利益，或者为保护公共卫生设施或者道德，或者为了保护他人的权利或者自由所必须规定的限制之外，对行使这种集会的权利不得加以任何限制。

第 16 条 结社的自由

1. 为了思想的、宗教的、政治的、经济的、劳动的、社会的、文化的、体育的或者其他目的，人人都有自由结社的权利。

2. 行使此种权利，只能接受根据法律规定的，在一个民主社会中，为了国家安全、公共安全或者公共秩序的利益，或者为了保护公共卫生或者道德，或者为了保护他人的权利或者自由所必需的限制。

3. 本条各项规定不排斥对武装部队成员和警察加以合法的限制，包括剥夺行使集会自由的权利。

第 17 条 家庭的权利

1. 家庭是天然的基本社会单位，并应当受到社会和国家的保护。

2. 已经达到结婚年龄的男女结婚和建立家庭的权利应当予以承认，只要他们遵守所要求的条件，而这些条件并不影响本公约所规定的不受歧视的原则。

3. 非经拟结婚的男女双方的自由和完全同意不得结婚。

4. 各缔约国应当采取适当的步骤，保证夫妻双方在结婚期间和解除婚姻时的权利平等和责任适当平衡。在解除婚姻时，应当仅根据儿童的最大利益对他们规定必要的保护。

5. 法律承认非婚生子女和婚生子女享有平等权利。

第 18 条 姓名的权利

人人都有权取名和使用其父母的姓氏或者使用其父母姓氏之一的姓氏。法律应当规定保证所有人都享有这种权利的方式，如有必要，可以使用假名。

第 19 条 儿童的权利

每个儿童都有权享受其家庭、社会和国家为其未成年地位而给予的必要的保护措施。

第 20 条 国籍的权利

1. 人人都有权取得一国国籍。

2. 人人都享有他出生地所在国的国籍的权利，如果他没有取得任何其他国籍的权利的话。

3. 不得任意剥夺任何人的国籍，或者剥夺他改变国籍的权利。

第 21 条 财产的权利

1. 人人都有使用和享受财产的权利。法律可以使这种使用和享受服从社会利益。

2. 不得剥夺任何人的财产，但因公用事业或者社会利益等理由以及法律规定的情况和按照法律规定的形式，给予正当赔偿的情况除外。

3. 高利贷和任何其他人剥削人的形式都应当受到法律的禁止。

第 22 条 迁移和居住的自由

1. 合法地处在一缔约国领土内的每个人，有权按照法律的规定在该国领土内迁移和居住。

2. 人人都有权自由地离开任何国家，包括他自己的国家在内。

3. 上述权利的行使，只能接受一个民主社会按照法律规定为了防止犯罪或者保护国家安全、公共安全、公共秩序、公共道德、公共卫生或者他人的权利和自由所必需的限制。

4. 第 1 款所承认的权利的行使，也可以因公共利益的理由，在指定的区域内由法律加以限制。

5. 任何人都不得从他国籍所属的国家的领土内被驱逐出去，或者剥夺他进入该国的权利。

6. 合法地处在本公约的一个缔约国领土内的外国人，只有在执行按照法律达成的协议时，才能被驱逐出境。

7. 每一个人当他因犯有政治罪或者有关的刑事罪而正在被追捕时，有权按照国内立法和国际公约，在外国的领土上寻求庇护或者受到庇护。

8. 如果一个外国人的生命权利或者人身自由，在一个国家中，由于他的种族、国籍、宗教、社会地位或者政治见解等原因而正遭到被侵犯的危险时，该外国人在任何情况下都不得被驱逐到或者被送回该国，不论该国是不是他的原居住国。

9. 禁止集体驱逐外侨。

第 23 条　参加政府的权利

1. 每个公民应当具有下列各项权利和机会：

（1）直接地或者通过自由选举的代表参加对公共事务的管理；

（2）在真正的定期选举中投票和被选举，这种定期选举应当通过普遍的和平等的投票以及保证投票人自由表达其意愿的秘密投票方式来进行；

（3）在普遍平等的条件下，有机会担任国家的公职。

2. 只有根据年龄、国籍、住所、语言、教育、文化能力和智力，或者在刑事诉讼中基于主管法院的判决，法律才可以限制上述各款所规定的权利和机会的行使。

第 24 条　平等保护的权利

在法律面前人人平等。人人享有不受歧视的法律的平等保护。

第 25 条　司法保护的权利

1. 人人都有权向主管法院或者法庭请求单纯和迅速的援助或者任何其他有效的援助以便得到保护，防止受到侵犯宪法或者有关国家法律或者本公约所承认的基本权利的行为的危害。即使这种侵权行为可能是公职人员在履行公务过程中所发生的也不例外。

2. 缔约国承诺：

（1）保证请求此种救济的任何人应当享有经国家法律制度确定的主管当局所决定的权利；

（2）扩大采取司法救济的渠道；

（3）保证主管当局实施这些已经许可的救济。

第三章 经济、社会和文化权利

第 26 条 不断发展

各缔约国承诺在国内并通过国际合作采取措施，特别是那些具有经济和技术性质的措施，从而通过立法或者其他适当的方法不断取得美洲国家组织宪章所规定的、经布宜诺斯艾利斯议定书修正的经济、社会、教育、科学和文化标准方面所包含的各种权利的完全实现。

第四章 暂停保证、解释和实施

第 27 条 暂停保证

1. 遇有战争、公共危险或者威胁到一个缔约国的独立和安全的其他紧急情况时，该缔约国可以采取措施，在形势紧迫所严格要求的范围和期限内，克减其根据本公约所应当承担的义务，如果这些措施与该缔约国根据国际法所担负的其他义务不相抵触，并且不引起以种族、肤色、性别、语言、宗教或者社会出身为理由的歧视的话。

2. 上述规定不得许可暂停执行下列各条：第 3 条（法律人格的权利）、第 4 条（生命的权利）、第 5 条（人道待遇的权利）、第 6 条（不受奴役自由的权利）、第 9 条（不受具有溯及既往效力的法律的约束的权利）、第 12 条（良心和宗教自由）、第 17 条（家庭的权利）、第 18 条（姓名的权利）、第 19 条（儿童的权利）、第 20 条（国籍的权利）和第 23 条（参加政府的权利），或者暂停为保护这些权利得以实施的司法保证。

3. 行使暂停保证权的任何一个缔约国应当立即将该国已暂停保证的各项规定、导致暂停保证的理由和终止这种暂停保证的日期，通过美洲国家组织秘书长告知其他缔约国。

第 28 条 联邦条款

1. 任一缔约国成为一个联邦国家时，该缔约国的国家政府应当对它所行使立法和司法管辖的对象，贯彻执行本公约的所有规定。

2. 关于该联邦国家各组成单位管辖的对象所适用的各项规定，该联邦的国家政府应当按照其宪法和法律，立即采取适当的措施，使其各组成单位的主管当局能够制定适当的规定以便保证本公约的履行。

3. 每当两个或者更多的缔约国同意组成联邦或者其他联合形式的国家时，它们应当注意所订立的联邦契约或者其他契约中，包括为使本公约的准则在组成的新国家中继续生效和使之生效所必需的各种规定。

第 29 条 关于解释的限制

本公约不得作如下的解释：

1. 允许任何缔约国国家、集体或者个人压制享有和行使本公约所承认的权利和自由，或者对这些权利和自由加以比本公约所规定的更大的限制；

2. 限制享有或者行使任何缔约国法律所承认的、或者上述国家之一是缔约国的另一公约所承认的任何权利和自由；

3. 排除人类人格所固有的或者作为一种政府形式的代议制民主所产生的其他权利或者保证；

4. 排除或者限制美洲人的权利和义务宣言或者其他同样性质的国际文件可能具有的效力。

第 30 条 限制的范围

根据本公约对享有或者行使其中所承认的权利或者自由而可能施加的限制不得予以实施。除了按照为了整体利益而颁布的法律和符合已经实施的这种限制的目的不受此限制。

第 31 条 对其他权利的承认

根据第 76 条和第 77 条规定的程序所承认的其他权利和自由，可以包括在本公约的保护制度之内。

第五章 个人责任

第 32 条 义务和权利的关系

1. 每个人对他的家庭、他的社会和人类都负有责任。

2. 在一个民主社会中，每个人的权利都受到他人的权利、全体的安全和大众福利的正当要求的限制。

第二部分　保护的方式

第六章　主管机构

第 33 条　下列各机构对与本公约各缔约国履行所承担的义务有关的事项享有管辖权：

1. 美洲国家间人权委员会，简称"委员会"；
2. 美洲国家间人权法院，简称"法院"。

第七章　美洲国家间人权委员会

第一节　组织

第 34 条　美洲国家间人权委员会由七人组成，他们应当具有崇高的道德品格并且是公认的在人权方面的有资格人士。

第 35 条　委员会应当代表美洲国家组织所有成员国。

第 36 条

1. 委员会成员应当由美洲国家组织大会从各成员国政府提名的候选人名单中，以个人所具有的资格选任。

2. 每一个成员国政府最多可以提出三名候选人。候选人可以是提名国家的公民或者是美洲国家组织成员国的公民。成员国提出的一张有三名候选人的名单，其中必须有一名是提出该候选人名单提出国以外国家的公民。

第 37 条

1. 委员会委员任期四年，只能连任一次。但是，第一次选出的委员会中应当有三人的任期为两年。在第一次选举后，应当立即由美洲国家组织大会以抽签的方式决定这三位委员的名单。

2. 委员会的委员不得有两名委员为同一国家的公民。

第 38 条　委员会由于正常任期届满以外的其他理由而产生空缺时，

应当由美洲国家组织常设理事会按照委员会章程的规定予以补足。

第 39 条 委员会应当制定自身的章程，并将该章程提交美洲国家组织大会批准。委员会应当制定自身的规则。

第 40 条 委员会的秘书处工作应当由美洲国家组织总秘书处的相应的专业单位承担，应当向该单位提供为完成委员会指定的任务所必需的财力。

第二节 职责

第 41 条 委员会的主要职责是促进尊重和保护人权。在履行其职责时，委员会应当具有下列职权：

（1）在美洲各国人民中发展人权的意识；

（2）当委员会认为提出建议可取时，向各成员国政府提出建议，以便在各国的国内法律和宪法条款规定范围之内采取有利于人权的进步措施和其他促进遵守这些权利的适当措施；

（3）准备它认为在履行其职责时可取的研究或者报告；

（4）要求美洲国家组织各成员国政府向委员会提供在人权问题上所采取措施的情报；

（5）通过美洲国家组织总秘书处，答复各成员国有关人权事务的询问，并且在委员会力所能及的范围内向这些国家提供他们所需要的咨询服务；

（6）根据本公约第 44 条到第 51 条各条所规定的委员会的权力，对请愿书和其他通知书采取行动；

（7）向美洲国家组织大会提交一份年度报告。

第 42 条 各缔约国应当将向美洲国家经济及社会理事会执行委员会和美洲国家教育、科学和文化理事会执行委员会按照它们各自主管的范围每年所提交的每一份报告和研究成果的复印件，送交人权委员会，以便人权委员会能够重视促进经布宜诺斯艾利斯议定书修订的美洲国家组织宪章中所规定的在经济、社会、教育、科学和文化准则中所包含的权利。

第 43 条 各缔约国承诺向委员会提供它可能要求的有关它们国内法

律保证有效地实施本公约任何规定而采用的方式的情报。

第三节　权限

第 44 条　任何个人或者个人团体或者经美洲国家组织一个或者几个成员国合法承认的任何非政府的实体，均可以向委员会提交内容包括谴责或者指控某一缔约国破坏本公约的申诉状。

第 45 条

1. 当任何缔约国在交存本公约批准书或者加入书时，或者在以后任何时候，都可声明它承认委员会有权接受和审查任一缔约国提出的关于另一缔约国侵犯了本公约所规定的人权的通知书。

2. 根据本条所提出的通知书，只有由一个已经声明承认委员会具有上述权限的缔约国提出时，才可以被受理和审查。委员会不得接受针对未做出上述声明的缔约国而提出的任何通知书。

3. 有关承认权的声明可以无限期地有效，在特定时期内有效或者在一个特定情况下有效。

4. 这些声明应当交存美洲国家组织总秘书处，由总秘书处将声明的复印件转交各成员国。

第 46 条

1. 根据第 44 条或者第 45 条提出的申诉状或者通知书，应当符合下列条件，条件委员会才予以接受：

（1）根据国际法所承认的一般原则，已经采取或者用尽了国内法所规定的救济办法；

（2）在声称其权利受到侵害的一方接到最后判决的通知之日起六个月之内提出了申诉状或者通知书；

（3）申诉状或者通知书所指的事情并非另一个要求获得解决的国际诉讼争议的未决之案；

（4）在第 44 条所指的情况下，申诉状载有姓名、国籍、职业、住所和申诉人或者若干申诉人或者提出申诉状的实体的合法代表的签名。

2. 在下列情况下，不得适用本条第 1 款第（1）项和第（2）项的规定：

（1）有关国家的国内立法没有确定正当的法律程序来保护据称已经被侵犯的权利或者各种权利；

（2）声称其权利被侵犯的一方一直被拒绝给予国内法律规定的救济或者被阻止竭力进行各种救济；

（3）根据上述救济办法在做出最后判决时曾发生无正当理由的延误。

第 47 条 根据第 44 条或者第 45 条提出的任何申诉状或者通知书，在下列情况下，委员会不得予以受理：

（1）不具备第 46 条所指的任何条件；

（2）申诉状或者通知书未说明有助于证实本公约所保证的权利受到侵犯的事实；

（3）申诉人或者是该国的声明表明，该申诉状或者通知书明显是缺少根据的或者显然是不恰当的；

（4）申诉状或者通知书实质上与委员会或者另一国际组织从前研究过的相同。

第四节　程序

第 48 条

1. 委员会在接受声称本公约所保护的任何权利受到侵犯的申诉状或者通知书后应当采取下列程序：

（1）如果委员会认为可以受理该申诉状或者通知书，它应当要求被指控应当对侵权行为负责的国家提供材料，并且应当向该国政府提供申诉状或者通知书的复印件，此项材料应当在委员会依据每一事件的情况而确定的合理期限内提供；

（2）在收到材料后，或者在规定的时间已经过去但尚未收到该项材料时，委员会应当查明该申诉状或者通知书的各项理由是否仍然存在。如已不存在，委员会应当做出决定终止此案；

（3）委员会也可以声明，根据随后收到的材料或者证据，该申诉状或者通知书不予受理或者是不恰当的；

（4）如果该案尚未结束，委员会应当在当事人各方都了解的情况下，审查该申诉状或者通知书中所提及的情况，以便核对事实。对于进行有效的调查的请求，如果确认为必要和适当的话，委员会应当进行调查，有关各国应当向它提供一切必要的便利条件；

（5）委员会可以要求有关各国提供有关的资料，如果需要，它应当听取有关各方的口头声明或者接受它们的书面声明；

（6）委员会应当处于有关各方的监督之下，以便在尊重本公约所承认的人权的基础上对问题达成友好解决。

2. 但是，只有在严重和紧急情况下，为使委员会事先得到据称在该国领土上发生侵犯人权事件的国家的同意而去进行调查，才有必要提出一份必须满足可以被受理的全部正式条件的申诉状或者通知书。

第 49 条 如果根据第 48 条第 1 款第（6）项的规定已经达成友好解决，委员会应当起草一份报告，并将此报告送交申诉人和本公约缔约国，然后再将此报告通知美洲国家组织秘书长予以公布。该报告应当包括对事实的简要说明和已达成的解决办法，如果任何一方要求提供尽可能完整的材料的话，应当向它提供。

第 50 条

1. 如未获得一个解决办法，委员会应当在其章程规定的期限内，起草一份报告阐明事实和陈述结论。如报告的全部或者是部分没有表达委员会成员的一致意见，任何成员都可以在报告后面附上自己单独的一份意见。由有关各方根据第 48 条第 1 款第（5）项的规定所作的书面声明和口头声明也应当作为报告的附件。

2. 此报告应当送交各有关国家，它们不得随意予以公布。

3. 在送交此报告时，委员会如认为适当，可以提出建议和意见。

第 51 条

1. 如果从委员会向有关各国送交该报告之日起三个月内，问题既未解决，也未由委员会或者由有关国家提交法院并予以受理的话，那么，委员会可以通过其成员绝对多数赞同来阐明其对提交审议问题的意见和结论。

2. 在适当的时候，委员会应当提出恰当的意见并规定期限，在此期限内，有责任采取措施的国家应当立即采取措施来符合所审议的事项的要求。

3. 当期限届满，委员会应当通过其成员的绝对多数赞同来决定该国是否已经采取了足够的措施，是否要公布委员会的报告。

第八章　美洲国家间人权法院

第一节　组织

第 52 条

1. 法院由七名法官组成。他们都应当是美洲国家组织成员国的公民，具有崇高的道德品格和在人权方面是公认的有资格的法学家，以个人身份当选法官。他们具有根据他们各自的国家的法律或者是根据推荐他们为法官候选人的国家的法律，为行使最高司法职能所必须具备的条件。

2. 法院中不得有两名法官为同一国家的公民。

第 53 条

1. 应当以无记名投票方式，由本公约各缔约国在美洲国家组织大会上以绝对多数票赞同从各缔约国所推荐的候选人名单中选出法院的法官。

2. 每一缔约国最多可以提出三名候选人，候选人可以是提名国家的公民，也可以是美洲国家组织成员国的公民。当提出一张包括三个候选人的名单时，三个候选人中至少有一个候选人必须是提出该名单国家之外国家的公民。

第 54 条

1. 法院法官任期六年，只能连任一次。第一次选出的三名法官的任期为三年。在第一次选举后，应当立即在美洲国家组织大会上以抽签的方式决定任期为三年的法官名单。

2. 选举一名法官来替代另一名任期未满的法官，他的任期应当到其前任任期届满时为止。

3. 法官在任期届满之前应当继续任职。对于他们已经接手的仍然未加解决的案件，他们应当继续为此目的而工作，而不应由他们的后任接手。

第 55 条

1. 如果一个法官是已经提交给法院的某一案件的任何当事国的公民，

他应当享有审理此案的权利。

2. 如果被选择审理某一案件的法官中的任何一名法官是该案件当事国之一的公民，则该案件的任何其他当事国可以任免一位由其指定的人作为法院的特别法官。

3. 如果被选择审理某一案件的法官中，没有该案件任何当事国的公民，则每一当事国均可以指定一位特别法官。

4. 特别法官应当具备第 52 条所规定的各项条件。

5. 如本公约几个缔约国对某一案件具有同样的利益，则为了以上各款目的，它们应当作为单独的一方。遇有问题，由法院决定。

第 56 条 五名法官构成法院处理事务的法定人数。

第 57 条 在审讯案件时，委员会应当出庭参加诉讼。

第 58 条

1. 法院的院址应当由本公约各缔约国在美洲国家组织大会上决定。但是，当法院的多数法官认为合适并征得有关国家的事先同意，可以在美洲国家组织成员国的领土上开庭审理。在美洲国家组织大会上经本公约各缔约国 2/3 票数通过，可以改变法院院址。

2. 法院应当任命自身的秘书。

3. 秘书应当在法院院址设有其办公的办公室，并应当参加在院址以外的地方所召开的各种会议。

第 59 条 法院应当设立秘书处。秘书处应当按照美洲国家组织总秘书处的行政管理标准，在各方面都和法院的独立性不相违背的前提下，在法院秘书的领导下进行工作。法院秘书处的工作人员由美洲国家组织秘书长和法院秘书协商后任命。

第 60 条 法院应当草拟其规章并提交美洲国家组织大会批准。法院应当制定其自身的程序规则。

第二节 管辖权和职能

第 61 条

1. 只有各缔约国和人权委员会有权向法院提交案件。

2. 为了保证法院对某一案件进行审理，必须履行第 48 条至第 50 条所规定的程序。

第 62 条

1. 任一缔约国在交存其对本公约的批准书或者加入书时，或者在以后的任何时候，都可以声明该国承认法院根据事实而不需要特别的协议，对于有关本公约的解释或者实施的一切问题的管辖权对其具有拘束力。

2. 此项声明可以是无条件的、带有一定互惠条件的、在一定期限内的或者对某些特定案件做出的。上述声明应当送交美洲国家组织秘书长，他应当将该声明的复印件转送美洲国家组织其他成员国和法院秘书。

3. 法院的管辖权应当包括所有已经提交法院的有关本公约各项规定的解释和实施的案件，如果与案件有关的各当事国不论通过上述各款所指的特别声明，还是通过特别协议，承认或者已经承认法院的管辖权的话。

第 63 条

1. 如果法院发现本公约所保护的一项权利或者自由受到侵犯，法院应当裁决将保证受害一方享有其受到侵犯的这种权利或者自由。在适当的时候，法院还应当做出裁决，造成侵犯此种权利或者自由的措施或者局势而产生的后果将得到救济，并应当给予受害一方以公平的补偿。

2. 在发生极其严重和紧急情况下，以及必须避免对人们造成不可挽救的损害时，法院应当采取它认为对其可以考虑的事情来说是恰当的临时性的措施。对于尚未提交法院的案件，法院可以根据委员会的请求行动。

第 64 条

1. 美洲国家组织各成员国可以就本公约的解释或者有关美洲国家保护人权问题的其他条约的解释，与法院进行磋商。经布宜诺斯艾利斯议定书修订的美洲国家组织宪章第 10 章中所列的各机构，在其职权范围内，可以通过同样的方式与法院进行磋商。

2. 在美洲国家组织任一成员国的请求下，法院可以就该国任何国内法律与上述国际文件是否一致向该国提供意见。

第 65 条 法院应当向美洲国家组织大会每届例会提交一份关于法院上年度的工作报告供大会审议。法院应当特别详细地说明有关国家未服从法院判决的那些案件，并提出有关的建议。

第三节 程序

第 66 条

1. 应当提出理由供法院做出判决。

2. 如果法院的判决不能全部或者部分地代表各位法官的一致意见，任一法官都有权在该判决中附上其不同的或者单独的意见。

第 67 条 法院的判决应当是终审性的，不得上诉。如对判决的含义或者范围意见不一致的，经当事人任何一方提出请求，法院应当予以解释，但此项请求应当在判决通知书发出之日起九十日内提出。

第 68 条

1. 本公约各缔约国承诺对它们是当事国的任何案件服从法院的判决。

2. 判决书中规定赔偿损失的那一部分，可以在有关国家按照执行该国国内判决的国内程序予以执行。

第 69 条 法院的判决应当通知案件各方当事人，并应当送交本公约的各缔约国。

第九章 共同规定

第 70 条

1. 法院的法官和委员会的委员自当选之日起，就整个任职期限内，享有按照国际法给予外交人员的豁免权。此外，在他们履行职责时，还应当享有为履行其职责所必需的外交特权。

2. 法院的法官或者委员会的委员在履行其职责时所发表的任何决定或者意见，在任何时候都不应当由他们承担责任。

第 71 条 法院的法官或者委员会的委员的地位，正如各自章程中所规定的那样，决定了他在任职期间不适宜从事可能影响该法官或者是该委员的独立性或者公正性的任何其他活动。

第 72 条 法院的法官和委员会的委员，在适当考虑他们职务的重要性和独立性的前提下，应当按照各自章程所规定的形式和条件接受薪金和旅行津贴。此项薪金和旅行津贴应当在美洲国家组织的预算中开支。

该预算也应当包括法院和其秘书处的各项开支。为此目的，法院应当制定其自身的预算，并通过总秘书处提交美洲国家组织大会批准。总秘书处不得对此项预算做任何改动。

第 73 条 美洲国家组织大会根据情况，只有在委员会或者法院的请求下，才可以决定对委员会的委员或者法院的法官给予制裁，且如果根据各自的章程有正当理由实行这种制裁的话。对于委员会委员，需要美洲国家组织成员国的 2/3 多数票做出决定；对于法院的法官，也需要本公约缔约国的 2/3 多数票做出决定。

第三部分 一般和过渡条款

第十章 签署、批准、保留、修改、议定书和废除

第 74 条

1. 本公约应当向美洲国家组织任何成员国开放签字、批准或者参加。

2. 批准或者加入本公约应当向美洲国家组织总秘书处交存批准书或者加入书。如果有 11 个国家交存其批准书或者加入书，本公约应当立即生效。对此后批准或者加入本公约的国家，本公约对该国应当从其交存批准书或者是加入书之日起生效。

3. 秘书长应当将本公约的生效通知美洲国家组织所有成员国。

第 75 条 只有按照 1965 年 5 月 23 日签订的《维也纳条约法公约》的规定，才能对本公约做出保留。

第 76 条

1. 对本公约的修改意见可以由任何缔约国直接提交大会和由委员会或者法院通过秘书长提交大会，以便采取大会认为适当的行动。

2. 各项修改应当于本公约 2/3 的缔约国各自交存其批准书之日起对批准修改的各国生效。这些修改对其他各缔约国，应当于它们各自交存其批准书之日起生效。

第 77 条

1. 根据第 31 条的规定，任何缔约国和委员会都可以提出拟议中的对

本公约的议定书,供各缔约国在美洲国家组织大会上进行审议,其目的在于逐步地将其他各种权利和自由包含在其保护制度之内。

2. 每一议定书应当规定其生效的方式,并且应当只在各参加该议定书的国家中实施。

第 78 条

1. 从本公约生效之日起五年内,各缔约国可以提前一年发出通知不再参加本公约。该通知应当提交美洲国家组织秘书长,由他告知其他缔约国。

2. 对于可以构成违反本公约规定的义务的任何行为,并且这种行为是有关缔约国在退出本公约前已经实施的,上述不再参加本公约的通知并不能免除有关缔约国所承担的包括在本公约中的各项义务。

第十一章　过渡条款

第一节　美洲国家间人权委员会

第 79 条　本公约一经生效,美洲国家组织秘书长应当以书面方式要求该组织的每一个成员国,在 90 天内提出美洲国家间人权委员会委员的候选人名单。秘书长应当按照字母顺序准备一份已经提出的候选人名单,并在下届美洲国家组织大会开会至少 30 天之前,将此名单送交给美洲国家组织的各成员国。

第 80 条　美洲国家组织大会应当通过无记名投票,从第 79 条所规定的候选人名单中选出委员会的委员。获得最多选票和获得各成员国代表们绝对多数票的候选人应当被宣布当选。如果必须进行几轮投票,以便选举出委员会的所有委员,则应当按照大会决定的方式,相继地将获得最少选票的候选人予以淘汰。

第二节　美洲国家间人权法院

第 81 条　本公约一经生效,美洲国家组织秘书长应当以书面方式要求每一个缔约国在 90 天内提出美洲国家间人权法院法官的候选人名单。秘书长应当按照字母顺序准备一份已经提出的法官候选人名单,并在下届美洲国家组织大会开会至少 30 天之前，将此名单送交给各缔约国。

第 82 条 本公约各缔约国应当在美洲国家组织大会上进行秘密投票，从第 81 条所规定的法官候选人名单中选出法院的法官。获得最多选票和获得各缔约国代表们绝对多数票的候选人应当被宣布当选。如果必须进行几轮投票，以便选出法院的所有法官，则应当按照各缔约国决定的方式，相继地将获得最少票数的候选人予以淘汰。

声明和保留

智利声明

智利代表团签署本公约，但须根据现行宪法的规定，以后由议会同意和批准。

厄瓜多尔声明

厄瓜多尔代表团荣幸地签署美洲人权公约。在无损于本公约所规定的一般权力，由各国政府自由地予以批准或者不批准的情况下，本代表团不认为目前必须对本公约做出任何特定的保留。

乌拉圭的保留

乌拉圭《宪法》第 80 条第 2 款规定，根据法律在可能导致判决在感化所实施的监禁的刑事诉讼中，被指控的人应当暂停其公民身份。对行使本公约第 23 条承认的权利加以上述限制，并未对在第 23 条第 2 款有关此问题所规定的各种情况予以考虑，因为此种理由，乌拉圭代表团对此问题表示保留意见。

下列签字的各全权代表，经校阅其全权证书认为妥善后在本公约上签署，以资证明。本公约称为《哥斯达黎加圣约瑟公约》。

案例索引

一 秘鲁宪法法院

克莱斯波·克拉嘎伊拉克（Crespo Cragayrac）案

圣地亚哥·马丁·瑞瓦斯（Santiago Martín Rivas）案

埃尔南·罗纳尔·布伊德隆·罗德里格斯（Hernán Ronald Buitrón Rodríguez）案

哈伊梅·汉斯·布斯塔曼特·罗德里格斯（Jaime Hans Bustamante Johnson）诉秘鲁西部石油公司案

娱乐记者马加拉·梅迪纳（Magaly Medina）案

弗朗顿监狱（Penal el Frontón）案

路易斯·米格尔·雷格纳·巴萨贝拉（Luis Miguel Requena Pasapera）案

秘鲁丛林发展民族协会（Aidesep）案

吉姆贝尔（Químper）案

蒂尼奥·卡布雷拉（Tineo Cabrera）案

印加·泽瓦约什（Ynga Zevallos）先生（变性后为女性或跨性别人士）诉国家婚姻和身份登记处案

卡伦·玛纽卡（Karen Mañuca）案

豪尔赫·阿尔贝托·卡塔赫纳·巴尔加斯（Jorge Alberto Cartagena Vargas）案

里萨娜·普埃耶斯（Lizana Puelles）案

石油音频案

二 美洲人权法院

安娜·埃莱娜·汤森迭斯·坎塞科（Ana Elena Townsend Díez Canseco）等人判例

埃弗拉因·戈麦斯·蒙特（Efraín Gómez Montt）诉危地马拉案

洛艾扎·塔马约（Loayza Tamayo）诉秘鲁案

阿尔托斯居民区（Barrios Altos）诉秘鲁案

拉·坎图塔（La Cantuta）案

伊夫彻·布隆斯坦因（Ivcher Bronstein）诉秘鲁案

卡斯蒂略·佩特鲁齐（Castillo Petruzzi）诉秘鲁案

雅塔玛（Yatama）诉尼加拉瓜案

银行和保险监管局（SBS）五位退休人员诉秘鲁案

电影《基督最后的诱惑》奥梅多·布斯多思（Olmedo Bustos）等人诉智利案

内拉·阿莱格里亚（Neira Alegría）等人诉秘鲁案

杜兰德（Durand）和乌加特（Ugarte）诉秘鲁案

阿尔莫纳希德·阿雷亚诺（Almonacid Arellano）诉智利案

赫尔曼（Gelman）诉乌拉圭案

拉迪亚·帕切科（Radilla Pacheco）诉墨西哥案

拉克斯卡科·雷耶斯（Raxcacó Reyes）诉危地马拉案

塞斯蒂·乌尔塔多（Cesti Hurtado）诉秘鲁案

帕拉马拉·伊里巴内（Palamara Iribarne）诉智利案

拉斯·帕尔梅拉斯（Las Palmeras）诉哥伦比亚案

戈麦斯·帕洛米诺（Gómez Palomino）诉秘鲁案

托雷斯·米拉库拉（Torres Millacura）诉阿根廷案

阿尔塔维亚·穆里略（Artavia Murillo）诉哥斯达黎加案

艾斯彻（Escher）等人诉巴西案

巴雷托·莱瓦（Barreto Leiva）诉委内瑞拉案

宪法法院诉秘鲁案

案例索引

卡洛斯·塞莱斯蒂诺·卡斯特罗·阿拉孔（Carlos Celestino Castro Alarcón）诉秘鲁案

阿尔万·高尔奈侯（Albán Cornejo）等人诉厄瓜多尔案

戴尔戈多·帕克尔（Delgado Parker）诉秘鲁案

伯依赛（Boyce）诉巴巴多斯案

达高斯塔·卡多甘（Dacosta Cadogan）诉巴巴多斯案

马查多及周边地区屠杀（Masacres de El Mozote）诉萨尔瓦多案

儿童叶安（Yean）和博西格（Bosico）诉多米尼加共和国案

柯美尔（Kimel）诉阿根廷案

戈麦斯·鲁德（Gomes Lund）诉巴西案

阿瓦斯·提格尼（AwasTigni）诉尼加拉瓜案

克劳德·雷耶斯（Claude Reyes）诉智利案

基奇瓦·德·萨拉亚库（Kichwa de Sarayacu）诉厄瓜多尔案

卡斯塔聂塔·顾特曼（Castañeda Gutman）诉墨西哥案

黄海勇诉秘鲁案

亚克耶·阿克萨（YakyeAxa）诉巴拉圭案

卡斯特罗·卡斯特罗（Castro Castro）诉秘鲁刑事案

伊图安戈（Ituango）屠杀以及19位商人和全部村民诉哥伦比亚案

洛瑞·贝伦森（Lori Berenson）诉秘鲁案

惠尔卡·泰克塞（Huilca Ticse）诉秘鲁案

卡斯塔尼达·古特曼（Castañeda Gutman）案

委拉斯开兹·罗德里格斯（Velásquez Rodríguez）诉洪都拉斯案

卡斯蒂略·帕兹（Castillo Paez）诉秘鲁案

阿洛埃博托（Aloeboetoe）等人诉苏里南案

卡瓦列罗·德尔加多（Caballero Delgado）和桑塔纳（Santana）诉哥伦比亚案

戈丁内斯·克鲁兹（Godínez Cruz）诉洪都拉斯案

米尔纳·麦克·张（Myrna Mack Chang）诉危地马拉案

戈麦斯·帕基亚里（Gómez Paquiyauri）兄弟诉秘鲁案

马皮里潘（Mapiripán）屠杀诉哥伦比亚案

莫伊瓦那（Moiwana）社区诉苏里南案
洛佩斯·门多萨（López Mendoza）诉委内瑞拉案
阿塔拉·里福（Atala Riffo）案

三　欧洲人权法院
莫里斯（Morris）诉英国案
芬德利（Findlay）诉英国案
古德温（Goodwin）诉英国案
范·库克（Van Kück）诉德国案

四　常设仲裁法院（PCA）
泛美电视台（Panamericana Televisión S. A.）案

五　秘鲁最高法院
检查指控古斯塔沃·席尔瓦·桑蒂斯特万·拉科（Gustavo Silva Santisteban Larco）案

六　阿根廷最高法院
赫克托·胡里奥·西蒙（Simón, Julio Héctor）非法剥夺自由案/西蒙案/17.768案

译后记

任何一本译著的完成与出版都是困境、突破和获得鼓励并心怀感激的旅程。本书从西班牙语译成中文，是译者与拉美法学家的跨太平洋对话，是拉美法学著作走过万里，来到中国读者面前的一次跋山涉水。

中国与拉美国家间，相隔中西文化、语言、历史和法律制度的诸多差异。拉美和加勒比地区的33个国家和十余个未独立地区，仍待中国读者认识。已有的中拉学术交流，多集中在政治、经济、国际关系和社会文化领域。在中国社科院法学所尤其是莫纪宏教授的积极推动下，中国与西葡语国家间的学术在法学领域开花结果。

在作者兰达和文库主编莫纪宏两位出色的世界级宪法学专家的鼓励和支持下，我邀请路畅和赵倩两位履历丰富且专业翻译能力出众的伙伴，共同开启了这份西语法学著作的翻译工作。漫长的词句翻译与大量而广泛的查阅工作，是翻译过程的真实写照。三位翻译秉烛夜读、反复讨论并复核文中提到的案件、拉丁文的法律词语，也让翻译进程中又增加了一段文化和历史的跨越之旅。从拉丁文到西班牙语，再到读者手中的中文，是无数文字翻译工作的浓缩，却远不是全部。其间，中国和秘鲁的宪法学者给予了我们无私的帮助和专业指导。兰达教授更克服时差与远程等困难，第一时间为各位译员答疑，节省了大量翻译时间。他还协助完成了版权、中文版序言撰写等工作。

从翻译动笔到付梓，历经了近6年时间。文中第六章"美洲人权法院的判例标准"，曾于2017年发表于《人权》杂志。决定翻译此书，始于与作者塞萨尔·兰达教授的学术约定。他丰富的学术著述，是指引我走进拉美法学领域的重要线索。兰达教授履历丰富，曾任前秘鲁宪法法院院长、前外交部长以及秘鲁天主教大学法学院教授，他积累了丰富的学术和实践经验。他的著作言简意赅，展现了极强的专业性。学术领域广阔，涉及秘鲁宪法、行政法及其程序法、宪法法院职能与案例、美洲人权法院的机制性发展和拉美地区的人权与比较宪法学等。

  惊叹于作者的著作等身，敬佩于兰达教授的平易近人。仅希望以自己的西班牙语之长，将拉美地区的法治发展进程，分享与国内的学者、读者。通过著作翻译，译者见微知著，解构了 Convención 和 Convencionalidad 的微妙差异。译者力求搭建跨越语言和国别法律的双桥，在文后附上了秘鲁《宪法》中译本，并补充翻译了《宪法》最终和过渡性条款，便于读者理解。译者亦是求学问者，在翻译求索和中译本问世后，期待来自各界对疏漏的批评、指正。

  衷心感谢出版社的各位，在你们的无私帮助下，本书终得以中文形式问世。

  值此中国和秘鲁建交 52 周年之际，仅以秘鲁宪法学家塞萨尔·兰达教授的首部中译本，祝愿两国人民的友谊地久天长！

韩晗
2023 年 6 月于北京·段祺瑞执政府旧址